秋田県の教員採用試験過去問シリーズ❼

2025年度版

秋田県の
理科

過 去 問

協同教育研究会 編

協同出版

本書には，秋田県の教員採用試験の過去問題を収録しています。各問題ごとに，以下のように5段階表記で，難易度，頻出度を示しています。

難 易 度

非常に難しい	☆☆☆☆☆
やや難しい	☆☆☆☆
普通の難易度	☆☆☆
やや易しい	☆☆
非常に易しい	☆

頻 出 度

◎	ほとんど出題されない
◎◎	あまり出題されない
◎◎◎	普通の頻出度
◎◎◎◎	よく出題される
◎◎◎◎◎	非常によく出題される

※本書の過去問題における資料，法令文等の取り扱いについて

　本書の過去問題で使用されている資料や法令文の表記や基準は，出題された当時の内容に準拠しているため，解答・解説も当時のものを使用しています。ご了承ください。

はじめに～「過去問」シリーズ利用に際して～

　教育を取り巻く環境は変化しつつあり，日本の公教育そのものも，教員免許更新制の廃止やGIGAスクール構想の実現などの改革が進められています。また，現行の学習指導要領では「主体的・対話的で深い学び」を実現するため，指導方法や指導体制の工夫改善により，「個に応じた指導」の充実を図るとともに，コンピュータや情報通信ネットワーク等の情報手段を活用するために必要な環境を整えることが示されています。

　一方で，いじめや体罰，不登校，暴力行為など，教育現場の問題もあいかわらず取り沙汰されており，教員に求められるスキルは，今後さらに高いものになっていくことが予想されます。

　本書の基本構成としては，出題傾向と対策，過去5年間の出題傾向分析表，過去問題，解答および解説を掲載しています。各自治体や教科によって掲載年数をはじめ，「チェックテスト」や「問題演習」を掲載するなど，内容が異なります。

　また原則的には一般受験を対象としております。特別選考等については対応していない場合があります。なお，実際に配布された問題の順番や構成を，編集の都合上，変更している場合があります。あらかじめご了承ください。

　最後に，この「過去問」シリーズは，「参考書」シリーズとの併用を前提に編集されております。参考書で要点整理を行い，過去問で実力試しを行う，セットでの活用をおすすめいたします。

　みなさまが，この書籍を徹底的に活用し，教員採用試験の合格を勝ち取って，教壇に立っていただければ，それはわたくしたちにとって最上の喜びです。

協同教育研究会

CONTENTS

第1部

秋田県の
理科
出題傾向分析

秋田県の理科　傾向と対策

　中学理科については，2023年度も2022年度と同様に，物理，化学，生物，地学，総合問題，学習指導要領から大問11問が出題され，試験時間は90分，200点満点である。内容は，一部記号選択式もあるが，大半は記述式であり，すべての科目において中学範囲から高校基本レベルまでの出題となっている。題材となる実験は中学範囲のものであるが，問われている内容は高校レベルというパターンも多い。対策として，まずは高校教科書を確実に理解し，類題に取り組んでおきたい。現象の仕組みや実験概要・留意点などを，実際の指導の現場を想定して生徒に図表を交えて説明するという形式が頻出であるため，高校教科書に太字で記載されているような重要な用語・実験器具の操作手順・留意事項は自分の言葉で説明できるようにしておくとよい。

　学習指導要領に関する出題もあり，単に内容の穴埋めではなく，学習指導要領の内容を理解した上で教員としての姿勢を問う傾向が強い。学習指導要領についての大問以外にも，各科目の大問中に学習指導要領および同解説の内容を踏まえての指導方法を問うものなど，全体を通して指導法に重点を置いた内容として出題されている。学習指導要領については科目，単元ごとの指導のポイントをまとめておくとよいだろう。また，学習指導要領以外にも，観察・実験の指導における各種注意事項を記述させる問題など実践的な出題もされているため，実際に生徒に指導することを念頭に復習をしておこう。

　また，秋田県にちなんだ問題が例年出題されており，2024年度は，秋田県の「県の魚」，「県の鳥」，「県の花」，「県の木」に指定されている生物の名称を答える問題が出題された。2023年度は，秋田県の漂着ごみの円グラフやマイクロプラスチックに関する問題，2022年度は，鳥海・飛島ジオパークの九十九島の形成過程を記述させる問題，2021年度は，秋田県出身の糸川英夫博士について，彼が行った実験や小惑星イトカワに関連付けて中学生に紹介する内容を記述させる問題，2020年度は，秋田

　県産の枝豆がおいしい理由について，気候や光合成に関連付けて考察する問題，2019年度は，秋田県出身の遠藤章氏のガードナー国際賞受賞理由となった研究内容を記述する問題が出題されている。秋田県についての時事問題・環境については，一通り整理しておきたい。

　高校理科については，例年同様の形式である。共通問題4問と専門選択科目の物理，化学，生物から1問を選択する構成であり，試験時間は90分，200点満点，全問記述式であった。共通問題は，物理，化学，生物，地学の各1問で，高校基本レベルの問題であり，専門選択科目の問題は典型的な大学入試問題と考えてよいだろう。特に難問や奇問はなく，オーソドックスなタイプの出題となっている。しかし，年度によっては難易度が高い内容が含まれることもあるので，専門分野については大学入試難関レベルから大学教養レベルまで押さえておきたい。どの科目も計算過程の明示や，論述が問われる形式であり，分量が多いことが特徴である。中学理科同様，指導方法を意識した内容であり，基本用語，実験概要などは図示も交えて説明できるよう訓練が必要である。高校教科書の内容についてはすべて自分の言葉で説明できるという姿勢で臨みたい。

　学習指導要領については，2024年度は選択化学の小問として出題された。2023年度では出題が見られず，年度によっては共通問題で出題されることもあるため，学習指導要領についても専門科目に関わらず必ず学習を重ねておきたい。設問は空欄補充問題だけでなく論述問題も出題されているので，学習指導要領については単に暗記しているだけではなく，同解説とともに熟読，確実に理解しておき，論述・記述問題にも対応できるように万全を期すことが必要である。

　中学校・高等学校試験共に，実験・実習での器具の操作手順などが頻出であり，指導を意識した図示を含む説明問題と多岐にわたる出題に備え，早い時期から学習計画を立てて確実に実践して学習を行うことが肝要である。さらに過去問には必ず当たっておこう。数年分の過去問を実際の受験のつもりで試すことにより，出題傾向を自分で分析し，出題形式に慣れ，自分の苦手な分野を知ることができる。苦手克服の対策により，自信にもつながるであろう。

過去5年間の出題傾向分析

■中学理科

科目	分類	主な出題事項	2020年度	2021年度	2022年度	2023年度	2024年度
物理	身近な物理現象	光	●		●		
		音	●			●	●
		力	●				
	電流の働き	電流と回路		●	●		
		電流と磁界		●		●	
	運動の規則性	運動と力		●	●		
		仕事，エネルギー，熱	●			●	
	学習指導要領	内容理解，空欄補充，正誤選択		●	●	●	
化学	身近な物質	物質の性質					●
		物質の状態変化				●	●
		水溶液			●		●
		酸性・アルカリ性の水溶液	●				
		気体の性質		●		●	
	化学変化と分子・原子	物質の成り立ち	●			●	
		化学変化と物質の質量		●			
	物質と化学変化の利用	酸化・還元		●	●		
		化学変化とエネルギー				●	
	学習指導要領	内容理解，空欄補充，正誤選択		●	●	●	●
生物	植物のからだのつくりとはたらき	観察実験	●				
		花や葉のつくりとはたらき				●	
		植物の分類					
	動物のからだのつくりとはたらき	刺激と反応			●		
		食物の消化		●			
		血液の循環				●	
		呼吸と排出					●
	生物の細胞と生殖	生物のからだと細胞				●	
		生物の殖え方		●	●	●	
		環境・生態系	●				
	学習指導要領	内容理解，空欄補充，正誤選択		●	●	●	●
地学	大地の変化	岩石			●		
		地層		●	●	●	●
		地震	●			●	
	天気の変化	雲のでき方・湿度	●	●			
		前線と低気圧		●			
		気象の変化	●			●	●

科目	分類	主な出題事項	2020年度	2021年度	2022年度	2023年度	2024年度
地学	地球と宇宙	太陽系				●	
		地球の運動と天体の動き	●	●	●		●
	学習指導要領	内容理解, 空欄補充, 正誤選択		●	●		●

■高校物理

分類	主な出題事項	2020年度	2021年度	2022年度	2023年度	2024年度
力学	力		●	●		●
	力のモーメント					●
	運動方程式			●		●
	剛体の回転運動					
	等加速度運動	●	●	●	●	
	等速円運動			●		
	単振動	●				●
	惑星の運動・万有引力		●	●		
	仕事, 衝突		●		●	●
波動	波動の基礎		●	●		●
	音波	●	●		●	●
	光波	●		●	●	●
電磁気	電界と電位	●	●			●
	コンデンサーの基礎	●	●	●		●
	直流回路					●
	コンデンサー回路		●			
	電流と磁界				●	●
	電磁誘導			●		●
	交流電流					●
	電磁波			●		
熱と気体	熱, 状態の変化	●	●	●		●
	状態方程式	●				
	分子運動				●	
	熱力学第一法則	●	●			
原子	光の粒子性					
	物質の二重性					
	放射線	●				
	原子核反応		●	●		
その他	実験・観察に対する考察					
学習指導要領	内容理解, 空欄補充, 正誤選択					

■高校化学

分類	主な出題事項	2020年度	2021年度	2022年度	2023年度	2024年度
物質の構成	混合物と純物質					●
	原子の構造と電子配置	●				●
	元素の周期表	●				
	粒子の結びつきと物質の性質	●		●	●	●
	原子量, 物質量			●		
	化学変化とその量的関係	●	●	●	●	●
物質の変化	熱化学			●	●	
	酸と塩基	●			●	●
	酸化と還元			●	●	
	電池			●	●	
	電気分解				●	
無機物質	ハロゲン		●			
	酸素・硫黄とその化合物					
	窒素・リンとその化合物	●				
	炭素・ケイ素とその化合物					●
	アルカリ金属とその化合物					
	2族元素とその化合物					
	アルミニウム・亜鉛など	●				●
	遷移元素	●	●	●		
	気体の製法と性質	●	●			
	陽イオンの沈殿, 分離				●	
有機化合物	脂肪族炭化水素			●	●	●
	アルコール・エーテル・アルデヒド・ケトン	●				●
	カルボン酸とエステル	●				●
	芳香族炭化水素					●
	フェノールとその誘導体					●
	アニリンとその誘導体					
	有機化合物の分離					
物質の構造	化学結合と結晶		●			●
	物質の三態	●			●	
	気体の性質			●	●	
	溶液, 溶解度			●	●	
	沸点上昇, 凝固点降下, 浸透圧	●		●		
反応速度と化学平衡	反応速度					●
	気相平衡			●		●
	電離平衡					
	溶解度積				●	
	ルシャトリエの原理					●

分類	主な出題事項	2020年度	2021年度	2022年度	2023年度	2024年度
天然高分子	糖類	●				
	アミノ酸・タンパク質					
	脂質		●			
合成高分子	合成繊維				●	
	合成樹脂（プラスチック）					
	ゴム					
生活と物質	食品の化学					
	衣料の化学					
	材料の化学	●	●			
生命と物質	生命を維持する反応					
	医薬品					
	肥料					
学習指導要領	内容理解, 空欄補充, 正誤選択		●			●

■高校生物

分類	主な出題事項	2020年度	2021年度	2022年度	2023年度	2024年度
細胞・組織	顕微鏡の観察				●	
	細胞の構造	●	●		●	●
	浸透圧					●
	動物の組織					
	植物の組織					●
分裂・生殖	体細胞分裂	●	●	●		
	減数分裂			●		
	重複受精					
発生	初期発生・卵割		●	●		
	胚葉の分化と器官形成	●	●			
	誘導	●	●			
	植物の組織培養					
感覚・神経・行動	感覚器				●	
	神経・興奮の伝導・伝達					●
	神経系					
	動物の行動	●			●	
恒常性	体液・血液循環				●	
	酸素解離曲線					
	ホルモン	●				
	血糖量の調節		●			
	体温調節					
	腎臓・浸透圧調節			●		●
	免疫		●		●	

分類	主な出題事項	2020年度	2021年度	2022年度	2023年度	2024年度
恒常性	器官生理	●				
	自律神経系					
遺伝	メンデル遺伝		●			
	相互作用の遺伝子					
	連鎖					
	伴性遺伝					
	染色体地図					
植物の反応	植物の反応		●			
	植物ホルモン		●			
	オーキシンによる反応		●			
	種子の発芽	●			●	
	花芽形成	●			●	
遺伝子	DNAの構造とはたらき	●	●		●	●
	遺伝情報の発現とタンパク質合成		●	●		●
	遺伝子の発現・調節	●		●		
	遺伝子工学	●				
酵素・異化	酵素反応	●	●			●
	好気呼吸	●	●			●
	嫌気呼吸					
	筋収縮	●				
同化	光合成曲線					
	光合成の反応	●		●		●
	窒素同化					
	C4植物			●		
個体群・植物群落・生態系	成長曲線・生存曲線・生命表	●				●
	個体群の相互作用	●				●
	植物群落の分布			●		
	植物群落の遷移		●			
	物質の循環	●				
	物質生産	●				
	湖沼生態系	●				
	環境・生態系					
進化・系統・分類	進化の歴史	●	●	●		
	分子系統樹				●	
	進化論					
	集団遺伝	●				
	系統・分類					
学習指導要領	内容理解, 空欄補充, 正誤選択					

■高校地学

分類	主な出題事項	2020年度	2021年度	2022年度	2023年度	2024年度
惑星としての地球	地球の姿				●	
	太陽系と惑星				●	
大気と海洋	大気の運動		●		●	
	天候				●	
	海水の運動					
地球の内部	地震と地球の内部構造				●	●
	プレートテクトニクス					●
	マグマと火成活動			●		●
	地殻変動と変成岩	●		●		
地球の歴史	地表の変化と堆積岩	●	●	●		●
	地球の歴史の調べ方			●	●	
	日本列島の生い立ち					
宇宙の構成	太陽の姿	●	●			●
	恒星の世界		●			
	銀河系宇宙					
その他	実習活動の要点					
学習指導要領	内容理解, 空欄補充, 正誤選択					

第2部

秋田県の
教員採用試験
実施問題

2024年度 実施問題

中　学　理　科

【1】 中学校学習指導要領(平成29年3月告示)第2章第4節理科について，次の(1)，(2)の問いに答えよ。

(1)　次の文は，第2分野の目標を示したものである。

1　目標

　　生命や地球に関する事物・現象を(X)するために必要な資質・能力を次のとおり育成することを目指す。

(1)　生命や地球に関する事物・現象についての観察，実験などを行い，生物の体のつくりと働き，生命の連続性，大地の成り立ちと変化，気象とその変化，地球と宇宙などについて理解するとともに，(X)するために必要な観察，実験などに関する基本的な技能を身に付けるようにする。

(2)，(3)　略

---

①　下線部を柱とする領域における「いろいろな生物とその共通点」に関する内容は，中学校第何学年で取り扱うか，次のア～ウから1つ選んで記号を書け。

　ア　第1学年　　　イ　第2学年　　　ウ　第3学年

②　(X)に当てはまる語句を書け。

③　第2分野の特徴について説明した次の文が正しくなるように，(Y)に当てはまる内容を中学校学習指導要領解説理科編(平成29年7月文部科学省)に示されている内容に基づいて書け。

　　第2分野の特徴として，再現したり実験したりすることが困難な事物・現象を扱うことがある。

14

```
        (例)  ・生物体に見られる( Y )から生じる現象や長大
              な時間の経過に伴う生物の進化
            ・日常の経験を超えた時間と空間の中で生じる地
              質や天体の現象
```

(2)　次の文は，「第3　指導計画の作成と内容の取扱い」の一部を示し
　　たものである。

```
  2　第2の内容の取扱いについては，次の事項に配慮するもの
    とする。
    (1)～(3)　略
    (4)　各分野の指導に当たっては，観察，実験の過程での情
        報の検索，実験，データの処理，実験の計測などにおい
        て，( Z )や情報通信ネットワークなどを積極的かつ適
        切に活用するようにすること。
    (5), (6)　略
    (7)　ₐ継続的な観察や季節を変えての定点観測を，各内容の
        特質に応じて適宜行うようにすること。
    (8)　略
    (9)　ᵦ博物館や科学学習センターなどと積極的に連携，協力
        を図るようにすること。
    (10)　略
```

①　(Z)に当てはまる語句を書け。
②　下線部aについて，生徒の意欲を持続させるためにどのような
　ことが重要か。中学校学習指導要領解説理科編(平成29年7月文部
　科学省)に示されている内容に基づいて書け。
③　下線部bの利用の仕方には，生徒を引率して見学や体験をさせ
　ることの他に，どのようなことが考えられるか。中学校学習指導
　要領解説理科編(平成29年7月文部科学省)に示されている内容に基
　づいて書け。

(☆☆☆◎◎◎◎)

【２】観察，実験の指導について，次の(1)～(4)の問いに答えよ。

(1)　中学生に，身近なものを用いて対流が起きていることを視覚的に捉えさせたい。どのような実験を行わせ，どのような現象を捉えさせればよいか，図と言葉でかけ。

(2)　中学生が自分たちの計画を基に実験が行えるよう，多様な試験紙や試薬，器具を準備したい。酸性，中性，アルカリ性といった水溶液の性質を調べることができる試験紙や試薬，器具のうち，計画への記載が予想されるものの名称を4つ書け。

(3)　中学生に，寒天培地を用いて花粉管がのびる様子を5分ごとに顕微鏡で観察させたい。顕微鏡で観察していないときは，試料をペトリ皿に入れ，乾燥しないようにしておくことが必要となる。どのようにして乾燥を防ぐか，解答を説明するための資料に見立て，図と言葉でかけ。

(4)　中学生に，堆積岩である石灰岩とチャートを実験によって区別させたい。どのような方法で実験を行わせればよいか。また，その実験の結果はどのようになるか，書け。

(☆☆☆☆◎◎◎◎)

【３】秋田県のシンボルとなっている「県の魚」，「県の鳥」，「県の花」，「県の木」に指定されている生物は何か，それぞれ名称を書け。

(☆☆◎)

【４】音について，次の(1)～(6)の問いに答えよ。

(1)　小学校学習指導要領(平成29年3月告示)第2章第4節において，音の性質について学習するのは，小学校第何学年か。次のア～エから1つ選んで記号を書け。

ア　第3学年　　イ　第4学年　　ウ　第5学年　　エ　第6学年

(2)　音の特徴は，音の3要素によって決まる。音の3要素は，音の高さ，音の大きさの他に何があるか，書け。

(3)　同じ振動数のおんさを2つ用意し，図1のように，おんさAを鳴ら

したとき，おんさBが鳴り始めた。この現象を何というか，書け。

図1

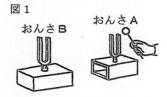

おんさB　　　　　おんさA

(4)　中学生に，音の伝わる速さをビデオカメラを使って調べさせたい。どのような方法で調べさせたらよいか，書け。

(5)　うなりについて，2つの波が同位相で重なるとき，合成波の振幅はどのようになるか，また，2つの波が逆位相で重なるとき，合成波の振幅はどのようになるか，それぞれ書け。

(6)　図2のように，速さ20m/sで直線の道路を走行する救急車が，6.4×10^2Hzの音を連続で出しており，自動車が速さ5.0m/sで逆向きに進んでいる。このとき，自動車に乗っている人が観測する救急車の音の振動数は何Hzか，求める過程も書け。ただし，音速を3.4×10^2m/sとする。

図2　　20m/s　　　5.0m/s

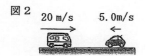

(☆☆☆◎◎◎◎)

【5】静電気と電流について，次の(1)～(5)の問いに答えよ。

(1)　中学校学習指導要領(平成29年3月告示)第2章第4節において，「静電気と電流」の学習の内容を取り扱う際に，放射線の性質と利用については，何と関連付けながら触れることになっているか，次のア～エから1つ選んで記号を書け。
ア　陰極線　　イ　原子核の壊変　　ウ　真空放電　　エ　電磁波

(2)　ケイ素やゲルマニウムなどの物質のように，電気の通しやすさが導体と不導体の中間程度であるものを何というか，書け。

(3)　2種類の物体をこすり合わせると，一方の物体から他方の物体に

電子が移動することにより，それぞれの物体は帯電する。

① 帯電するとき，物体間で電荷のやりとりがあっても，電気量の総和は変わらない。このことを何の法則というか，書け。

② ガラス棒を絹の布でこすり，帯電させると，ガラス棒の電気量が$3.2×10^{-8}$Cになった。このとき，電子は何から何へ，何個移動したか，書け。ただし，電気素量は$1.6×10^{-19}$Cとする。

(4) 同じ材質でできている2本の導体P，Qがある。PはQの3倍の長さで，断面積は$\frac{1}{3}$である。図のように，P，Qをつなぎ，電圧1.8Vの電池につなぐと，点Xを1.0Aの電流が流れた。P，Qの抵抗は何Ωか，それぞれ求めよ。

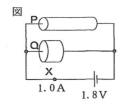

図

1.0 A　　1.8 V

(5) キルヒホッフの第1法則とはどのような法則か，書け。

(☆☆☆◎◎◎◎)

【6】水溶液について，次の(1)～(4)の問いに答えよ。

(1) 次のア～オのうち，電流が流れる液体はどれか，2つ選んで記号を書け。

ア　精製水　　イ　食塩水　　ウ　砂糖水　　エ　うすい塩酸
オ　エタノール

(2) 中学生に，固体の物質の水への溶解を視覚的に捉えさせたい。どのような方法で実験を行わせ，どのような現象を捉えさせればよいか，それぞれ書け。

(3) 8.0％の水酸化ナトリウム水溶液のモル濃度は何mol/Lか，求めよ。ただし，原子量は，H＝1.0，O＝16，Na＝23，この水酸化ナトリウム水溶液の密度は1.1g/cm³とする。

(4) 硝酸カリウム水溶液を用いて，再結晶の実験を行った。

① 再結晶についてまとめた次の文が正しくなるように，(X)
に当てはまる語句を書け。

> 温度により(X)が大きく変化する物質を，高温の溶媒
> に溶かした後に冷却すると(X)が減少するので結晶が析
> 出してくる。この操作を再結晶といい，物質を精製するこ
> とに利用される。

② 次のア～エのうち，硝酸カリウムの結晶の形状に最も近いもの
はどれか，1つ選んで記号を書け。

ア 　イ 　ウ 　エ

③ 硝酸カリウムの飽和溶液100gを60℃で調整し，これを10℃に冷
却すると，析出する結晶は何gか。小数第1位を四捨五入して整数
で求めよ。求める過程も書け。ただし，硝酸カリウムは水100gに
10℃で22g，60℃で110g溶けるものとする。

(☆☆☆◎◎◎◎)

【7】化学変化について，次の(1)～(5)の問いに答えよ。

(1) 次の文は，中学校学習指導要領(平成29年3月告示)第2章第4節理科
「(4)(ウ)化学変化と物質の質量⑦化学変化と質量の保存」の内容で
ある。(X)に当てはまる語句を書け。

> 化学変化の前後における物質の質量を測定する実験を行い，
> 反応物の質量の(X)と生成物の質量の(X)が等しいこと
> を見いだして理解すること。

(2) 定比例の法則とはどのような法則か，書け。

(3) プロパン(C_3H_8)が燃焼したときの化学反応式を書け。

(4) 0.10molのマグネシウムと0.30molの塩化水素を反応させた。

① マグネシウム原子のK殻，L殻，M殻には，電子が何個ずつ配置
されているか，それぞれ書け。

②　マグネシウムと塩化水素のうち，反応せずに残った物質はどちらか。また，反応せずに残った物質量は何molか，求めよ。

(5)　ある一定の温度で，過酸化水素水に少量の塩化鉄(Ⅲ)水溶液を加えたところ，過酸化水素が分解して酸素が発生し，30秒間で過酸化水素水の濃度が0.25mol/Lから0.10mol/Lに変化した。この間の過酸化水素が分解する反応速度は何mol/(L·s)か，求めよ。求める過程も書け。

(☆☆☆◎◎◎)

【８】呼吸について，次の(1)〜(5)の問いに答えよ。

(1)　呼吸について説明した次の文が正しくなるように，(Ｘ)に当てはまる語句を書け。

> 代謝には同化と(Ｘ)があり，呼吸は(Ｘ)の例である。

(2)　次の図は，呼吸の反応を表したものである。下線部を化学式で書け。
図

> グルコース ＋ 酸素 → 二酸化炭素 ＋ 水
> ↓
> エネルギー(ATP)

(3)　次のア〜エの過程のうち，呼吸において酸素がないと停止する反応が起きている過程はどれか，全て選んで記号を書け。
ア　解糖系　　イ　クエン酸回路　　ウ　電子伝達系
エ　カルビン回路

(4)　中学生に，植物の呼吸により二酸化炭素が放出されることを実感させたい。どのような方法で実験を行わせればよいか，解答を資料に見立て，図と言葉でかけ。また，その実験の結果はどのようになるか，書け。

(5)　中学生から「植物は，昼は呼吸を行わず，光合成だけをしているのですか。」と質問された。この中学生に，植物が昼は二酸化炭素

20

を吸収して酸素を放出しているように見える理由に触れて説明したい。どのような説明をすればよいか，書け。

(☆☆☆○○○)

【9】排出系について，次の(1)～(3)の問いに答えよ。

(1) 細胞の働きにとって有害なアンモニアについて説明した次の文が正しくなるように，(X)，(Y)に当てはまる語句をそれぞれ書け。

> アンモニアは，細胞から(X)中に出された後，血液にとりこまれて(Y)へ運ばれ，(Y)で無害な尿素に変えられる。

(2) 中学生に，腎臓の働きと尿が体外に排出される仕組みについて説明するため，次のような資料を作成したい。これを完成させよ。ただし，説明には次の3つの語句を全て用い，図のどの器官であるかも示すこと。

[じん臓　輸尿管　ぼうこう]

資料

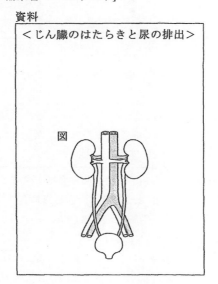

＜じん臓のはたらきと尿の排出＞

図

(3)　次の表は，血しょうと尿の成分の比較を質量％濃度で表したものである。

表

成分	血しょう	尿
グルコース	0.1%	0%
Na^+	0.32%	0.35%
K^+	0.02%	0.15%

①　表において，尿中のグルコースの値は0％になっている。なぜ0％になったか，理由を書け。

②　濃縮率が大きい成分は，Na^+，K^+のどちらか。それぞれの濃縮率を求める過程を示し，濃縮率が大きい成分の化学式を書け。

(☆☆☆◎◎◎◎)

【10】天体について，次の(1)～(4)の問いに答えよ。

(1)　次の文は，中学校学習指導要領(平成29年3月告示)第2章第4節理科「(6)(イ)太陽系と恒星⑦惑星と恒星」の内容である。

> 　観測資料などを基に，$_a$惑星と恒星などの特徴を見いだして理解するとともに，$_b$太陽系の構造について理解すること。

①　下線部aについて説明した次の文が正しくなるように，(　X　)には当てはまる数字を，(　Y　)には当てはまる惑星の名称をそれぞれ書け。

> 　2006年に惑星の定義が定められ，現在，太陽系に存在する惑星は(　X　)個である。このうち，太陽から最も遠くに位置する惑星は(　Y　)である。

②　下線部bを取り上げる際に，太陽や各惑星のどのような関係をモデルとして表すことが，太陽系の構造を概観するために効果的か。中学校学習指導要領解説理科編(平成29年7月文部科学省)に示されている内容に基づいて書け。

(2)　中学生から「日食が新月のたびに起こらないのはなぜですか。」と質問された。どのような説明をすればよいか，「月の公転軌道が」

22

に続けて書け。

(3) 原始星の中心温度が十分に高くなり，水素の核融合反応が始まった明るく輝く恒星を何というか，次のア～エから1つ選んで記号を書け。

ア　超新星　　イ　赤色巨星　　ウ　白色矮星　　エ　主系列星

(4) 見かけの等級とはどのようなものか。また，絶対等級とはどのようなものか。それぞれ書け。

(☆☆☆○○○)

【11】身近な地形や地層，岩石について，次の(1)～(5)の問いに答えよ。

(1) がけや切通しの道路の脇などに見られる，地層や岩石の一部が地表に現れているところを何というか，書け。

(2) 堆積物のうち，砂は，直径が$\frac{1}{16}$mmから何mmまでの粒子のことか，書け。

(3) 中学生に，礫(れき)や砂，泥の積もり方に決まりがあることを視覚的に捉えさせたい。どのような方法で実験を行わせ，どのような現象を捉えさせればよいか，それぞれ書け。

(4) 続成作用とはどのような作用か，書け。

(5) 次の文は，日本で見られる特徴的な地形について説明したものである。

> 地形A：山地のように標高が高く，地形の傾斜が急な地域で，河川の流れが速く，下方侵食と運搬作用が強くはたらき，谷底が深く削られて形成された地形である。富山県黒部峡谷は，その一例である。
>
> 地形B：カルデラに水がたまって形成された湖である。秋田県と青森県の県境に位置する十和田湖は，その一例である。

① 地形Aを何というか，名称を書け。

② 下線部について，中学生からカルデラのでき方について質問さ

れた。どのような説明をすればよいか，書け。

(☆☆☆◎◎◎)

高　校　理　科
【共通問題】

【1】次の(1)，(2)の各問いに答えよ。

(1) ばねについて，次の問いに答えよ。

① 図1(ア)〜(ウ)のように，自然長がL，ばね定数kの軽いばねをおもりと接続し，静止させた。ここで，すべてのおもりは質量がmであり，(ウ)の2本のばねはどちらも同じばねであるものとする。(ア)〜(ウ)について，それぞれのばねの自然長からの伸びを答えよ。ただし，重力加速度の大きさをgとし，糸は軽くて伸びないものとする。なお，(ウ)については，ばね1本あたりの伸びを答えよ。

図1

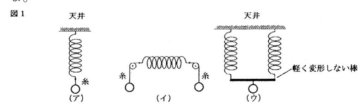

② 次の文章について，（　ア　）には適する語句を，（　イ　）には適切な説明を，（　ウ　），（　エ　）にはA〜Dの記号を答えよ。

つるまきばねを実験台の上に一端を固定して水平に置いた。ばねの伸び縮みする方向に振動させると，図2のようにばねが「押し縮められた部分」と，「引き伸ばされた部分」ができ，それらの部分が交互に伝わる波ができた。このような波を（　ア　）とよび，波の進行方向と波の振動の方向が（　イ　）。

図2

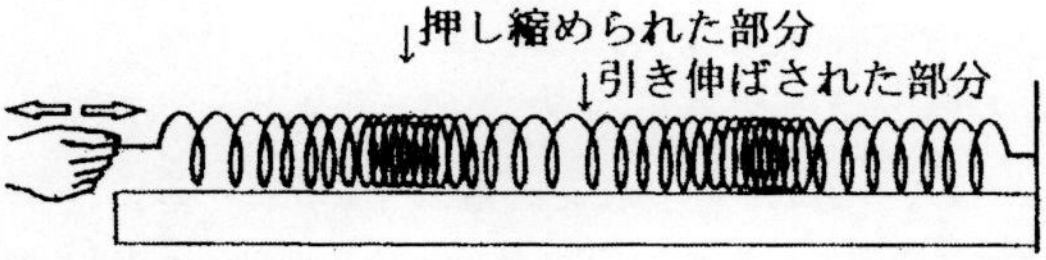

↓押し縮められた部分
↓引き伸ばされた部分

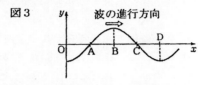

　この波がx軸の正の向きに進むとき，ある時刻のx軸方向の変位をy軸の変位に置き換えて表すと図3のようになる。図3中のA～Dの位置について，最も引き伸ばされている位置は（　ウ　），変位の速さが正の向きに最大になっている位置は（　エ　）である。

図3

波の進行方向

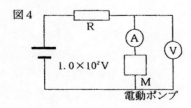

(2)　水$1.0×10^2$kgを，電動ポンプMで高さ6.0mにくみ上げたところ2分30秒を要した。重力加速度の大きさを9.8m/s^2，電流計にかかる電圧と電圧計に流れる電流は無視できるものとして次の問に答えよ。ただし，計算の過程も書け。

①　電動ポンプMがした仕事の大きさW〔J〕と仕事率P〔W〕を求めよ。

②　図4の回路で，抵抗Rが20Ωの時，電圧計は60Vを示した。このとき，回路全体を流れる電流I〔A〕と，電動ポンプMの電力E〔W〕を求めよ。

図4

R

Ⓐ

Ⓥ

$1.0×10^2$V

M
電動ポンプ

（☆☆☆◎◎◎◎）

25

【２】次の文章を読み，以下の(1)〜(4)の各問いに答えよ。

　　自然界に存在する物質はほとんどが混合物であり，混合物から目的
の物質を取り出す操作を分離という。また，分離された物質をさらに
純粋にするために不純物を取り除く操作は，特に精製とよばれる。

　　ヨウ素と食塩，ガラス片からなる混合物Sを例に考える。この混合
物Sをエタノールに加えて十分に撹拌すると，（　ａ　）をエタノールに
溶解させて取り出すことができる。この分離法を　 Ａ 　という。また，
混合物Sを加熱することで，　 Ｂ 　しやすい性質を持つ（　ｂ　）を効果
的に分離することができる。この性質を利用した分離法を　 Ｂ 　法と
いう。

(1)　文中の　 Ａ 　，　 Ｂ 　に適する語句をそれぞれ書け。また，次
　のア〜エのうち，文中（　ａ　），（　ｂ　）に当てはまる物質を最も適切
　に説明しているものはどれか。1つ選び，記号で答えよ。

　　ア　ａ，ｂともにヨウ素である。

　　イ　ａはヨウ素，ｂは食塩である。

　　ウ　ａは食塩，ｂはヨウ素である。

　　エ　ａ，ｂともに食塩である。

(2)　物質の性質について，次の各問いに答えよ。

　①　純水もしくは純粋なエタノールをそれぞれ加熱し，沸騰させな
　　がら温度を測定すると，どちらも温度は一定のまま変化しない。
　　純水とエタノールを同体積ずつ混合した溶液を加熱し，沸騰させ
　　ながら温度を測定すると，溶液の温度はどのように変化するか。
　　また，その理由も答えよ。

　②　ビーカーに塩化ナトリウム水溶液と思われる液体が入ってい
　　る。液体の一部を取って蒸発乾固させたところ，立方体状の結晶
　　が生じた。ほかに，どのような実験を行い，どのような結果が出
　　ると，この水溶液が塩化ナトリウム水溶液であると判断できるか
　　答えよ。

(3)　次の各値を求めよ。ただし，原子量はH＝1.0，C＝12，O＝16，
　Na＝23，Cl＝35.5とする。

① エタノールC_2H_6O分子の質量における，炭素原子が占める割合〔％〕を求めよ。

② 10gの水素と80gの酸素を容器に入れて反応させたところ，一部が反応して27gの水が生じた。この反応で消費された水素の物質量を求めよ。

③ 塩化ナトリウムの水に対する溶解度は20℃で37.8，80℃で40.0である。80℃における塩化ナトリウムの飽和水溶液700gを，20℃まで冷却したときに析出する塩化ナトリウムの質量を整数値で求めよ。ただし，溶解度とは水100gに溶解する溶質の最大値〔g〕とする。

(4) 生徒から「混合物と化合物の違いがわからない」と質問されたとする。板書を想定し，生徒が理解しやすいように説明せよ。

(☆☆☆◎◎◎◎)

【3】 次の文章を読み，以下の(1)〜(5)の各問いに答えよ。

　細胞は遺伝情報を担う物質であるDNAを持ち，細胞の内外を仕切る（　ア　）が存在する。細胞は，核の有無によって真核細胞と（　イ　）の2つに大別される。真核細胞を考えると，内部は核とそれ以外の部分である（　ウ　）に分けられ，DNAは核の中に（　エ　）として存在する。（　ウ　）には，ミトコンドリアや葉緑体など（　オ　）とよばれる構造体と，流動性を持ち構造体の周囲を満たす（　カ　）がある。

　細胞内では，非常に多くの化学反応が連続して起き，生命活動が維持されている。通常では高温高圧でしか進まないような反応も，細胞内では酵素がはたらくため，速やかに起こっている。

(1) 文中の（　ア　）〜（　カ　）に適する語句をそれぞれ書け。

(2) 生物に見られる共通の特徴を複数挙げ，ウイルスが生物であるか否かを説明せよ。

(3) 酵素は，特定の物質にのみはたらく。この性質のことを何というか。また，その原理を生徒が理解しやすいように簡潔に説明せよ。

(4) カタラーゼは多くの生物の細胞内に共通して含まれる酵素であ

27

る。カタラーゼのはたらきにより，過酸化水素が分解して酸素が発生する反応を，化学反応式で表せ。

(5)　酵素がはたらきやすい条件について，pHと温度の観点で，それぞれ説明せよ。ただし，温度の観点における説明では，「無機触媒」の用語を用いること。

(☆☆☆◎◎◎◎)

【４】次の(1)～(3)の各問いに答えよ。

(1)　地球の表面は_a十数枚のプレートに覆われている。これらのプレートの接する場所は，_b地震が多発したり，火山活動が盛んであるなど活発な地学現象が起こっている。

① 下線部aについて，次の文章中の(ア)，(イ)に適するプレートの名称を答えよ。

日本付近は4つのプレートが集まっている場所で，東北，北海道は，東側の(ア)プレートと西側の(イ)プレートが互いに近づいてくる収束境界である。

② 下線部bについて，次の文章中の(ウ)～(カ)には適する震度を数値で，(キ)には適する数式をV_p，V_sを用いて答えよ。

現在の日本の震度は10段階で，最も弱い揺れを震度(ウ)，最も強い揺れを震度(エ)で表す。このうち，震度(オ)と震度(カ)は，弱と強の2段階に区分する。

また，観測地点での「初期微動継続時間(PS時間)T〔s〕」と「震源までの距離D〔km〕」には$D=kT$という関係があり大森公式と呼んでいる。この式の，比例定数kは大森定数と呼ばれ，「P波の速さV_p〔km/s〕」と「S波の速さV_s〔km/s〕」を用いて(キ)と表す。

(2)　日本と同様，プレートが互いに近づいてくる境界ではヒマラヤ山脈，アンデス山脈など大きな山脈が形成される。エベレスト山は山頂付近に地層がみられ，_cサンヨウチュウなどの化石が発見される。

① 下線部cについて，時代が特定できる化石は何と呼ばれるか答

えよ。

② 下線部cの化石から，エベレスト山の山頂付近の地層が形成された地質時代が「何代」か答えよ。

(3) プレートの移動の速さは，ハワイ諸島のようなホットスポットを利用して求めることができる。

図1は，現在のホットスポットにある火山島▲と火山島△1～△5が分布する模式図で，すべて同じプレート上にある。△1～△5は，現在のホットスポットの位置▲で過去の火山活動により形成されており，それぞれの火山活動の年代は( )中に示してある。これらの火山島は，プレートの移動に伴い現在の位置まで運ばれたものとし，現在は火山活動をしていない。

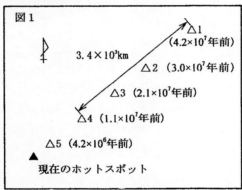

① △1と△4のそれぞれが活動した年代と，二つの火山島の距離から，このプレートの移動速度〔cm/年〕を計算し，整数で答えよ。

② プレートの移動方向として適当なものを次のア～クの選択肢から一つ選び，記号で答えよ。

ア 北から南へ	イ 北東から南西へ
ウ 東から西へ	エ 南東から北西へ
オ 南から北へ	カ 南西から北東へ
キ 西から東へ	ク 北西から南東へ

(☆☆☆◎◎◎◎)

【物理】

【1】次の(1)～(6)の各問いに答えよ。

(1)　図1のように，傾斜角を変えることのできるあらい面ABの上に，レンガが置かれており，はじめ，レンガはAB上で静止していた。このレンガの2辺の長さをa, bとし，密度は一様であるものとする。また，このレンガと面ABの間の静止摩擦係数をμとする。

図 1

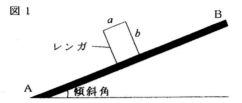

単元のまとめの授業において，あるグループが次のように探究活動に取り組んでいる。

生徒C：私たちのグループでは，面ABを傾けていくときの，レンガが倒れる条件について考えようよ。

生徒D：うん。傾斜角を大きくしていくと，レンガは面AB上を滑り出すか，倒れるかのどちらかが先に起こると思うよ。じゃあ。傾斜角をゆっくりと大きくしていくね。

生徒E：あっ，今，レンガが倒れたよ。レンガが倒れた瞬間，<u>レンガは面AB上を滑り出すことなく倒れたね。</u>

---

①　下線部の瞬間について，レンガにはたらく力を全て矢印で図示し，それぞれの力の名称を図に書け。ただし，このときの傾斜角は図1の傾斜角よりも大きいことに注意し，レンガおよび面ABも書け。

②　下線部の瞬間の傾斜角をθとするとき，$\tan\theta$の値を求めよ。ただし，生徒にわかりやすく説明する場面を想定し，計算の過程も書け。

③　μの満たすべき条件をθを用いずに求めよ。

(2)　図2のように，断面積Sの円柱状の物体を水中に入れたところ，物体は水中にhだけ沈んで静止した。この状態から，さらに物体をdだけ沈めてから静かに放すと，水面に対して鉛直方向に振動をはじめた。ただし，この物体が振動している間，物体の上面は常に水中から出ているものとする。また，水の密度をρ，重力加速度の大きさをgとする。

図2

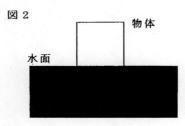

①　物体の質量を求めよ。

②　この物体は単振動をする。この単振動の周期を求めよ。

(3)　体積がVの容器Aと体積が2Vの容器Bが細い管でつながれており，はじめ，コックが閉じられている。今，容器Aには圧力3p，絶対温度Tの気体を入れ，容器Bには圧力p，絶対温度2Tの気体を入れた。気体と容器との熱のやりとりはなく，細い管の体積は無視する。また，気体は単原子分子の理想気体であるものとし，気体定数をRとする。

①　容器A，Bの気体の物質量をそれぞれ求めよ。

②　容器A，Bの気体の内部エネルギーをそれぞれp，Vを用いて求めよ。

③　次に，コックを開くと，やがて平衡状態に達した。このときの気体の絶対温度と圧力をそれぞれ求めよ。

(4)　図3のように，振動数がともに850Hzの音源S_1，S_2を間隔2.0mで固定し，同位相の音を同時に出した。この状態で，音源と同一平面上を観測者が移動し，音の大きさをセンサーで測定したところ，極大になる位置と極小になる位置が確認された。音速を340m/sとし，点

PはS₁からの距離が3.0mの位置とする。

図3

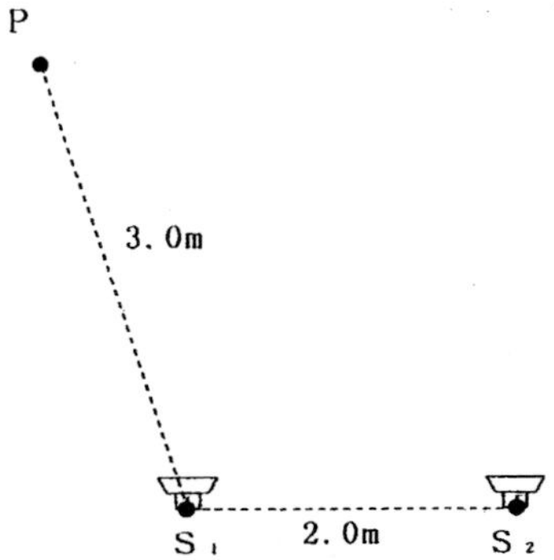

P

3.0m

S₁　2.0m　S₂

① 音源から出した音の波長を求めよ。

② S₁とS₂を結ぶ線分S₁S₂の間に，音の大きさが極大となる場所はいくつあるか，答えよ。ただし，S₁，S₂は含めないものとする。

③ 図3の点Pは音の大きさが極大であった。S₁から点Pまでの線分S₁P上で，改めてセンサーで音の大きさを測定したところ，S₁で極大を測定した後，2回極大となった点を測定し，点Pは3回目の極大の点となった。このとき，S₂と点Pとの間の距離を求めよ。ただし，生徒にわかりやすく説明する場面を想定し，計算の過程も書け。

(5) 図4は，電荷をもつ粒子を加速させるサイクロトロンの原理を示した模式図である。内部が中空になっている2つの半円形の電極を，すき間Dを隔てて向かい合わせに置き，2つの電極部分にのみ，紙面の裏面から表面に向かう向きの磁束密度Bの磁場を加えた。正の電荷qをもつ質量mの粒子は電極の中では円運動を行い，半回転するごとに電極間に加えられた交流電圧によって加速されるように交流電圧の周期は調節されている。はじめ，この粒子は点Oから磁場に垂直に速さv_0で入射し，図4のような軌道を描いた。すき間Dの長さは電極中の粒子の円運動の半径に比べて十分に小さく，粒子は磁場に垂直な平面内を運動するものとする。

図 4

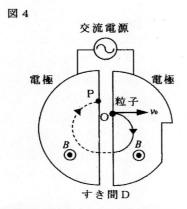

交流電源

電極　　　　　　　電極

P　　粒子

O　　　v_0

B　　　　　B

すき間 D

①　点Oから粒子が電極内に入射された直後に粒子が磁場から受ける力の大きさを求めよ。

②　電極内で粒子の速さv_0のとき円運動の半径と周期をそれぞれ求めよ。

③　電極間にかかる交流電圧によって粒子が繰り返し加速されるための交流電圧の周波数fを，自然数$n(=1, 2, 3, \cdots)$を用いて求めよ。ただし，粒子は電極間で最大電圧で加速されるものとする。

④　点Oから磁場に入射した粒子が点Pを通過した瞬間の速さを求めよ。ただし，粒子が電極間を移動するときの交流電圧の大きさはVで一定とみなすものとする。

(6)　単元「光」において，「晴れた昼間の空が青く，夕焼けが赤く見えるのはなぜか」という学習課題を設定した。この学習課題の解答はどうなるか，授業中の板書を想定し，生徒に行わせる実験を示しながら，わかりやすく説明せよ。

(☆☆☆☆◎◎◎◎)

【化学】

【１】以下の(1)～(4)の各問いに答えよ。必要な場合は次の数値を用いること。

原子量　H＝1.00，C＝12.0，N＝14.0，O＝16.0，Al＝27.0
気体定数 R＝8.3×10³Pa・L/(mol・K)

(1)　次の文章を読み，①～④の各問いに答えよ。

岩石が雨水や地下水と反応して，鉱物の一部が溶け出したり，他の鉱物に変化したりする現象を化学的風化という。石灰岩やカリ長石は，二酸化炭素が溶けた酸性の水と反応し，化学的風化が進む。

①　石灰岩は堆積岩であり，主成分は炭酸カルシウムである。堆積岩には他に，二酸化ケイ素を主成分とするチャートがある。石灰岩とチャートを実験操作で見分けたい。どのような操作を行うとよいか，また，その操作でそれぞれどのような結果が得られるかを説明せよ。

②　石灰岩の主成分である炭酸カルシウムを強熱すると，気体を発生し，酸化カルシウムとなった。ₐ酸化カルシウムは生石灰ともよばれ，水を加えると，発熱しながら反応する。次の(i)～(iii)に答えよ。

(i)　酸化カルシウムは，塩基性酸化物，酸性酸化物，両性酸化物のうち，どれに分類されるか。

(ii)　下線部aの反応を化学反応式で答えよ。

(iii)　酸化カルシウムにコークスを混ぜ，電気炉で強熱すると，灰黒色の結晶が得られた。この結晶に水を加えると，無色，無臭の気体が発生した。発生した気体は，酸素を十分に供給して完全燃焼させると，高温の炎を生じた。発生した気体の物質名を答えよ。

③　石灰岩地帯では，化学的風化により，地表ではすり鉢状のくぼ地などを含む独特の（　ア　）地形ができたり，地下では鍾乳洞とよばれる洞窟ができたりする。鍾乳洞で見られる鍾乳石や石筍は，ᵦ一度溶けた炭酸カルシウムが，再度炭酸カルシウムとして結晶となり，成長したものである。次の(i)，(ii)に答えよ。

(i)　文中の（　ア　）に適する語句を答えよ。

(ii)　鍾乳洞や石筍の成長について，生徒に説明する際の板書例を

　答えよ。ただし，下線部bの反応を化学反応式で書き，説明に使用すること。

④　カリ長石は，化学的風化により粘土鉱物であるカオリナイトを生成する。カオリナイトの化学組成は$Al_2Si_2O_5(OH)_4$であり，水と反応し水酸化アルミニウムを経て水和水を持つ酸化アルミニウムを生じる。酸化アルミニウムはアルミニウムの原料である鉱石ボーキサイトの主成分である。次の(i)～(iii)に答えよ。

(i)　あるボーキサイトは不純物としてFe_2O_3を含んでいた。このボーキサイトからAl_2O_3のみを水溶液に溶解させ，不純物を取り除きたい。次の中で最も適する水溶液を以下の(a)～(f)から一つ選び，記号で答えよ。

　　(a)　塩酸　　　　　　　　　　(b)　水酸化ナトリウム水溶液
　　(c)　多量のアンモニア水　　　(d)　硝酸
　　(e)　硫化ナトリウム水溶液　　(f)　炭酸アンモニウム水溶液

(ii)　アルミニウムの単体は，ボーキサイトから純粋な酸化アルミニウムを得て，酸化アルミニウムの溶融塩電解(融解塩電解)で製造される。酸化アルミニウムは融点が高いため，融点を下げるために融解したある鉱物に加え，電気分解を行う。この鉱物名を書け。

(iii)　81.0gのアルミニウムを得るためには，理論上，3.00Aの電流で何時間何分間電気分解する必要があるか。なお，ファラデー定数$F=9.65×10^4$C/molとし，計算過程も書くこと。

(2)　次の①～④の各問いに答えよ。

①　アルケンに酸化剤としてオゾンを作用させると，オゾニドとよばれる不安定な分子が生成する。これを還元剤で処理すると，分解して2分子のカルボニル化合物となる。このような反応をオゾン分解という。あるアルケンをオゾン分解したところ，ホルムアルデヒドとアセトンが得られた。このアルケンの名称を答えよ。

②　プロピンに，臭化水素1molが付加した。さらにもう1molの臭化水素が付加するとき，生成する物質の構造式と名称をそれぞれ答

えよ。ただし，この付加反応はマルコフニコフの法則に従うものとする。

③　フェノールは，特有のにおいを持つ無色の結晶で，水に少し溶ける。空気中に放置しておくと，酸化されて徐々に（　ア　）色になる。毒性を示し，皮膚を侵す。また，ベンゼンに比べて反応性に富み，o-位とp-位で（　イ　）反応が起こりやすい。工業的にはベンゼンとプロペンを原料とする[　A　]法によって合成される。この製法は，（　ウ　）の主な工業的製法でもある。次の(i)〜(v)に答えよ。

(i)　文中の（　ア　）に適する色を，次の語群から選び答えよ。また，（　イ　），（　ウ　）に適する語句をそれぞれ答えよ。

【語群】　緑色　　黄色　　赤褐色

(ii)　文中の[　A　]に適する物質の構造式を答えよ。

(iii)　フェノールに塩化鉄(Ⅲ)水溶液を加えると，紫色に呈色する。次の化合物(a)〜(f)のうち，塩化鉄(Ⅲ)水溶液を加えると，同様に青紫〜赤紫色に呈色するものをすべて選び記号で答えよ。

(a)　サリチル酸　　　　　　(b)　アセチルサリチル酸

(c)　m-クレゾール　　　　(d)　1-ナフトール

(e)　ベンジルアルコール　　(f)　サリチル酸メチル

(iv)　フェノール類とアルコールとの相違点及び類似点について，生徒に説明する際の板書例を示せ。

(v)　フェノールの水溶液に臭素水を加えると，白色沈殿が生じた。この反応の生成物の構造式及び名称を答えよ。

④　アクリロニトリル－ブタジエンゴム(NBR)は，アクリロニトリル$CH_2=CH-CN$と1，3-ブタジエン$CH_2=CH-CH=CH_2$の共重合によって得られる。NBR107.5gに十分な量の水素を加えて反応させたところ，1.5molの水素が消費された。このNBRに含まれるアクリロニトリル部分と1，3-ブタジエン部分の物質量の比を，最も簡単な整数比で答えよ。ただし，シアノ基は還元されないものとし，計算過程も書くこと。

(3) 次の①，②の各問いに答えよ。

① 化学平衡について，次の(i)～(iii)に答えよ。ただし，ΔHは反応エンタルピーを表す。

(i) H_2とI_2を等しい物質量ずつ容器に入れ，一定温度に保つと，$H_2(気) + I_2(気) \rightleftarrows 2HI(気)$の反応が平衡状態になった。次の(ア)，(イ)に答えよ。

(ア) 平衡状態とはどのような状態か，説明せよ。

(イ) この平衡の平衡定数Kを表す式を答えよ。

(ii) 次の各可逆反応が平衡状態にあるとき，生成物の生成量と，圧力及び温度との関係を示すグラフとして最も適当なものを，以下の(a)～(f)から一つずつ選べ。

(ア) $N_2(気) + 3H_2(気) \rightleftarrows 2NH_3(気)$　　　$\Delta H = -92kJ$

(イ) $C(黒鉛) + CO_2(気) \rightleftarrows 2CO(気)$　　　$\Delta H = 172kJ$

(ウ) $H_2(気) + I_2(気) \rightleftarrows 2HI(気)$　　　$\Delta H = -16.7kJ$

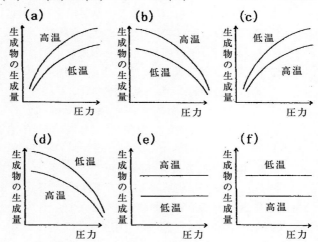

(iii) 次の各可逆反応が平衡状態にあるとき，他の条件を一定にして，〈　　〉内の操作を行うと，平衡はどのように移動するか。右へ移動する場合は「右」，左へ移動する場合は「左」，移動しない場合は「しない」で答えよ。

(ア)　$N_2(気)+3H_2(気)$　$\rightleftarrows$　$2NH_3(気)$　　　〈触媒を加える〉

(イ)　$CH_3COOH+H_2O$　$\rightleftarrows$　$CH_3COO^-+H_3O^+$

〈pHを大きくする〉

(ウ)　$N_2(気)+3H_2(気)$　$\rightleftarrows$　$2NH_3(気)$　$\Delta H=-92kJ$

〈温度と全圧を一定にしたまま，アルゴンを加える〉

② 　次図のように，温度によって体積が変化しない耐圧の容器A及びBがコックで連結されている。容器A，Bの容積は，それぞれ3.0L，2.0Lである。また，容器Bには着火装置がついている。以下のような操作を行った。

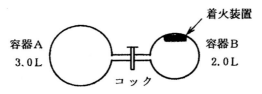

《操作1》　27℃で，コックを閉じた状態で，容器Aにはメタン0.40g，容器Bには酸素1.76gをそれぞれ封入した。

《操作2》　コックを開けて，しばらく放置した。

《操作3》　着火装置を使用したところ，容器内のメタンは完全燃焼した。その後，容器A，Bを再び27℃に保った。

次の(i)～(iv)に有効数字2桁で答えよ。ただし，27℃の飽和水蒸気圧を3.6×10^3Pa，生成した液体の水の体積および気体の水への溶解は無視できるものとする。また，気体はすべて理想気体とする。

(i)　メタン0.40gの物質量は何molか。

(ii)《操作1》の後の，容器A内の圧力を答えよ。

(iii)《操作2》の後の，容器内の全圧を答えよ。

(iv)《操作3》の後の，容器内の全圧を答えよ。ただし，計算過程も書くこと。

(4)　次の①，②の各問いに答えよ。

① 　次の文章は，高等学校学習指導要領(平成30年3月告示)「第2章　第5節　理科　第2款　各科目　第4　化学基礎　1目標」である。

文中の(ア)~(エ)に適する語句をそれぞれ答えよ。

第4　化学基礎

　1　目標

　　(ア)とその変化に関わり，理科の見方・(イ)を働かせ，(ウ)をもって観察，実験を行うことなどを通して，(ア)とその変化を科学的に探究するために必要な資質・能力を次のとおり育成することを目指す。

　　(1)　日常生活や社会との関連を図りながら，(ア)とその変化について理解するとともに，科学的に探究するために必要な観察，実験などに関する基本的な技能を身に付けるようにする。

　　(2)　観察，実験などを行い，科学的に探究する力を養う。

　　(3)　(ア)とその変化に(エ)に関わり，科学的に探究しようとする態度を養う。

---

② 　次の文章は，高等学校学習指導要領解説理科編　理数編(平成30年7月文部科学省)「第3章　各科目にわたる指導計画の作成と内容の取扱い　(7)」である。

---

(7)　事故防止，薬品などの管理及び廃棄物の処理

　(7)　観察，実験，野外観察などの指導に当たっては，関連する法規等に従い，事故防止に十分留意するとともに，使用薬品などの管理及び廃棄についても適切な措置を講ずること。

　生徒には観察，実験による廃棄物の処理や回収の方法について常に意識させておくことが重要であるが，重金属イオンを含む廃液が生じた場合の処理について述べよ。

(☆☆☆☆◎◎◎)

【生物】

【１】次の(1)～(5)の各問いに答えよ。

(1)　次の文章を読み，①～⑤の各問いに答えよ。

　　真核細胞で発達している構造体の膜は，基本的に細胞の内外を仕切る膜と同じ構造をしており，これらの膜をまとめて(　Ａ　)という。ₐ(　Ａ　)はリン脂質とよばれる分子が多数集まってできており，♭様々なタンパク質が配置される。次の図1はリン脂質を模式的に表したもので，親水性の部分と疎水性の部分がある。

図１

①　文中の(　Ａ　)に適する語句を書け。

②　文中の(　Ａ　)の構造様式である流動モザイクモデルについて，説明せよ。

③　下線部aについて，リン脂質はどのように配置されているか生徒へ図示する板書例を書け。ただし，リン脂質の分子は図1のように表すこと。

④　下線部bのうち，次の(i)～(iii)の輸送タンパク質について，それぞれのはたらきの特徴を書け。

　(i)　チャネル　　(ii)　担体　　(iii)　ポンプ

⑤　細胞膜の厚さとして最も適切なものを，次の(ア)～(エ)から一つ選び，記号で答えよ。

　(ア)　5～10nm　　(イ)　50～100nm　　(ウ)　200～500nm

　(エ)　1～5μm

(2)　次の文章を読み，①～③の各問いに答えよ。

　　DNAの塩基配列に存在する遺伝情報に基づいて，生体内のタンパク質が合成されることを「遺伝子が発現する」という。クリックは，

遺伝情報は次の図2のように一方向に流れると述べ、この原則を
(A)と称した。

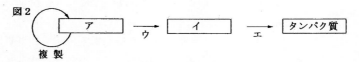

図2

複製 → ア → ウ → イ → エ → タンパク質

① 文中の(A)にあてはまる語を、図2のアとイに入る物質名を、
ウとエが表す過程をそれぞれ答えよ。
② 真核生物の核内で行われる選択的スプライシングについて、次
の語句をすべて用いて説明せよ。
【スプライシング、エキソン、イントロン】
③ 遺伝子発現の調節は、おもにmRNAの合成量の調節によって
行われるが、転写後のmRNAに対して翻訳の調節が行われる場
合がある。その一つであるRNA干渉について、次の語句をすべ
て用いて説明せよ。
【2本鎖RNA、複合体、抑制】
(3) 次の文章を読み、①～④の各問いに答えよ。
多くの動物は、外界からの刺激を受容器で受け取り、その情報は
神経によって脳へと伝えられる。次の図3は、神経系を構成する基
本単位となるニューロン(神経細胞)を模式的に示したものである。

図3

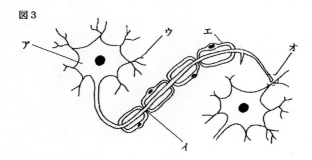

① 図3のア～オの名称をそれぞれ答えよ。
② 図3に示した神経繊維における興奮の伝わり方を何というか、

答えよ。

③　生徒から，「刺激を受けた神経繊維での興奮の伝わり方と図3のオでの興奮の伝わり方の違いがよくわからない。」と質問された。生徒が理解しやすいように説明せよ。

④　1本の軸索を刺激する実験では，刺激がある一定の強さ以上になると興奮が起こり，さらに刺激を強くしても反応の大きさは変わらなかった。また，多数の軸索を含む神経を刺激する実験では，刺激の強さに従って反応が大きくなった。これらのことから，ニューロンの興奮にはどのような性質があると考えられるか，説明せよ。

(4)　次の文章を読み，①～③の各問いに答えよ。

植物には，周囲の環境の変化に対して二酸化炭素や水の出入りを調節するしくみが備わっている。植物の葉には，図4のように気孔と呼ばれる2個の細胞に囲まれたすき間が存在する。光合成に必要な二酸化炭素や水の出入りは，光の強さや土壌中の水分量などといった環境要因の変化に応じて，この気孔が閉じたり開いたりすることで調節されている。

図4

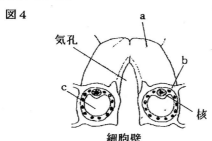

①　図4のaの細胞とb，cの構造体の名称をそれぞれ答えよ。

②　図4のaの細胞が，吸水すると気孔はどうなるか。次のすべての語句と，図を用いて，授業における板書例を書け。

【K^+，膨圧，細胞壁】

③　気孔の開閉は光によっても調節される。気孔の開口に有効な光の色と，この光を受容する光受容体の名称を答えよ。

(5) 次の文章を読み，①〜③の各問いに答えよ。

　　ある一定の地域に生息している同種の個体の集まりを(ア)といい，その生物が生活する面積や体積などの単位生活空間当たりの個体数を(イ)という。適当な環境下にある(ア)では，繁殖により個体数が増える。これを(ア)の成長といい，ある環境で存在できる最大の個体数を(ウ)という。

① 文中の(ア)〜(ウ)に適する語をそれぞれ答えよ。

② ある池に生息するコイの個体数を調査するため，この池で投網を使ってコイを100個体捕獲し，それぞれに標識をつけて再び池に放った。1週間後，投網を使って120個体のコイを捕獲したところ，そのうち15個体に標識が認められた。

　(i) このように個体数を推定する方法を何というか，答えよ。

　(ii) この調査で，コイに標識をつけて放してから，しばらく期間を空けた理由を説明せよ。

　(iii) このデータを用いて，この池にいるコイの総個体数を推定せよ。ただし，計算の過程も書くこと。

③ 次のグラフはウキクサを培養し，ウキクサの葉状体の数の変化を表したものである。

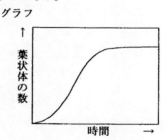

グラフ

葉状体の数 ↑

時間 →

　(i) このグラフを何というか，答えよ。

　(ii) はじめは急激に葉状体の数が増加するが，しだいに増加の速度が低下し，葉状体の数はやがて一定になる。その理由を説明せよ。

(☆☆☆◎◎◎)

43

解答・解説

中　学　理　科

【1】(1) ① ア　　② 科学的に探究　　③ 複雑な物質の相互関係
(2) ① コンピュータ　　② (解答例) 事前に興味・関心を十分喚起し, 目的を明確にして取り組ませる。　　③ (解答例) 標本や資料を借り受けたり, 専門家や指導者を学校に招いたりする。

〈解説〉(1) ① 第2学年は「生物の体のつくりと働き」, 第3学年は「生命の連続性」などを取り扱う。　② 中学校理科の目標及び内容は, 3年間を通じて計画的に, 科学的に探究するために必要な資質・能力を育成することに沿って構成されている。「科学的に探究する」の文言は, 教科の目標, 第1分野の目標, そして, 本問で略されている(2)や(3)にも繰り返し出てくる。　③ 第2分野では, 生物, 天体などの生命や地球に関する事物・現象を取り扱う。　(2) ① グラフの作成や, ビデオカメラ, 各種センサなどとの組み合わせが例示されている。　② 学習指導要領ではこの他に, 観察記録の取り方を工夫させることも記載されている。　③ 関連施設の見学などを活用する目的は生徒の実感を伴った理解を図るためである。実地への見学以外にも標本や資料を借り受けることや専門家を招いて指導してもらうことが考えられる。

【2】(1) (解答例) ビーカーに少量のおがくずやみそを入れ, 下端を温めることでおがくずやみそが移動する様子を観察する。温めた側でおがくずやみそが上がっていき, その逆で下がっていくことで, ビーカー内を循環する流れが生じる現象を捉えさせる。

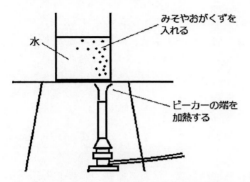

(2) リトマス紙，BTB溶液，万能試験紙，pHメーター

(3) （解答例）　ペトリ皿に水を入れ，割りばしで台を作った上に寒天などを用いて作ったプレパラートをのせ，ふたを閉める。

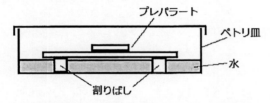

(4) （解答例）　実験の方法…岩石片に少量のうすい塩酸をかける。
実験の結果…反応し泡が出たものが石灰岩で，反応しないものがチャートである。

〈解説〉(1)　解答例の他，示温インクを用いると，温度変化と水の上下動を視覚的に表すことが可能である。また，解答例では，下降の部分について，おがくずやみその自重による影響が考えられるため，他の実験として，高温の水と低温の水に色をつけて静かに接触させる実験も考えられる。　(2)　リトマス紙やBTB溶液は，色の変化で酸性，中性，アルカリ性が判断できる。万能試験紙や電子機器のpHメーターは，水素イオン指数pHを測定する。なお，器具としては，ビーカー，シャーレ，ガラス棒などが考えられる。　(3)　試料が乾燥すると花粉から花粉管が伸びず観察が失敗する可能性がある。水で湿らせた紙をプレ

パラートの下に敷くという方法なども考えられる。　(4)　石灰岩の主成分は炭酸カルシウム$CaCO_3$で，チャートの主成分は二酸化ケイ素SiO_2である。石灰岩に塩酸を加えると二酸化炭素が生じるが，チャートに塩酸を加えても反応しない。この他に，石灰岩は軟らかく，チャートは硬いので，ハンマーでたたいたり，鉄くぎで引っかいたりして区別することもできる。

【3】県の魚…ハタハタ　　県の鳥…ヤマドリ　　県の花…フキノトウ　県の木…秋田杉

〈解説〉ハタハタは，水深約250mの海底で育ち，産卵のため初冬に県沿岸にやってくる。郷土料理で知られている海水魚である。ヤマドリは山間地を中心に県内全域に生息する。赤褐色で，メスが全長50cm程度，尾が長いオスは100cmを超えるキジ科の鳥である。フキノトウは3〜5月ごろに咲くフキの黄色い花である。キク科で，雌雄異花である。秋田弁ではバッケなどともよばれる。スギは常緑針葉樹で，寒さや雪に強く，まっすぐ鉛直に伸びる。大館市などをはじめ県内のスギの天然林は，日本の三大美林のひとつとされ，強い材質と木目の美しさで有名である。なお，県の岩石は硬質泥岩，県の鉱物は黒鉱，県の化石はナウマンヤマモモである。

【4】(1)　ア　　(2)　音色　　(3)　共鳴（共振）　　(4)　（解答例）　数人の生徒を，一直線上に一定の距離ごとに並ばせ，直線の延長上に設置したスピーカーから生徒が立つ位置までの距離を測定する。生徒全員が映る位置にビデオカメラをセットして，スピーカーから音を出し，音が聞こえたら挙手させる。撮影後，ビデオをコマ送りして，生徒が挙手していく時間の間隔を測定する。　　(5)　（解答例）　同位相で重なるとき…合成波の振幅は最大になる。　　逆位相で重なるとき…合成波の振幅は最小になる。　　(6)　（解答例）　過程…ドップラー効果の式より，$\dfrac{340+5.0}{340-20} \times 6.4 \times 10^2 = 6.9 \times 10^2$〔Hz〕　　振動数…$6.9 \times 10^2$〔Hz〕

〈解説〉(1)　解答参照。小学校では，物から音が出たり伝わったりする
とき，物が震えていることや，音の大きさが変わるとき物の震え方が
変わることを取り扱う。　(2)　音の三要素は，振動数に関わる音の高
さ，振幅に関わる音の大きさのほか，波形に関わる音色である。

(3)　同じ固有振動数のおんさどうしで起こる。　(4)　スピーカーで音
を出す操作の様子が見えないように工夫するとよい。音を出してから
生徒が挙手するまでの時間を測定するのもよいが，音を聞いてから反
応するまでの時間を考慮すると，生徒間で手を挙げる時間差を考える
のもよい。　(5)　波の重ね合わせの原理より，合成波の振幅はそれぞ
れの振幅の和になる。そのため，同位相で重なるとき振幅は大きくな
り，逆位相で重なるとき振幅は小さくなる。　(6)　最初の音の振動数
が640Hzであり，救急車が20m/sで進んでいるので，空間にできる音波
の波長は短くなり，その振動数は$\frac{340}{340-20}\times640=680$〔Hz〕である。
さらに，車が5.0m/sで進んでいるので，車が1秒間に拾う波の数は増加
し，$\frac{340+5.0}{340}\times680=690$〔Hz〕となる。

【5】(1)　ウ　　(2)　半導体　　(3)　①　電気量保存の法則(電荷保存の
法則)　　②　電子は，ガラス棒から絹の布で2.0×10^{11}〔個〕移動した。
(4)　P…18〔Ω〕　　　Q…2.0〔Ω〕　　　(5)　(解答例)　回路中のある
点に流れ込む電流の和と流れ出る電流の和は等しいという法則。

〈解説〉(1)　学習指導要領では，第2「各分野の目標及び内容」のうち，
〔第1分野〕の3「内容の取扱い」の(5)のエに記載がある。学習指導要
領解説では，(3)電流とその利用の(ア)のエに記載がある。　(2)　導体
と，不導体の中間の性質をもつ物質を半導体という。　(3)　①　電荷
は物体から物体に移動するだけで，新しく生じたり消滅したりしない。
②　ガラス棒の電気が正なので，負の電荷を持つ電子はガラス棒から
絹の布へ移動した。ガラス棒が失った電子の数は，$(-3.2\times10^{-8}\div$
$(-1.6\times10^{-19})=2.0\times10^{11}$〔個〕である。　(4)　抵抗の値は，断面積に
反比例し，長さに比例する。そのため，Qの抵抗に比べてPの抵抗は
$3\times3=9$〔倍〕である。図の並列回路では，それぞれの抵抗に流れる

電流の比は，抵抗の逆比になる。PとQの抵抗の比が9：1だから，電流は1：9となり，その合計が1.0Aより，Pに0.10A，Qに0.90A流れる。それぞれの抵抗は，Pが$\frac{1.8}{0.1}=18$〔Ω〕，Qが$\frac{1.8}{0.9}=2.0$〔Ω〕となる。

(5)　キルヒホッフの第2法則は，回路中の任意の閉じた経路について，起電力の和は電圧降下の和に等しいという法則である。

【6】(1)　イ，エ　　　(2)　(解答例)　方法…水を入れたビーカーに，硫酸銅(Ⅱ)の結晶を入れてかき混ぜたり，放置したりする。　　　現象…水溶液は青色を帯びて，硫酸銅(Ⅱ)の結晶が次第に小さくなる。全て溶けると硫酸銅(Ⅱ)が均一に分散して透き通った青色の溶液になる。
(3)　2.2〔mol/L〕　　　(4)　①　溶解度　　②　ウ　　③　(解答例)過程…60℃の硝酸カリウムの飽和水溶液100＋110＝210〔g〕を10℃に冷却すると，硝酸カリウムの結晶が110－22＝88〔g〕析出する。飽和水溶液100gの場合に析出する硝酸カリウムをx〔g〕とすると，210：88＝100：xよりx＝42〔g〕　　　結晶…42〔g〕

〈解説〉(1)　電解質は水溶液中で電離してイオンになるため電流を通す。イはNaCl→Na$^+$＋Cl$^-$，エはHCl→H$^+$＋Cl$^-$のように電離する。
(2)　視覚的に理解させるように，色のついた水溶液ができる硫酸銅(Ⅱ)の結晶などを用いるとよい。水溶液が透明で，溶質は溶液中に均一に分散することを理解させる。かき混ぜて短時間に観察してもよいが，放置して一定時間おきに観察したりビデオカメラで撮影したりすることで，溶質が徐々に溶媒中に広がっていく様子を観察する方法も考えられる。　　(3)　水溶液1Lの質量は1.1×1000＝1100〔g〕であり，溶質の質量は1100×0.080＝88〔g〕である。NaOHの式量は23＋16＋1.0＝40.0だから，88gの物質量は$\frac{88}{40}$＝2.2〔mol〕である。よって，モル濃度は2.2mol/Lである。　　(4)　①　一定の温度，圧力のもとで，一定量の溶媒に溶解しうる溶質の最大量を溶解度という。　　②　硝酸カリウムの結晶は，室温では柱状の細長い結晶で無色透明あるいは半透明である。　　③　解答参照。

【7】(1) 総和　　(2) (解答例) 化合物中の成分元素の質量比は，その物質の生成過程に関係なく常に一定である。　　(3) $C_3H_8 + 5O_2 \rightarrow 3CO_2 + 4H_2O$　　(4) ① K殻…2個　　L殻…8個　　M殻…2個　　② 物質…塩化水素　　物質量…0.10〔mol〕　　(5) (解答例) 過程…過酸化水素濃度の単位時間当たりの変化は，$\dfrac{0.25-0.10}{30} = 5.0 \times 10^{-3}$〔mol/(L·s)〕　　反応速度…$5.0 \times 10^{-3}$〔mol/L·s〕

〈解説〉(1) 化学反応の前後では物質の質量の総和は変化しない。このことを質量保存の法則という。　　(2) 解答参照。　　(3) プロパンのような炭化水素が完全燃焼すると二酸化炭素と水が生成する。

(4) ① マグネシウムの原子番号は12であり，12個の電子をもつ。K殻には2個，L殻には8個の最大数の電子が入り，残りの2個はM殻に入る。　　② マグネシウムと塩酸の化学反応式は$Mg + 2HCl \rightarrow MgCl_2 + H_2$であり，マグネシウムと塩酸は物質量比で1：2が反応する。よって，マグネシウム0.10molと反応する塩化水素は0.20molであり，塩化水素が$0.30-0.20 = 0.10$〔mol〕残る。　　(5) 反応速度は単位時間あたりの物質の量の変化で表される。

【8】(1) 異化　　(2) $C_6H_{12}O_6$　　(3) イ，ウ　　(4) (解答例) 実験の方法…無色透明のポリエチレンの袋を3つ準備し，図のようにA，B，Cとする。そのうち，AとBには植物を入れ，Aは明るい場所，B，Cは暗い場所に置く。数時間後に袋の中の気体をそれぞれ石灰水に通す。

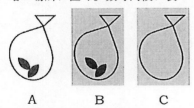

A　　　　B　　　　C

実験の結果…Bのみ石灰水が白くにごる。AとCには変化が見られない。　　(5) (解答例) 植物は，昼でも夜でも，常に呼吸をしている。光エネルギーを受け取れる昼は，光合成の方がより多く行われるため，植物は二酸化炭素を吸収して酸素を放出しているように見える。

〈解説〉(1)　異化とは，複雑な物質を分解してエネルギーを放出する反応である。一方，同化とは，エネルギーを吸収して単純な物質から複雑な物質を合成する反応である。　(2)　呼吸の反応式は，$C_6H_{12}O_6$＋$6O_2$＋$6H_2O$→$6CO_2$＋$12H_2O$＋38ATPで表される。　(3)　解糖系は，細胞質基質での過程であり，酸素は必要としない。クエン酸回路はミトコンドリアのマトリックスでの過程，電子伝達系はミトコンドリアの内膜での過程で，水素が酸素と結びつく。酸素がないと電子伝達系は止まり，水素を供給するNADHが消費されないため，クエン酸回路の反応も進まなくなる。カルビン回路は，カルビン・ベンソン回路ともよばれる光合成の反応過程の一つである。　(4)　植物は日が当たる場所では光合成を行う。酸素を放出するため，植物を暗所に置いて光合成を止めた状態で，呼吸により生じた気体を石灰水に通すことで二酸化炭素が発生していることを確かめられる。解答例の他，水草を使う方法もある。いずれも，植物を入れない対照実験をおこなう必要がある。　(5)　昼間にも呼吸は行われているが，呼吸速度よりも光合成速度が大きいため，酸素のみを放出しているように見える。

【9】(1)　X…組織液　　Y…肝臓　　(2)　(解答例)　説明…腎臓では，血液中の不要物が取り除かれて，尿がつくられる。つくられた尿は，輸尿管を通して膀胱に送られる。

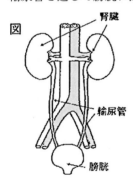

図

腎臓

輸尿管

膀胱

(3)　(解答例)　①　グルコースは体内で必要な成分であり，原尿から

血液にすべて再吸収されるから。　②　過程…Na$^+$の濃縮率は$\dfrac{0.35}{0.32}=$ 1.09，K$^+$の濃縮率は$\dfrac{0.15}{0.02}=7.5$　　化学式…K$^+$

〈解説〉(1)　アンモニアは，タンパク質が分解されて生じる。生じたアンモニアは，細胞を取り巻く組織液から血液を通じて肝臓に運ばれ，尿素回路により尿素に変換される。　(2)　腎臓に流れこんだ血液が糸球体でろ過され，原尿となる。尿細管でグルコース，ミネラルなど，体に必要な成分を血液に再吸収する。その後，集合管，腎うを通り，腎臓を出て，輸尿管を通して膀胱に尿がたまる。　(3)　①　健康なヒトでは，グルコースは，原尿中に排出されても，すべて再吸収されるため，尿中には検出されない。　②　濃縮率は，血しょう中濃度に対する尿中濃度で求められる。

【10】(1)　①　X　8　　Y　海王星　　②　位置や大きさの関係

(2)　(解答例)　(月の公転軌道が)地球の公転軌道と同じ平面上になく，傾いて交わっているため，地球から見た新月と太陽が重ならないことが多いから。　　(3)　エ　　(4)　(解答例)　見かけの等級…天体を地球から見たときの等級　　絶対等級…天体を10パーセクの距離から見たときの等級

〈解説〉(1)　①　2006年以前は，冥王星が9個目の惑星とされていた。現在は太陽系外縁天体の準惑星に分類されている。　②　惑星や恒星の特徴とともに取り上げることが学習指導要領では示されている。

(2)　月が地球のまわりをまわる公転軌道と，地球が太陽の周りをまわる公転軌道が同一平面上になく，約5度傾いて交わっている。その交線付近で新月となったときのみ日食が起こるため，日食が起こるのは，新月のうち数回～数十回に一度とまれである。　(3)　恒星は，原始星→主系列星→赤色巨星へ進化する。主系列星としての時間が最も長い。質量が大きい恒星は，その後に超新星になり，太陽程度の質量の恒星は惑星状星雲を形成して中心核は白色矮星になる。　(4)　地球から見た恒星の明るさを示す数値が見かけの等級である。見かけの明るさは恒星と地球との距離の2乗に反比例する。そのため，全ての恒星を10

パーセクの距離から見たと仮定したときの恒星の明るさを示す数値を
絶対等級とし，恒星どうしの比較に用いられる。

【11】(1)　露頭　　　(2)　2〔mm〕　　　(3)　(解答例)　方法…水槽に浅く
水を入れ，斜めに板を差し込んで下端を水槽の中央付近の底にあてる。
板の上から礫，砂，泥を混ぜた水を流し，それらが水槽にどのように
積もるか観察する。　　　現象…板に近い位置に粒の大きい礫，次いで
砂，そして，遠い位置に粒の小さい泥が堆積する。　　　(4)　(解答例)
堆積物から間隙の水が抜け，粒子どうしが結び付いて，固結した堆積
岩になる作用。　　　(5)　①　V字谷　　　②　(解答例)　火山の大規模
な噴火では，大量の火山ガスやマグマが地表へ放出され，地下に空間
ができる。その結果，広い範囲が陥没して大きな凹地ができる。これ
がカルデラである。

〈解説〉(1)　地層がその場所で地表に露出している場所を露頭という。
転石などは露頭といわない。　　　(2)　2^{-4}mm以下が泥，$2〜2^{-4}$mmが砂，
2mm以上は礫である。　　　(3)　自然では，河口付近には粒の大きい礫が
たまり，河口から離れるにしたがって砂，泥と堆積する粒子の大きさ
が小さくなる。このことを，海に見立てた水槽と，川に見立てた板で
再現したモデル実験等が考えられる。　　　(4)　水底の堆積物はそのまま
では未固結である。しかし，さらに上に堆積物が乗ると，荷重による
圧縮により粒子間の水が外に押し出される。また，水に溶けていた炭
酸カルシウムや二酸化ケイ素などが間隙に沈殿し，堆積物の粒子を結
び付ける。このようにして，固結した堆積岩ができる。　　　(5)　①　山
地では川の流速が速く，下方侵食によりV字谷が形成される。
②　火砕流を伴うような爆発的な噴火において，火山ガスやマグマが
抜け出た跡の地下の空間に，山体が落ち込んでできる凹地がカルデラ
である。十和田湖は複数回の活動によるカルデラが組み合わさってで
きた湖である。

高 校 理 科

【共通問題】

【 1 】 (1) ① (ア) $\frac{mg}{k}$ (イ) $\frac{mg}{k}$ (ウ) $\frac{mg}{2k}$ ② ア 縦波
(疎密波) イ 平行になる ウ A エ C (2) (解答例)
① 仕事(計算過程)…$W=1.0\times10^2\times9.8\times6.0=5.88\times10^3$〔J〕 仕事
の大きさ…5.9×10^3〔J〕 仕事率…$P=\frac{5.88\times10^3}{150}=39.2\fallingdotseq39$〔W〕
② 電流(計算過程)…抵抗Rに加わる電圧は，$1.0\times10^2-60=40$〔V〕
だから，回路に流れる電流は，$I=\frac{40}{20}=2.0$〔A〕 電力…$E=2.0\times$
$60=1.2\times10^2$〔W〕

〈解説〉(1) ① 求める伸びをxとすると，おもりに関する力のつり合い
は，(ア)，(イ)では$kx=mg$と書ける。一方，(ウ)では，$2kx=mg$となる。
② 図2のように，波の進行方向と各点の媒質の振動方向が平行な波
は縦波または疎密波と呼ばれる。図3では，OA間の媒質が負の向きに，
AB間の媒質が正の向きに変位しているので，Aが両側へ最も引き伸ば
されている。また，速さが最大なのは振動の中心にあるAとCであり，
そのうち，これから正の向きに変位するのはCである。 (2) ① 引
き上げるのに必要な力は$1.0\times10^2\times9.8$〔N〕であり，その向きに動い
た距離6.0mを掛けると仕事が求まる。また，仕事率は単位時間〔s〕あ
たりの仕事の量である。 ② 電源電圧が100Vで電圧計が60Vを示し
ているので，抵抗Rに加わる電圧は40Vである。これと抵抗の値20Ωか
ら，オームの法則を用いて，回路を流れる電流が2.0Aと求まる。電動
ポンプMに流れる電流も2.0Aであり，電力は電流と電圧の積で求まる。

【 2 】 (1) A 抽出 B 昇華 記号…ア (2) (解答例) ①
78℃になると沸騰が始まり，100℃まで緩やかに温度が上昇していく。
これは，エタノールの気化に伴い液中のエタノールの割合が減少する
ためである。 ② 炎色反応を調べ，黄色を呈すれば，ナトリウム
元素が確認できる。また，硝酸銀水溶液を加えて白色沈殿が生じれば，
塩化物イオンが確認できる。以上から，塩化ナトリウム水溶液である

ことが確認できる。　　(3)　①　52〔％〕　　②　1.5〔mol〕

③　11〔g〕　　　(4)　(解答例)　化合物は2種類以上の元素が結合して

できた1つの物質であり，混合物は2種類以上の物質がいろいろな割合

で混ざったものである。

〈解説〉(1)　混合物に溶媒を加え，特定の成分を溶媒中へ分離する抽出

　である。エタノール溶液に溶けるのは分子結晶であるヨウ素である。

　また，固体が直接気体になる昇華を利用して目的の固体物質を分離す

　る方法は昇華法である。混合物Sの中で昇華する物質はヨウ素である。

(2)　①　混合物の沸点や融点は一定せず，組成の変化とともに徐々に

温度が変化する。エタノールの沸点は78℃，水は100℃である。

②　ナトリウムは，炎色反応から確認できる。また，塩化物イオンは，

硝酸銀水溶液を用いて，$NaCl + AgNO_3 \rightarrow MaNO_3 + AgCl$により，塩化銀

の白色沈殿から確認できる。　　(3)　①　エタノールC_2H_6Oの分子量は

$12 \times 2 + 1.0 \times 6 + 16 \times 1 = 46$だから，炭素原子の割合は$12 \times 2 \div 46 \times$

$100 = 52$〔％〕である。　　②　水27gは$27 \div 18 = 1.5$〔mol〕である。水

素と酸素の反応式は$2H_2 + O_2 \rightarrow 2H_2O$だから，水1.5molが生成するには，

水素1.5molが消費された。　　③　80℃の塩化ナトリウムの飽和水溶液

$100 + 40.0 = 140$〔g〕を20℃まで冷却すると，$40.0 - 37.8 = 2.2$〔g〕の

塩化ナトリウムが析出する。飽和水溶液700gの場合に析出する塩化ナ

トリウムをx〔g〕とすると，$700 : x = 140 : 2.2$より$x = 11$〔g〕である。

(4)　混合物の具体的な例には，空気，石油，塩酸(塩化水素と水)など

がある。

【3】(1)　ア　細胞膜　　イ　原核細胞　　ウ　細胞質　　エ　染色体

オ　細胞小器官　　カ　細胞質基質　　(2)　(解答例)　生物に共通す

る特徴は，細胞を持つ，DNAを持つ，代謝によってエネルギーをつく

る，恒常性をもつ，変化へ受容や反応をする，生殖する，進化するな

どである。ウイルスは，自身でエネルギー代謝を行うことも，自力で

自己複製することもないため，生物ではない。　　(3)　性質…基質特

異性　　(解答例)　説明…酵素は，その活性部位の立体構造と合う基

質としか反応できない。例えば，唾液にも含まれている α アミラーゼは，デンプンを分解できるが，タンパク質を分解できない。

(4) $2H_2O_2 \rightarrow 2H_2O + O_2$ 　(5) 　(解答例) 　pH…酵素により，最適pHは異なる。最適pHのとき酵素の反応速度は最大になるが，最適pH以上や以下の環境では酵素の反応速度は著しく低下し，最適pHから離れた環境だと失活することがある。温度…無機触媒は温度が高いほどよくはたらくが，ヒトの酵素の最適温度は，約37℃のものが多い。酵素はタンパク質であるため，最適温度を外れると，変性し，失活することがある。

〈解説〉(1) 　原核細胞は細胞壁と細胞膜を持つが，核膜は持たず，細胞内にむき出しの状態でDNAが存在する細胞によって構成される。

(2) 　ウイルスは，20～300nmほどの大きさで，細胞構造がなく，タンパク質と核酸からなる。他の生物に寄生しないと生存できず，また，細胞内での増殖過程にはウイルス粒子が形成されていない。　(3) 　解答参照。　(4) 　この反応を触媒として，無機触媒では二酸化マンガン，酵素ではカタラーゼがある。　(5) 　解答参照。

【4】(1) 　① 　ア 　太平洋 　イ 　北アメリカ(北米) 　② 　ウ 　0

エ 　7 　オ 　5 　カ 　6 　キ 　$\dfrac{V_p \times V_s}{V_p - V_s}$ 　(2) 　① 　示準化石

② 　古生代 　(3) 　① 　(解答例) 　計算式…$\dfrac{3.4 \times 10^3 \times 10^5}{4.2 \times 10^7 - 1.1 \times 10^7} = 11$

プレートの移動速度…11〔cm/年〕 　② 　カ

〈解説〉(1) 　① 　西南日本では，フィリピン海プレートとユーラシアプレートが収束する。　② 　現在の日本の気象庁で使われる震度階は10階級である。また，初期微動継続時間はP波とS波が伝わる時間の差だから，$T = \dfrac{D}{V_s} - \dfrac{D}{V_p}$であり，変形して$D = \dfrac{V_p \times V_s}{V_p - V_s} \times T$となる。

(2) 　① 　時代を示すのが示準化石，環境を示すのが示相化石である。② 　サンヨウチュウは，古生代を通じて生息した海生の節足動物である。　(3) 　① 　ホットスポットは位置が変わらず，ホットスポット起源の火山島の位置がプレートの動きとともに移っていく。移動距離を

移動に要した時間で割ると，プレートの移動速度を求めることができる。　②　▲で生まれた火山島に対し，△1が一番古い火山島なので，プレートは▲から△1への向きへ動いている。

【物理】

【1】(1)　①

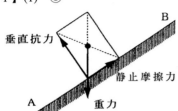

②　(解答例)　レンガの左下端における力のモーメントを考える。レンガの重心にかかる重力のうち，斜面に平行な分力について左回りに$mg\sin\theta \times \dfrac{b}{2}$，斜面に垂直な分力について右回りに$mg\cos\theta \times \dfrac{a}{2}$である。これらのつりあいから，$mg\sin\theta \times \dfrac{b}{2}=mg\cos\theta \times \dfrac{a}{2}$である。よって，$\dfrac{\sin\theta}{\cos\theta}=\dfrac{a}{b}$より，$\tan\theta =\dfrac{a}{b}$である。　③　$\mu >\dfrac{a}{b}$

(2)　①　ρSh　②　$2\pi\sqrt{\dfrac{h}{g}}$　(3)　①　A$\cdots\dfrac{3pV}{RT}$　B$\cdots\dfrac{pV}{RT}$

②　A$\cdots\dfrac{9pV}{2}$　　B$\cdots 3pV$　③　絶対温度$\cdots\dfrac{5}{4}T$　圧力$\cdots\dfrac{5}{3}p$

(4)　①　0.40〔m〕　②　9〔個〕　③　(解答例)　S_2PとS_1Pの距離の差は，波長の整数倍になる。すなわち，整数mについて，S_2P－S_1P$=0.40m$が成り立つ。条件より，S_1は$m=5$にあたり，3回目の極大にあたるPは$m=2$にあたる。よって，S_2P－S_1P$=0.40\times 2$で，S_1P$=3.0$〔m〕だから，S_2P$=3.8$〔m〕　(5)　①　qv_0B　②　半径$\cdots\dfrac{mv_0}{qB}$　周期$\cdots\dfrac{2\pi m}{qB}$　③　$\dfrac{(2n-1)qB}{2\pi m}$　④　$\sqrt{v_0{}^2+\dfrac{2qV}{m}}$

(6)　(解答例)　石鹸水などでわずかに白く濁らせた水を，透明で細長い容器に入れる。暗い部屋の中で容器の上から白色光を照らし，光源

に近い部分と光源から遠い部分で，白く濁った水の色の違いを観察する青空と夕焼けのモデル実験を行う。このモデル実験では光源に近い部分は白く，若干青みがかって見える。光源から遠い部分は橙色〜赤色に見える。大気中の気体分子による散乱は，波長が短いほど散乱が著しく青色に近い光ほど散乱されやすい。図のように昼間は太陽光が大気を通る距離が短いため青い光が散乱され，空が青く見える。一方で，夕方は太陽光が大気を通る距離が長いため散乱されにくい赤い光が多く残る。

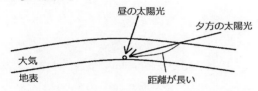

〈解説〉(1)　①　レンガが倒れる瞬間，垂直抗力の作用点は左下端にある。その左下端について力のつりあいが成り立っている。　②　レンガの左下端のまわりのモーメントについて，垂直抗力と静止摩擦力は距離が0なのでモーメントは0である。そのため，重力の2つの分力を考える。　③　倒れる瞬間の垂直抗力の大きさは$mg\cos\theta$だから，静止摩擦力は$\mu mg\cos\theta$である。レンガが倒れず滑り出すとすれば，その瞬間は，$\mu mg\cos\theta = mg\sin\theta$だから，$\dfrac{\sin\theta}{\cos\theta} = \mu$より，$\tan\theta = \mu$となる。滑らずに倒れたから，②と比較して$\mu > \dfrac{a}{b}$である。

(2)　①　浮力の大きさは物体が排除した液体の重量に等しいからρShgである。求める質量をmとすると，物体が静止したときの釣り合いから，$mg = \rho Shg$であり，$m = \rho Sh$となる。　②　つり合いの位置からxだけ沈んだとき，浮力の大きさはρSxgである。よって，物体の運動方程式は，$ma = -\rho Sxg$であり，$m = \rho Sh$から，$a = -\dfrac{g}{h}x$である。よって，単振動の角振動数は$\sqrt{\dfrac{g}{h}}$であり，周期は$2\pi\sqrt{\dfrac{h}{g}}$である。

(3)　①　容器A，Bの気体の物質量をそれぞれn_A，n_Bとする。それぞれ

状態方程式より，$3pV = n_A RT$，$p \times 2V = n_B R \times 2T$である。よって，$n_A = \dfrac{3pV}{RT}$，$n_B = \dfrac{pV}{RT}$となる。　②　単原子の理想気体なので，容器A，Bの気体の内部エネルギーはそれぞれ，$\dfrac{3}{2} n_A RT = \dfrac{9}{2} pV$，$\dfrac{3}{2} n_B R \times 2T = 3pV$となる。　③　気体と容器の熱のやり取りがないことから，コックを開いたのちの気体の内部エネルギーは$\dfrac{9}{2} pV + 3pV = \dfrac{15}{2} pV$である。また，物質量は，$\dfrac{3pV}{RT} + \dfrac{pV}{RT} = \dfrac{4pV}{RT}$で，気体の体積は$V + 2V = 3V$である。求める絶対温度を$T'$，圧力を$p'$とすると，$\dfrac{3}{2} \times \dfrac{4pV}{RT} \times RT' = \dfrac{15}{2} pV$，$p' \times 3V = \dfrac{4pV}{RT} \times RT'$が成り立つ。解いて，$T' = \dfrac{5}{4} T$，$p' = \dfrac{5}{3} p$となる。　(4)　①　波長は$\dfrac{340}{850} = 0.40$〔m〕である。　②　S_1とS_2を結ぶ線分上の点で，両点からの距離の差が波長0.40mの整数倍になる位置で音の大きさが極大になる。S_1からの距離をx〔m〕$(0 < x < 2.0)$とすると，$|x - (2.0 - x)| = m \times 0.40$　$(m = 0, \pm 1, \pm 2, \cdots)$の条件を満たす。整理すると，$x = 1.0 \pm 0.200 m$であり，$m = 0, \pm 1, \pm 2, \pm 3, \pm 4$の9個存在する。　③　$S_2 P - S_1 P = 0.40 m$で，点S_1は$m = 5$，点Pは$m = 2$にあたる。　(5)　①　電荷が磁場からローレンツ力を受ける。　②　求める半径をrとすると，運動方程式は$m\dfrac{v_0{}^2}{r} = q v_0 B$と書け，円運動の半径は$r = \dfrac{mv_0}{qB}$となる。求める周期は$\dfrac{2\pi r}{v_0} = \dfrac{2\pi r}{qB}$となる。　③　すき間Bには半周期ごとに到達するが，半周期ごとに粒子の運動が逆向きだから，加速する向きも逆でなければならない。つまり，半周期ごとに位相が逆でなければならない。求める交流電圧の周期をTとすると，$\left(n - \dfrac{1}{2}\right) T = \dfrac{2\pi m}{qB}$が成り立ち，$T = \dfrac{2\pi m}{(2n-1)qB}$となる。周波数はその逆数で，$f = \dfrac{(2n-1)qB}{2\pi m}$となる。　④　加速によって粒子に$qV$のエネルギーが与えられるから，求める速さを$v$とすると，$\dfrac{1}{2} mv^2 = \dfrac{1}{2} mv_0{}^2 + qV$が成り立ち，$v = \sqrt{v_0{}^2 + \dfrac{2qV}{m}}$となる。　(6)　大気中の気体分子のように，光の波長より小さな粒子による散乱では，波長が短い光ほど散乱され

る割合が大きい。すなわち，波長の短い紫や青の光は散乱されやすく，波長の長い赤の光はあまり散乱されない。

【化学】

【1】(1) ① (解答例) 岩石片に少量のうすい塩酸をかける。石灰岩は塩酸と反応し気体が生じるが，チャートは反応しない。 ② (i) 塩基性酸化物 (ii) $CaO+H_2O \rightarrow Ca(OH)_2$ (iii) アセチレン

③ (i) カルスト (ii) (解答例) 石灰岩の主成分の炭酸カルシウム$CaCO_3$は，空気中の二酸化炭素CO_2が溶けている雨水や地下水と$CaCO_3+H_2O+CO_2 \rightarrow Ca^{2+}+2HCO_3^-$のように反応し石灰岩が溶解し，鍾乳洞ができる。さらに，$Ca^{2+}+2HCO_3^- \rightarrow CaCO_3+H_2O+CO_2$と長い年月をかけて溶解した炭酸カルシウムが沈殿し，石筍などが形成される。

④ (i) (b) (ii) 氷晶石 (iii) (解答例) アルミニウム81.0gは，$\frac{81}{27}=3.0$〔mol〕であり，$Al^{3+}+3e^- \rightarrow Al$より，必要な電子の物質量は$3.0 \times 3=9.0$〔mol〕である。要した時間を$t$〔秒〕とすると，電気量について，$9.65 \times 10^4 \times 9.0=3.0t$ より，$t=289500$〔秒〕となる。$289500=80 \times 3600+25 \times 60$より，80時間25分間 (2) ① 2－メチルプロパン

② 構造式… 名称…2, 2－ジブロモプロパン

$$\begin{array}{c} \ \ \ H \ \ Br \ \ H \\ \ \ \ | \ \ \ \ | \ \ \ \ | \\ H-C-C-C-H \\ \ \ \ | \ \ \ \ | \ \ \ \ | \\ \ \ \ H \ \ Br \ \ H \end{array}$$

③ (i) ア 赤褐色 イ 置換 ウ アセトン

(ii)

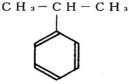

CH₃－CH－CH₃

(iii)　(a), (c), (d), (f)

(iv)　(解答例)　フェノールとアルコールの相違点は，

・フェノールは，水溶液中でわずかに電離して弱い酸性を示すが，アルコールは中性である。

・フェノールは，塩化鉄(Ⅲ)水溶液を加えると青紫〜赤紫色に変色する。アルコールは変色しない。

フェノールとアルコールの類似点は，

・ともにヒドロキシ基を持つ有機化合物である。

・単体のナトリウムを加えると，反応して水素を発生する。

(v)　構造式…　　　　　　　　名称…2, 4, 6－トリブロモフェノール

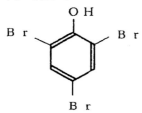

④　(解答例)　NBRのアクリロニトリル部分－CH₂－CH(CN)－の式量は53，1, 3－ブタジエン部分－CH₂－CH＝CH－CH₂の式量は54である。また，水素はすべて1, 3－ブタジエン部分の方に付加するので，1, 3－ブタジエン部分の物質量は1.5molである。アクリロニトリル部分の物質量をx〔mol〕とすると，$53x＋54×1.5＝107.5$より，$x＝0.50$となる。よって，アクリロニトリル部分と1, 3－ブタジエン部分の物質量比は，0.50：1.5＝1：3　　(3)　①　(i)　(ア)　(解答例)　正反応と逆反応の反応速度が等しいため，反応物と生成物の量が増減せず，見かけ上反応が止まったように見える状態をいう。　　(イ)　$K＝\dfrac{[HI]^2}{[H_2][I_2]}$

(ii) (ア) (c) (イ) (b) (ウ) (f) (iii) (ア) しない
(イ) 右 (ウ) 左 ② (i) 2.5×10^{-2} 〔mol〕 (ii) 2.1×10^4
〔Pa〕 (iii) 4.0×10^4 〔Pa〕 (iv) (解答例) メタンと酸素の反
応式は$CH_4 + 2O_2 \rightarrow CO_2 + 2H_2O$である。メタン0.025molと反応する酸素
は0.050molであり, 未反応の酸素は0.055－0.050＝0.005〔mol〕であり,
二酸化炭素は0.025mol生じる。二酸化炭素と酸素の圧力をP〔Pa〕とす
ると, 状態方程式は, $P \times (3.0 + 2.0) = (0.025 + 0.005) \times 8.3 \times 10^3 \times (273 +$
$27)$と書け, $P = 1.5 \times 10^4$〔Pa〕である。これに飽和水蒸気圧を加え, 全
体の圧力は, $1.5 \times 10^4 + 3.6 \times 10^3 = 1.86 \times 10^4 ≒ 1.9 \times 10^4$〔Pa〕

(4) ① (ア) 物質 (イ) 考え方 (ウ) 見通し (エ) 主体
的 ② (解答例) 重金属イオンを含む廃液は, 金属イオンごとに
分別して容器に回収して保管し, 最終処分は廃棄物処理業者に委託す
る。

〈解説〉(1) ① 石灰岩は主に炭酸カルシウム$CaCO_3$からなり, チャート
は主に二酸化ケイ素SiO_2からなる。そのため, 塩酸をかけると二酸化
炭素の発生の有無で区別できる。 ② (i) 塩基の働きをする酸化物
を塩基性酸化物といい, 酸と反応する。酸化カルシウムと塩酸の反応
は$CaO + 2HCl \rightarrow CaCl_2 + H_2O$である。 (ii) 塩基性物質である水酸化カ
ルシウム(消石灰)を生成する。 (iii) 酸化カルシウムとコークスの反
応$CaO + 3C \rightarrow CaC_2 + CO$により炭化カルシウム$CaC_2$が生成する。これ
に水を加えると$CaC_2 + H_2O \rightarrow Ca(OH)_2 + C_2H_2$によりアセチレン$C_2H_2$が発
生する。 ③ (i) 石灰岩などで構成された大地が, 雨水, 地表水,
土壌水, 地下水などによって侵食されてできた地形をカルスト地形と
いう。 (ii) 石灰岩は, 二酸化炭素を含む水に溶解し, 再び沈殿して,
特有の地形を形成する。 ④ (i) ボーキサイトから酸化鉄(Ⅲ)を除
くには, ボーキサイトを高温の$NaOH$水溶液に入れて溶解する。
$Al_2O_3 + 2NaOH + 3H_2O \rightarrow 2NaAl(OH)_4$により, 錯イオン$[Al(OH)_4]^-$として
溶解する。 (ii) アルミナAl_2O_3は融点が2000℃と高いので, 氷晶石
Na_3AlF_6を混ぜて融点を下げる。 (iii) アルミニウムイオンを還元す
るための電子の物質量から電気量が分かる。一方, 流れた電気量は,

電流と時間の積に等しい。　(2)　①　ホルムアルデヒドはHCHO，アセトンはCH_3COCH_3であり，それぞれアルデヒド基とカルボニル基をもつ。オゾン分解を逆にたどり，C＝Oの部分の二重結合をつなげることにより，$H_2C＝C(CH_3)_2$つまり，２メチル－１－プロペンと分かる。
②　マルコフニコフの法則では，二重結合をもつ炭化水素に対して求電子付加反応を行う際は，結合する水素原子が多い方の炭素原子に電気的に陽性な原子や原子団が結合する。プロピン$H-C≡C-CH_3$に臭化水素HBrを付加すると，$CH_2＝CBr-CH_3$が生成し，さらに臭化水素を付加すると，$CH_3-CBr_2-CH_3$，つまり，2，2－ジブロモプロパンが生成する。　③　(i)　ア　フェノールは空気中で酸化されると赤褐色を呈する。　イ　陽イオンはフェノールの電子密度が大きいo－位とp－位へ近づき置換反応が起こる。　ウ　プロペンとベンゼンを触媒の下で反応させるとクメンが生成する。クメンを空気酸化させてクメンペルオキシドとし，希硫酸を触媒として分解するとフェノールとアセトンが得られる。　(ii)　クメンの示性式は$C_6H_5CH(CH_3)_2$である。
(iii)　塩化鉄(Ⅲ)水溶液を加えて青紫〜赤紫色を呈するのは，ベンゼン環にヒドロキシ基が結び付く化合物である。選択肢の中では(a)$C_6H_4(OH)COOH$，(c)　$C_6H_4(OH)CH_3$，(d)　$C_{10}H_6(OH)$，(f)$C_6H_4(OH)COOCH_3$が該当する。　(iv)　フェノールとナトリウムの反応式は$2C_6H_5OH＋2Na→2C_6H_5ONa＋H_2$，アルコールとナトリウムの反応式は$2R-OH＋2Na→2R-ONa＋H_2$である。　(v)　フェノールは$o$－位と$p$－位に付加反応が起こり，$C_6H_2(OH)Br_3$ができる。　④　共重合したとき，1，3－ブタジエン部分の方に二重結合が残るため，1.5molの水素はすべて1，3－ブタジエン部分の方へ付加する。このことから1，3－ブタジエン部分の物質量も1.5molと分かる。あとは，全体の質量が107.5gであることから，アクリロニトリル部分の物質量を求めればよい。　(3)　①　(i)　(ア)　可逆反応において，正逆の反応速度が等しいため，反応物と生成物が共存し，どちらの濃度も変化しない状態である。　(イ)　解答参照。　(ii)　反応エンタルピーΔHが負の場合は発熱反応，正の場合は吸熱反応である。　(ア)　正反応は粒子が減少す

る発熱反応であり，圧力を高く低温にすると生成量は増加する。
（イ）　正反応は粒子が増加する吸熱反応であり，圧力を低く高温にすると生成量は増加する。　（ウ）　両辺で粒子の数は変化せず発熱反応であり，圧力には関係せず低温で生成物の生成量が増加する。

(iii)　（ア）　触媒は反応速度を大きくする物質であり，平衡状態には影響を与えない。（イ）　pHを大きくするとH_3O^+が減少するので，平衡は右に移動する。（ウ）　温度圧力を一定にしてアルゴンを加えると全体の体積が増加するため，平衡は粒子が増加する左へ移動する。

②　(i)　メタンCH_4の分子量は16だから，$\frac{0.40}{16}=0.025$〔mol〕である。

(ii)　求める圧力をP_1〔Pa〕とすると，気体の状態方程式は，$P_1 \times 3.0 = 0.025 \times 8.3 \times 10^3 \times (273+27)$と書け，$P_1 = 2.1 \times 10^4$〔Pa〕となる。

(iii)　酸素の物質量は$\frac{1.76}{32}=0.055$〔mol〕である。求める圧力をP_2〔Pa〕とすると，気体の状態方程式は，$P_2 \times (3.0+2.0) = (0.025+0.055) \times 8.3 \times 10^3 \times (273+27)$と書け，$P_2 = 4.0 \times 10^4$〔Pa〕である。　(iv)　生成する水蒸気は0.050molだから，すべて水蒸気になったとしてその圧力をP_3〔Pa〕とすると，$P_3 \times (3.0+2.0) = 0.050 \times 8.3 \times 10^3 \times (273+27)$より，$P_3 = 2.5 \times 10^4$〔Pa〕である。これは飽和水蒸気圧を上回るので，水の一部は液体であり，圧力は飽和水蒸気圧に等しい。　(4)　①　教科や各科目の目標の(1)，(2)，(3)は，理科の見方・考え方を働かせ育成を目指す資質・能力の三つの柱「知識及び技能」「思考力，判断力，表現力等」「学びに向かう力，人間力等」に沿っている。化学基礎では，物質とその変化に関わる基礎的な内容を取り扱う。　②　重金属イオンが含まれる廃液など有毒な薬品やこれらを含む廃棄物の処理は，関連する環境保全関係の法律に従って処理する必要がある。

【生物】

【1】(1)　①　生体膜　　②　(解答例)　細胞膜を構成するリン脂質が流動的に動いており，膜タンパク質が細胞膜上を移動している構造である。　　③　(解答例)　リン脂質は，親水性を持つリン酸部分と，疎水性を持つ脂肪酸の部分からなり，生体膜では，疎水性の部分が結び

付き，親水性の部分を外側にして膜をつくる。

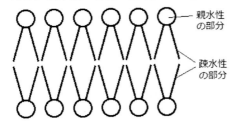

④　（解答例）　(i)　チャネルは，そのチャネルの開閉に関与する刺激によって動き，特定のイオンが濃度勾配に従って受動輸送される。

(ii)　担体は，アミノ酸や糖など輸送される物質と結合することで構造が変化して，濃度勾配に従って膜の反対側へ物質を受動輸送する。

(iii)　ポンプは，ナトリウムイオンやカリウムイオンをATPのエネルギーを用いて濃度勾配に逆らって能動輸送する。　　⑤　（ア）

(2)　①　A　セントラルドグマ　　ア　DNA　　イ　RNA　　ウ　転写　　エ　翻訳　　②　（解答例）　mRNA前駆体から，イントロンを除き，エキソンをつなぎ合わせることをスプライシングという。選択的スプライシングでは，つなぎ合わせるエキソンを変えることで，ひとつの遺伝子から多様なタンパク質をつくり出すことができる。

③　（解答例）　RNA干渉では，マイクロRNA前駆体がヘアピン構造を取って2本鎖RNAができ，これがRNA分解酵素によって切断されて生じた1本鎖RNAとRISCというタンパク質が結びつく。この複合体がmRNAに結合して，翻訳を抑制する。　　(3)　①　ア　細胞体　イ　ランビエ絞輪　　ウ　樹状突起　　エ　神経鞘　　オ　シナプス　②　跳躍伝導　　③　（解答例）　刺激を受けた神経繊維では，興奮が電位変化によって伝えられる。神経と神経の間では，電位変化で直接やり取りができないため，神経伝達物質を介して興奮を伝達する。

④　（解答例）　個々のニューロンは全か無かの法則に従うが，ニューロンの集まりとしての神経では，刺激が大きくなるにつれて閾値に達する神経が増えたと考えられ，それぞれのニューロンで閾値が異なるといえる。　　(4)　①　a…孔辺細胞　　b…葉緑体　　c…液胞

② （解答例） ・孔辺細胞にK$^+$が流入して浸透圧が上昇すると，吸水がおこる。・孔辺細胞は，内側の細胞壁の方が外側の細胞壁に比べて厚く，変形しにくいため膨圧が増加し，孔辺細胞が湾曲することで気孔が開口する。

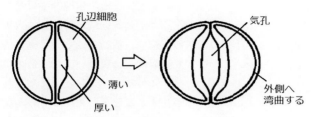

③ 光の色…青色 光受容体…フォトトロピン （5） ① ア 個体群 イ 個体群密度 ウ 環境収容力 ② (i) 標識再補法 (ii) （解答例） 標識をつけたコイが，池の中に均一に分布するために時間が必要だから。 (iii) （解答例） この池のコイの個体数をxとおくと，$x : 100 = 120 : 15$より，$x = 800$〔個体〕 ③ (i) 成長曲線 (ii) （解答例） 成育密度が低いときは，時間とともに葉状体数は大きくなるが，水面の面積は一定だから，成育密度が高くなると，個体の成長や増殖率が抑制され，一定の葉状体数を保つようになる。

〈解説〉(1) ① 生体膜は，リン脂質二重層からなる膜と，選択的透過性を持つタンパク質で構成されている。 ② 解答参照。 ③ 生体膜は，リン脂質二重層からなり，疎水性部分が内側に入った構造を取る。 ④ チャネルと担体は，濃度勾配に従って受動輸送を行う。ポンプは能動輸送を行う。 ⑤ 解答参照。 (2) ① セントラルドグマとは，ゲノムDNA→複製→DNA→転写→RNA→スプライシング→翻訳→タンパク質の順に生物の遺伝情報が伝達されるという考えである。 ② 選択的スプライシングは，真核生物のみで見られ，1つの遺伝子から機能や局在性の異なる複数のタンパク質を合成することができる転写後調節機構である。 ③ RNA干渉によってターゲットとなるタンパク質の合成に関わるmRNAを切断あるいは翻訳の阻害をすることで翻訳の調節が行われる。 (3) ① 神経細胞は，脳や脊髄な

どの神経系を構成し，細胞体，樹状突起，軸索に区別される。神経細胞同士の接合部をシナプスという。　②　脊椎動物の多くのニューロン軸索は電気を通しにくい髄鞘が巻かれている。髄鞘に取り囲まれた部分にはイオンチャネルが少なく，活動電位の発生はランビエ絞輪の部分だけで起こってとびとびに伝導することになる。伝導速度は無髄神経より速い。　③　細胞間の信号伝達は活動電位による電気的興奮で行われる。神経細胞どうしの情報の伝達は，活動電位という電気信号として軸索を通った後，シナプスで神経伝達物質という化学信号に置き換えられることで行われる。　④　1本のニューロンは加えられた刺激が閾値より弱いときは全く反応せず，閾値を超えたときのみ反応する。これを全か無かの法則という。多数のニューロンに刺激を加えた場合刺激を大きくすることにより反応する数が多くなったのは，それぞれのニューロンで閾値が異なるからである。　(4)　①　葉緑体は，さく状組織，海綿状組織と孔辺細胞に存在する。液胞は，植物細胞で大きく発達している。　②　気孔が開くときは，孔辺細胞にK^+が流入して浸透圧が上昇する。その結果，吸水が起こり，膨圧が増加し，孔辺細胞が湾曲することで開口する。気孔が閉じるときは，アブシシン酸の作用によりカリウムイオンが流入し，浸透圧が低下する。それにより孔辺細胞の湾曲が解消する。　③　フォトトロピンは青色光受容体で，光屈性，気孔開口に関与する。　(5)　①　解答参照。
②　(i)　採集した個体に標識を付けて放したとき，再び採集した個体数中の標識個体の割合は，その個体群の大きさを反映しているとして生息数を推定する調査法である。　(ii)　標識を付けたコイが，池に均一に分布していることが前提となるためである。　(iii)　個体群の大きさに対する全標識個体の割合は，再び採集した個体数中の標識個体の割合と等しい。　③　(i)　成長曲線は，個体数を経時的に測定してグラフ化したものである。　(ii)　栄養分が十分あっても成育密度の上昇によって個体の成長や増殖率が抑制される現象を密度効果という。成長曲線はS字型となり，環境収容力によって一定となる。

2023年度 実施問題

中 学 理 科

【1】中学校学習指導要領(平成29年3月告示)第2章第4節理科について，次の(1)，(2)の問いに答えよ。

(1) 次の文は，第1分野の目標を示したものである。

---

1 目標

　物質やエネルギーに関する事物・現象を科学的に探究するために必要な資質・能力を次のとおり育成することを目指す。

(1) 物質やエネルギーに関する事物・現象についての観察，実験などを行い，身近な物理現象，（ P ）とその利用，運動とエネルギー，身の回りの物質，化学変化と原子・分子，化学変化とイオンなどについて理解するとともに，（ Q ）と人間生活との関わりについて認識を深めるようにする。また，それらを科学的に探究するために必要な観察，実験などに関する基本的な技能を身に付けるようにする。

(2) 物質やエネルギーに関する事物・現象に関わり，それらの中に問題を見いだし見通しをもって観察，実験などを行い，その結果を分析して解釈し表現するなど，科学的に探究する活動を通して，規則性を見いだしたり課題を解決したりする力を養う。

(3) 物質やエネルギーに関する事物・現象に進んで関わり，科学的に探究しようとする態度を養うとともに，自然を総合的に見ることができるようにする。

---

① （ P ），（ Q ）に当てはまる語句をそれぞれ書け。

② 下線部について説明した次の文が正しくなるように，　　X

に当てはまる内容を中学校学習指導要領解説理科編(平成29年7月文部科学省)に示されている内容に基づいて書け。

> 　科学的に探究する活動では，自然事象に対する気付きや課題の設定などの学習過程が考えられるが，これらは決して固定的なものではなく，　　X　　に応じて，ある部分を重点的に扱ったり，適宜省略したりするといった工夫が必要である。

③　目標(3)は，中央教育審議会答申を受けて再整理された育成を目指す資質・能力の三つの柱のうち，どの資質・能力を示したものか。中学校学習指導要領解説理科編(平成29年7月文部科学省)に示されている内容に基づいて書け。

(2)　次の文は，「第3　指導計画の作成と内容の取扱い」の一部を示したものである。

> 1　指導計画の作成に当たっては，次の事項に配慮するものとする。
> 　(1)　単元など(　Y　)を見通して，その中で育む資質・能力の育成に向けて，生徒の主体的・対話的で深い学びの実現を図るようにすること。その際，理科の学習過程の特質を踏まえ，理科の見方・考え方を働かせ，見通しをもって観察，実験を行うことなどの科学的に探究する学習活動の充実を図ること。
> 　(2), (3)　略
> 　(4)　日常生活や_a他教科等との関連を図ること。
> 　(5)　障害のある生徒などについては，_b学習活動を行う場合に生じる困難さに応じた指導内容や指導方法の工夫を計画的，組織的に行うこと。
> 　(6)　略

① （　Y　）に当てはまる語句を書け。

② 下線部aについては，各教科と関連する内容や学習時期を把握し，教科等の「見方・考え方」や育成を目指す資質・能力などについて，どのようなことに留意して学習活動を進めることが大切か。中学校学習指導要領解説理科編(平成29年7月文部科学省)に示されている内容に基づいて書け。

③ 下線部bについて，実験を行う活動において，実験の手順や方法を理解することが困難である場合は，どのような配慮が必要か。中学校学習指導要領解説理科編(平成29年7月文部科学省)に示されている内容に基づいて書け。

(☆☆◎◎◎)

【2】観察，実験の指導について，次の(1)～(4)の問いに答えよ。

(1) 中学生に，音の学習の導入で，音が出ている物体は振動していることを視覚的に捉えさせたい。どのような実験を行わせればよいか，書け。

(2) 中学生に，発熱反応と吸熱反応による温度変化を実験で確かめさせたい。どのような実験を行わせればよいか，必要な薬品を示し，その方法を図と言葉でかけ。

(3) 中学生に，生物のスケッチの仕方を説明したい。よくけずった鉛筆を使わせ，どのようなことを確認させる必要があるか，書け。

(4) 中学生に，太陽に見立てたボールをモデルとして使い，太陽が球形であることを実際の太陽の黒点の見え方と関連させて，見いださせたい。どのような方法で調べさせ，どのようなことを捉えさせればよいか，図と言葉でかけ。

(☆☆☆◎◎◎◎)

【３】図は，2017年に行われた秋田県海岸漂着物調査の結果の一部であり，秋田県の漂着ごみの個数の割合を表している。以下の(1)，(2)の問いに答えよ。

図

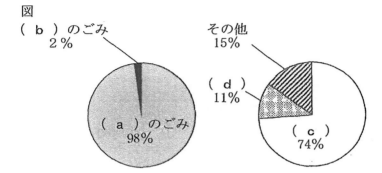

（ ｂ ）のごみ　2％
その他　15％
（ ｄ ）　11％
（ ａ ）のごみ　98％
（ ｃ ）　74％

2017年度「秋田県海岸漂着物調査」の調査結果より
（釜谷浜、道川、平沢海水浴場の３か所）

(1) 図の(ａ)～(ｄ)に当てはまる語句の組み合わせを，ア～エから選んで記号を書け。

ア　ａ：国内　　ｂ：国外　　ｃ：発泡スチロール
　　ｄ：ペットボトルや洗剤容器等

イ　ａ：国内　　ｂ：国外　　ｃ：ペットボトルや洗剤容器等
　　ｄ：発泡スチロール

ウ　ａ：国外　　ｂ：国内　　ｃ：発泡スチロール
　　ｄ：ペットボトルや洗剤容器等

エ　ａ：国外　　ｂ：国内　　ｃ：ペットボトルや洗剤容器等
　　ｄ：発泡スチロール

(2) プラスチックごみは日光や波などの影響で細かくなり，マイクロプラスチックとなる。マイクロプラスチックが生態系に影響を与えるのは，マイクロプラスチックにどのような性質があるからか，書け。

(☆☆☆◎)

【4】 磁界について，次の(1)～(4)の問いに答えよ。

(1)　次の文は，小学校第5学年の「電流がつくる磁力」における学習内容を説明したものである。　P　　に当てはまる内容を中学校学習指導要領解説(平成29年7月文部科学省)に示されている内容に基づいて書け。

> 　小学校第5学年では，電流の流れているコイルは鉄心を磁化する働きがあること，電磁石の強さは　P　　ことについて学習している。

(2)　次の文は，誘導電流の向きについて説明したものである。

> 　<u>磁界を変化させるとその変化をさまたげる向きに誘導電流が生じる</u>。例えば，図1のようにN極をコイルに近づけたときには生じる誘導電流により，検流計の針の向きは(X)，図2のようにN極とS極を向かい合わせた間にコイルを入れたときには生じる誘導電流により，検流計の針の向きは(Y)に動く。
>
>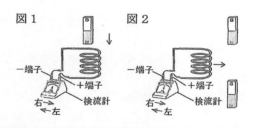

①　下線部のことを表した法則を何というか，書け。

②　説明した文が正しくなるように，(X)，(Y)に右，左のいずれかの語句をそれぞれ書け。

(3)　中学生から「方位磁針のN極は地球の北極側，S極は地球の南極側を指すのは，図3のように，地球内部に磁石があるからですか。」と質問された。この中学生に，地球のまわりの磁界を地球中心部の液体金属と関連付けて説明したい。どのような説明をすればよいか，書け。

図3

(4) 図4のように，0.10m離れた，磁気量がともに1.0×10⁻⁴Wbの2つの
N極どうしに働く力の大きさは何Nか，求める過程も書け。ただし，
磁気に関するクーロンの法則の比例定数kmを6.33×10⁴N・m²/Wb²と
する。

図4

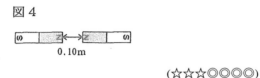

0.10m

(☆☆☆◎◎◎◎)

【5】運動とエネルギーについて，次の(1)～(4)の問いに答えよ。

(1)　ばねは，もとの長さからのばすと縮む向きに，縮めるとのびる向
きに力が働く。このような力によるエネルギーを何エネルギーとい
うか，書け。

(2)　質量200gのボールが30m/sで投げられたときの運動エネルギーは
何Jか，書け。

(3)　図1のような振り子があり，物体MをAの位置から静かに放したと
ころ，MはB，Cと位置を変え，運動した。次に，Mを，Mよりも質
量の大きい物体Nに変え，同じように，Aの位置から静かに放した。

図1

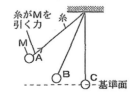

① 次の文が正しくなるように，（ X ）にはア～ウから，（ Y ）にはエ～カから当てはまる語句を1つずつ選んで，記号を書け。ただし，M，N，糸には摩擦や抵抗がなく，糸の質量は考えず，のび縮みしないものとする。

> BとCで比べた場合，Mのもつ位置エネルギーの大きさは，（ X ）。MとNで比べた場合，Cでの速さは，（ Y ）。

ア　Bの方が大きい　　イ　Cの方が大きい　　ウ　変わらない
エ　Mの方が大きい　　オ　Nの方が大きい　　カ　変わらない

② 糸がMを引く力は，Mの力学的エネルギーの保存に関係しないのはなぜか，図と言葉でかけ。

(4) 図2のように，質量1.0kgの台車Qと，質量2.0kgの台車Rが，ともに速さ1.5m/sで直線上を向かい合って進み，衝突して結合した。

図2

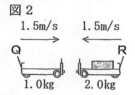

1.5m/s　　1.5m/s

Q　　　　　　　R

1.0kg　　2.0kg

① 結合後の速度の向きを書け。
② 結合後の速度の大きさは何m/sか，書け。

(☆☆☆◎◎◎◎)

【6】状態変化と熱について，次の(1)～(4)の問いに答えよ。

(1) 次の文は，中学校学習指導要領(平成29年3月告示)第2章第4節理科「(2)(ウ)状態変化㋐状態変化と熱」の内容である。

> ₐ物質の状態変化についての観察，実験を行い，ᵦ状態変化によって物質の体積は変化するが質量は変化しないことを見いだして理解すること。

① 下線部aについて，液体が気体になるときに体積が変化する現

象を視覚的に捉えさせたい。どのような実験を行わせ，どのような現象を捉えさせればよいか，図と言葉でかけ。

②　下線部bについて，どのようなことと関連付けて指導すればよいか。中学校学習指導要領解説理科編(平成29年7月文部科学省)に示されている内容に基づいて書け。

(2)　蒸発と沸騰の現象の違いについて書け。

(3)　富士山やエベレストなどの標高の高い山の山頂は，標高の低い山の山頂よりも水の沸点が低くなる。標高の高い山で水の沸点が低くなる理由を説明した次の文が正しくなるように，(　X　)には語句を，[　Y　]には内容をそれぞれ書け。

> 　一定の大気圧のもとで液体を加熱していくと，温度が高くなるにつれて(　X　)は高くなる。(　X　)が大気圧に[　Y　]と沸騰するため，大気圧が低い標高の高い山では，水の沸点が低くなる。

(4)　図は，1.013×10^5Paのもとで，1molの氷に一定量の熱を加え続けたときの時間と温度の関係を表したグラフである。

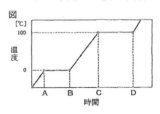

①　一定量の熱エネルギーを加え続けても，AB間，CD間では温度が一定に保たれている。これは加えた熱エネルギーがどのようになっているからか，書け。

②　0℃の氷180gに一定量の熱を加え続け，100℃の水にするために必要な熱量は何kJか，求めよ。求める過程も書け。ただし，氷の融解熱を6.0kJ/mol，水1gの温度を1K上げるのに必要な熱量を4.2J/(g・K)，分子量は$H_2O = 18$とする。

(☆☆☆◎◎◎)

【7】水溶液とイオンについて，次の(1)～(3)の問いに答えよ。

(1) 図1のような装置を使って，塩化銅(Ⅱ)水溶液に電流が流れたときの変化を調べた。

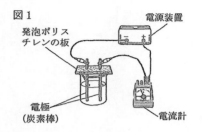

図1

① 塩化銅(Ⅱ)のように，水に溶かしたときに電流が流れる物質を何というか，書け。

② 中学生に，陽極から発生する気体を，臭いや水への溶けやすさ以外の性質に着目して判別させたい。気体のどのような作用に着目して調べさせるとよいか，書け。また，その作用をどのような方法で確かめたらよいか，書け。

③ 塩化銅(Ⅱ)を1.00Aの電流で$7.72×10^3$秒間電気分解した。陰極に析出した銅は何gか，求めよ。求める過程も書け。ただし，銅の原子量をCu＝63.5，ファラデー定数を$9.65×10^4$C/molとする。

(2) 次のうち，水と反応して加水分解する塩はどれか，2つ選んで記号を書け。

ア $CuSO_4$　　イ KNO_3　　ウ $NaCO_3$　　エ $NaCl$

(3) 図2は，原子から電子を1個取り去るのに必要なイオン化エネルギーと原子番号の関係を表したグラフである。イオン化エネルギーが小さい原子ほど，どのようなイオンを形成しやすいか，書け。

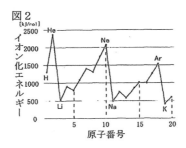

図2

(☆☆◎◎◎◎)

【8】血液とその循環について，次の(1)～(5)の問いに答えよ。

(1)　「動物の体のつくりと働き」の内容は，中学校第何学年で学習するか。中学校学習指導要領解説理科編(平成29年7月文部科学省)に示されている内容に基づいて書け。

(2)　血液は，含んでいる気体の量によって種類が異なる。血液の種類について説明した次の文が正しくなるように，（　P　），（　Q　）に当てはまる語句をそれぞれ書け。

> 　酸素を多く含んだ血液を(　P　)，二酸化炭素を多く含んだ血液を(　Q　)という。

(3)　中学生に，メダカの毛細血管を観察する手順について説明するため，図のような資料を作成した。資料の説明が正しくなるように，[　X　]には内容を，（　Y　）には語句をそれぞれ書け。

図

> [観察する手順]
> ①チャックつきポリエチレンの袋にメダカとともに水を入れる。
> ②袋から水を追い出すようにして，チャックを閉める。
>
> > 注意：手順①，②のとき，メダカに[　X　]ようにする。

③メダカの(Y)の毛細血管を顕微鏡で観察する。

(4) 中学生から「血液は，固体ですか。それとも液体ですか。」と質問された。この中学生に，血液を血ぺいと血清に分離できることを基に説明したい。血液を血ぺいと血清に分離する方法と，その分離した結果の様子について，図と言葉でかけ。

(5) 1890年に北里柴三郎は，破傷風菌に対する抗毒素と血清療法を発見した。血清療法とはどのようなものか，書け。

(☆☆☆◎◎◎)

【9】生命の連続性について，次の(1)〜(5)の問いに答えよ。

(1) 「生命の連続性」の学習では，生命の連続性が保たれていることや多様な生物が生じてきたことについて認識を深めるとともに，どのような態度を育てることが重要か。中学校学習指導要領解説理科編(平成29年7月文部科学省)に示されている内容に基づいて書け。

(2) 中学生に，タマネギの根が成長するときは，根元に近い部分よりも先端に近い部分がよくのびることを実感させたい。タマネギの根が少しのびた後，根にどのようなことをしておけばよいか，書け。

(3) 中学生に，タマネギの根の体細胞分裂を観察させるため，塩酸処理について説明したい。塩酸処理について説明した次の文が正しくなるように，[P]，[Q]に当てはまる内容をそれぞれ書け。

図のように，塩酸の中で根の先端を1分間あたためた後，[P]。これにより，ひとつひとつの細胞が[Q]なる。

図

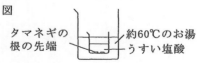

タマネギの
根の先端
約60℃のお湯
うすい塩酸

(4) 有性生殖について学習した際，中学生から「サツマイモのいもから芽が出ていました。なぜ，いもから芽が出るのですか。」と質問された。この中学生に，いもから芽が出る理由を無性生殖の観点か

ら説明したい。どのような説明をすればよいか，書け。

(5)　DNAは4種類の塩基で構成されている。

①　DNAを構成する4種類の塩基の名称を全て書け。

②　DNAの分子の中で，特定の2つの塩基どうしが結合しやすい性質を何というか，書け。

(☆☆◎◎◎)

【10】地震について，次の(1)～(4)の問いに答えよ。

(1)　断層の種類についてまとめた次の文が，正しくなるように（　X　），（　Y　）に当てはまる語句を書け。

> 　断層は，ずれの向きの違いによって，正断層，（　X　），横ずれ断層に区別される。最近数十万年間にくり返し活動した証拠があり，今後も活動する可能性が高いと考えられる断層は，（　Y　）とよばれる。

(2)　河川沿いや埋め立て地など，地盤が砂地のところでは，地震のゆれにより砂層が一時的に地下水とともに液体のようにふるまうことがある。この現象を何というか，書け。

(3)　中学生に，海溝型地震が起こる仕組みについてモデルを用いて視覚的に捉えさせたい。どのような実験を行って，どのような説明をすればよいか，図と言葉でかけ。

(4)　図は，震源の浅い地震の走時曲線である。

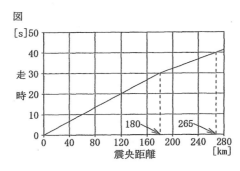

78

① 図には，折れまがりが観測される。これは，地下に地震波速度が不連続に増加する境界面があるためである。この面を何というか。
② この地震が発生した付近の地殻の厚さは約何kmか，図から求めよ。求める過程も書け。ただし，$\sqrt{0.172}=0.415$とする。

(☆☆☆☆◎◎◎)

【11】 天気の変化について，次の(1)～(6)の問いに答えよ。
(1) 図1の天気記号が表す天気，風向，風力をそれぞれ書け。

図1

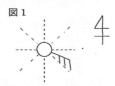

(2) 天気図上で，同時刻に観察した気圧の等しい地点を結んだ線を等圧線という。
① 等圧線が閉じた曲線になっていて，中心部の気圧が周囲より高くなっている部分を何というか。
② 等圧線の間隔がせまいところでは，等圧線の間隔が広いところに比べて，風速はどうなっているか。
(3) 大気圏の天気の変化をもたらす層についてまとめた次の文が，正しくなるように(X)に当てはまる語句を以下のア～エから1つ選んで記号を書け。

　(X)には，大気中の水蒸気の大部分が存在し，大気の運動に伴い雲や降水となって，日々の天気の変化をもたらす。

ア 対流圏　イ 成層圏　ウ 中間圏　エ 熱圏
(4) 高層気象観測の方法として適切なものを，次のア～エから1つ選んで記号を書け。
ア アメダス　イ 気象レーダー　ウ ラジオゾンデ
エ 静止気象衛星
(5) 図2のように，自宅でタブレット型端末を使い，山にかかる笠雲

79

の写真を撮影してきた中学生から，「この雲はどのようにできるのですか。」と質問された。この中学生に笠雲のでき方を説明したい。どのような説明をすればよいか，黒板に見立て，図と言葉でかけ。

図2

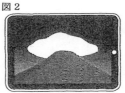

山にかかる笠雲

(6)　線状降水帯とはどのようなものか，書け。

(☆☆☆◎◎◎◎)

高 校 理 科

【共通問題】

【1】図のように，静水に対する速さが4.0m/sの船が，流速3.0m/sで東向きに流れている川を進む。以下の(1)～(5)の各問いに答えよ。

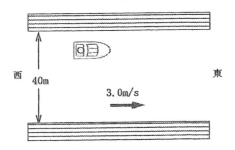

(1)　船が次の①，②の向きに進む場合，岸から見た船の速度はどちら向きに何m/sか，それぞれ答えよ。
　　①　東向き　　②　西向き

(2)　船が西向きに進んでいるとき，川と平行に速さ10m/sで西向きに走っている自動車から見た船の速度はどちら向きに何m/sか，答えよ。

(3)　船が船首を流れに直角に向けてこの川を渡る。次の①，②の値を
それぞれ求めよ。

①　岸から見た船の速さ

②　川幅が40mのとき，船が川を横切るのに要する時間

(4)　船が東向きに進んでいるとき，船上から真上に初速度19.6m/sでボ
ールを投げ上げた。このとき，岸から見たボールはどのような運動
をするか，説明せよ。

(5)　(4)の場合，次の①，②の値をそれぞれ求めよ。②については計算
過程も記せ。なお，高さの基準は投げ上げた船上の点とし，空気抵
抗や風の影響は無視できるものとする。また，重力加速度の大きさ
を9.8m/s²とする。

①　岸から見たボールの最高点の高さ

②　投げ上げてから元の高さにもどるまでの，岸から見たボールの
水平距離

(☆☆☆◎◎◎◎)

【2】以下の(1)～(3)の各問いに答えよ。ただし，原子量は次の値を用い
るものとし，気体は理想気体として扱うものとする。

　　　H＝1.00，C＝12.0，O＝16.0，S＝32.1

(1)　次の①，②について，(ア)，(イ)の2つの物質のうち，①は融点が
高い方，②は沸点が高い方をそれぞれ選び，化学式で答えよ。また，
その理由として最も適するものをA～Dから選べ。

①　(ア)　二酸化ケイ素　　(イ)　斜方硫黄

②　(ア)　水　　　　　　　(イ)　硫化水素

［理由］

A　イオン結合がはたらく。

B　結晶全体に共有結合がはたらく。

C　ともに水素結合が存在するが，分子量が大きいので分子間力が
大きい。

D　水素結合の影響が大きい。

81

(2)　標準状態で28.0Lを占める二酸化炭素の質量は何gか，求めよ。ただし計算過程も記せ。

(3)　次の(ア)～(オ)に示す物質について，以下の①～⑥に答えよ。ただし，酢酸の電離度は0.010とする。

(ア)　HCl　　(イ)　H_2SO_4　　(ウ)　NaOH　　(エ)　CH_3COOH

(オ)　Na_2CO_3

①　(ア)～(オ)のうち，強酸をすべて選び，記号で答えよ。

②　(ア)～(オ)のうち，水溶液が塩基性になるものをすべて選び，記号で答えよ。

③　0.10molの(エ)を水に溶かして1.0Lとした。この水溶液のpHを整数値で求めよ。

④　(ア)～(オ)のそれぞれ0.10molを水に溶かして1.0Lとした。各水溶液のpHが大きい順に並べ，記号で答えよ。

⑤　(オ)の水溶液に(ア)の水溶液を加えていくときの滴定曲線として，最も適切なものを，次のA～Dから1つ選べ。

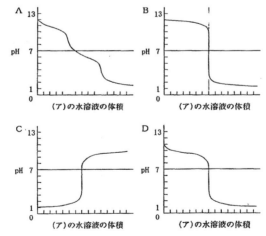

⑥　0.050mol/Lの(イ)水溶液15mLに，ある量のアンモニアを吸収させた。この水溶液を0.020mol/Lの(ウ)水溶液で滴定したところ，20mL加えたところで過不足なく中和した。吸収させたアンモニ

アの物質量は何molか，求めよ。ただし計算過程も記せ。

(☆☆☆◎◎◎◎)

【3】次のⅠ，Ⅱについて，それぞれ以下の各問いに答えよ。

Ⅰ　生物が細菌やウイルスといった異物の侵入や体内で生じた異常細胞からからだを守ろうとするはたらきを生体防御という。

体内に侵入した異物を排除するしくみには，自然免疫と適応免疫(獲得免疫)がある。適応免疫で排除の対象となる異物は抗原と呼ばれる。

(1)　自然免疫について，次の①，②に答えよ。

①　第1の生体防御である物理的・化学的防御において，汗や涙，唾液などの分泌液に含まれる，細菌の細胞壁を破壊する酵素の名称を記せ。

②　自然免疫に関わる細胞を，次の(ア)〜(オ)からすべて選び，記号で答えよ。

(ア)　マクロファージ　　(イ)　血しょう　　(ウ)　好中球

(エ)　血小板　　(オ)　桿体細胞

(2)　適応免疫について，次の①，②に答えよ。

①　抗原に特異的に結合し，抗原を無毒化させるものを何というか。

②　①は血流によって全身に運ばれ，抗原と特異的に結合する。この反応を何というか。

(3)　適応免疫において，以前に侵入したことのない抗原が生物体内に侵入したときの樹状細胞の役割を説明せよ。

(4)　AIDS(後天性免疫不全症候群)はHIV(ヒト免疫不全ウイルス)によって起こる感染症である。HIVがヒトに感染したとき，破壊される免疫に関わる細胞は何か。

(5)　適応免疫における二次応答とはどのような反応か説明し，その特徴を述べよ。

(6)　通常，自己の正常な細胞や組織は免疫による排除の対象にならない。これは自己の細胞や成分を抗原と認識するリンパ球がつくられ

ても，成熟する前に排除されたり，はたらきが抑えられたりするしくみがあるためである。このように自己に対して免疫がはたらかない状態を何というか。

Ⅱ　接眼ミクロメーターと対物ミクロメーターを使用し，顕微鏡で細胞の大きさを測定したい。顕微鏡に2つのミクロメーターをセットし，図1のように視野の中で両方の目盛りが重なるようにした。次に図1が見えた倍率で，接眼ミクロメーターを用いて，ある細胞を観察したところ，図2のように見えた。なお，対物ミクロメーターには1mmを100等分した目盛りがついている。

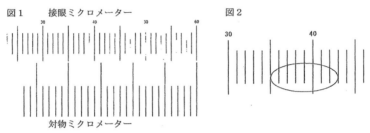

図1　接眼ミクロメーター　　　　　　　　図2

対物ミクロメーター

(7)　図2で観察した細胞の長径は何μmか。

(8)　生徒から「対物レンズの倍率を10倍から40倍にすると，接眼ミクロメーターの1目盛りの長さは何倍になるか」と質問された。その質問に対する答えを，わかりやすく説明せよ。

(☆☆☆◎◎◎)

【4】次のⅠ，Ⅱについて，それぞれ以下の各問いに答えよ。

Ⅰ　現在の地球の大気の組成は，（　ア　）が約78%，（　イ　）が約21%である。また，水蒸気は地表付近で1～3%，（　ウ　）は約0.04%と量は少ないが，どちらも現在の地球表層の環境に大きな影響を与えている。

　約46億年前に原始地球が誕生したとき，その大気の主成分は（　ウ　）と水蒸気であった。その後原始海洋が形成され，生命が誕生し，約27億～25億年前にはシアノバクテリアによる光合成が始ま

ったと考えられている。これらのできごとに伴って大気の組成は大きく変化し，その後の生物の繁栄や進化に影響を及ぼしてきた。

(1) 文中の空欄(ア)〜(ウ)にあてはまる気体の名称をそれぞれ書け。

(2) 下線部に関連して，古生代のデボン紀後期には脊椎動物が陸上に進出したが，それを可能にした理由を，大気の状況から説明せよ。

Ⅱ 太陽から宇宙に放射されている電磁波を太陽放射という。地球には絶えず太陽放射が入射しているにもかかわらず，地表や大気の平均温度は長い期間にわたって安定している。これは，地球が吸収する太陽放射エネルギーと同じ量のエネルギーが，地球から大気圏外に放射されているからである。この，地球から大気圏外に向かう放射を地球放射という。

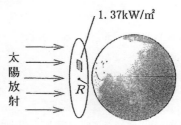

(3) 太陽放射と地球放射について，主とする電磁波の種類をそれぞれ一つずつ答えよ。なお，電磁波は波長によって区分され，短いものから順にγ線・X線・紫外線・可視光線・赤外線・電波である。

(4) 大気圏の最上部で，太陽光線に垂直な1m²の平面が1秒間に受けるエネルギー量は約1.37kW/m²である。この定数を何というか。また，この太陽放射エネルギーを地表面全体に平均すると約0.34kW/m²になる。その求め方を生徒にどのように説明するか，書け。ただし地球の半径をRとして答えよ。

(5) 大気の温室効果のしくみについて説明せよ。

(6) 地球型惑星のうち，強い温室効果のため地表の温度が約450℃に達する惑星は何か。その名称を書け。

(☆☆☆◎◎◎)

【物理】

【1】 次の(1)～(5)の各問いに答えよ。

(1)　図1のように，水平でなめらかな床面の上に質量Mの台Aが静止している。Aの上面の左端に質量Mの小物体Bを置き，時刻$t=0$に右向きの初速度v_0を与えたところ，BはAの上面を運動し，やがてAとBは床面に対して速さVで運動した。BとAの間の動摩擦力係数をμ，重力加速度の大きさをgとする。

図1

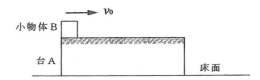

①　Vを求めよ。

②　AとBが床面に対して速さVになった瞬間の時刻を求めよ。ただし，計算の過程も書け。

単元のまとめの授業において，あるグループが次のように探究活動に取り組んでいる。

> 生徒C：Bに与える初速度v_0の大きさによって，BがAから落ちてしまうことがあるよね。BがAから落ちないためのv_0の条件を考えてみようよ。
>
> 生徒D：うん，いいテーマだね。この運動では，AとBはそれぞれ速さが変化した後，最後は同じ速さになるから…，なんだか難しそうだね。
>
> 生徒E：でも，床面から見たAとBの$v-t$グラフをつくることで，運動がわかりやすくなると思うよ。

③　下線部のグラフをつくれ。ただし，Aは実線，Bは点線で作図すること。また，Aから見たBの変位を表す部分を斜線で示せ。

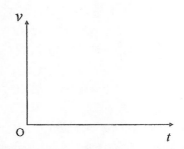

④　Aの上面の長さをLとするとき，BがAから落ちないためのv_0の条件を不等号を用いて表せ。ただし，計算の過程も書け。

(2)　密閉容器に絶対温度がT〔K〕でn〔mol〕の単原子分子の理想気体が入っている。ただし，この気体分子1個の質量をm〔kg〕，アボガドロ定数をN_A〔/mol〕，気体定数をR(J/mol・K)〕とする。

①　気体の内部エネルギーはいくらか。

②　気体分子1個の平均運動エネルギー$\overline{\frac{1}{2}mv^2}$を求めよ。

③　気体分子の2乗平均速度$\sqrt{\overline{v^2}}$を求めよ。

④　NeがHeの5倍の分子量であるものとするとき，同温でのNe分子の平均の速さはHe分子の何倍か。ただし，気体分子の2乗平均速度は，分子の平均の速さを表しているものと考えてよいものとし，答えは根号のままでよい。

(3)　直線上に観測者と振動数fの音源がある。図2のように，音源が静止している観測者から一定の速さV_0で遠ざかりながら時間t_0の間だけ音を出した。音速をVとし，風は考慮しないものとする。

図2

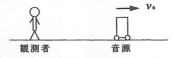

①　このとき，観測者が聞く音の振動数と波長をそれぞれ求めよ。

②　観測者に音が聞こえ始めてから，聞こえ終わるまでの時間を求めよ。

③　銀河のスペクトルを観察するとき，赤方偏移が観測される。赤方偏移が光のドップラー効果のみによって生じると考える場合，赤方偏移について，光のドップラー効果に触れながら，わかりやすく説明せよ。

(4)　真空中でコンデンサーを起電力Vの電池につなぎ，十分に時間が経過した後，電池から切り離した。このとき，コンデンサーには電気量Qが蓄えられたものとする(状態Ⅰ)。

①　状態Ⅰにおける静電エネルギーはいくらか。

次に，図3のように，状態Ⅰのコンデンサーに極板間隔の半分の厚さの金属板を極板に平行に挿入した(状態Ⅱ)。

図3

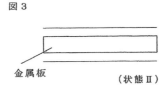

金属板　　　　　　　　　　　(状態Ⅱ)

②　状態Ⅱにおける静電エネルギーは，状態Ⅰと比べてどれだけ変化したか，正負の符号を付けて求めよ。ただし，計算の過程も書け。

次に，コンデンサーから金属板を取り出し，状態Ⅰに戻してから，図4のように，誘電体を極板の間にちょうど半分だけ，すき間なく挿入した(状態Ⅲ)。ただし，この誘電体の比誘電率をε_r ($\varepsilon_r > 1$)とする。

図4

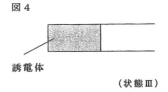

誘電体　　　　　　　　　　(状態Ⅲ)

③　状態Ⅲにおけるコンデンサーの電気容量を求めよ。

④　状態Ⅲにおける静電エネルギーは，状態Ⅰと比べてどれだけ変化したか，正負の符号を付けて求めよ。

⑤　④の静電エネルギーの差は，何によって得られたか，あるいは消費されたか，答えよ。

(5)　単元「光」において，図5のように「虹(主虹)の外側が赤く，内側が紫に見えるのはなぜか」という学習課題を設定した。この学習課題の解答について，授業中の板書を想定し，わかりやすく説明せよ。

図 5

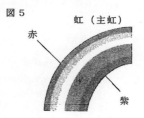

虹（主虹）

赤

紫

(☆☆☆☆◎◎◎)

【化学】

【1】次の(1)～(4)の各問いに答えよ。

(1)　次の①～③は，溶液と溶解度に関する問題である。各問いに答えよ。

①　食塩水を調整したところ，密度は1.20g/cm³であった。このうち120gをはかりとって蒸発乾固させたところ，塩化ナトリウム(NaCl：式量58.5)が31.7g残った。この食塩水の濃度を，質量パーセント濃度％，モル濃度mol/L，質量モル濃度mol/kgのそれぞれの表し方で答えよ。

②　硫酸銅(Ⅱ)五水和物(CuSO₄・5H₂O：式量250)は，60℃の水100gに何gまで溶けるか。ただし，無水硫酸銅(Ⅱ)(CuSO₄：式量160)の60℃における溶解度(g/水100g)は40とする。

③　ヨウ素の結晶は，水には溶けにくいが，ヨウ化カリウム水溶液にはよく溶ける。その理由について，それぞれ簡潔に説明せよ。

(2)　次の文章を読み，①～⑤の各問いに答えよ。ただし，気体定数Rは，8.31×10^3〔Pa・L/(mol・K)〕を用いること。

一定量の気体が占める体積は，圧力に反比例し，絶対温度に比例

する。この関係は，[　A　]の法則とよばれている。273〔K〕，
1.013×10^5〔Pa〕のとき，すべての気体は1〔mol〕あたりの体積V_m
〔L/mol〕が22.4〔L/mol〕を占めるとして，それぞれの値を[　A　]
の法則に代入すると定数cを求めることができる。このcを気体定数
といい，記号Rで表される。

$$c = \frac{pV_m}{T} = \frac{1.013 \times 10^5 〔Pa〕\times 22.4 〔L/mol〕}{273 〔K〕}$$

$$= 8.31 \times 10^3 〔Pa \cdot L/(mol \cdot K)〕= R$$

気体の体積V〔L〕は，その物質量n〔mol〕に比例するため，気
体n〔mol〕の体積は，1〔mol〕あたりの体積V_m〔L/mol〕のn倍($V=$
$V_m \times n$)となる。

これらの関係をまとめると，$pV=nRT$で表される気体の状態方程
式が導かれる。

分子間力がなく，気体自身の体積を0と想定した理想気体は，厳
密に状態方程式に従うが，実際に存在する気体(実在気体)では，理
想気体からずれが生じる。気体の状態方程式から導いた圧縮(率)因
子$Z \left(Z = \frac{pV}{nRT} \right)$の値は，理想気体で常に1である。

① 文中の空欄[　A　]の法則名を答えよ。

② 理想気体Sは温度97.0℃，圧力1.01×10^5Paで，質量1.00gの体積
が350mLを占めた。Sの分子量を求めよ。

③ 実在気体の圧縮(率)因子Zが1に近づくのは，圧力と温度ではど
のような条件と考えられるか，理由とともに答えよ。

④ 0℃，1.01×10^5Paにおけるアンモニアの密度を測定したところ，
0.771g/Lであった。このときの圧縮(率)因子Zの値を求めよ。ただ
し，アンモニアの分子量は17.0とする。

⑤ 実在気体における圧力pと体積Vの関係(温度一定)を表すグラフ
を図示し，授業における板書を想定して，その要点を説明せよ。

(3) 次の文章を読み，①〜④の各問いに答えよ。

中性水溶液中における塩化物イオンは，指示薬としてクロム酸カ
リウムを加え，濃度既知の硝酸銀水溶液で滴定することで定量できる。

　　クロム酸カリウムを指示薬に用いる理由は，塩化銀とクロム酸銀の色が違うことと，常温における<u>溶解度が塩化銀よりもクロム酸銀の方が大きい</u>ためである。

①　この定量法(沈殿滴定)の名称を答えよ。

②　次のA～Cの色を語群から選び，それぞれ一つ答えよ。

　　A　クロム酸カリウム(水溶液)　　B　塩化銀(沈殿)

　　C　クロム酸銀(沈殿)

　　語群：無色，白色，黒色，黄色，橙赤色，赤紫色，暗赤色，
　　　　　濃青色

③　クロム酸カリウムと硝酸銀の反応を化学反応式で表せ。

④　(i)　下線部がクロム酸カリウムを用いる理由となるのはなぜ
　　　　か，説明せよ。

　　(ii)　塩化銀とクロム酸銀の飽和溶液のモル濃度をそれぞれ答え
　　　　よ。ただし，塩化銀の溶解度積は1.8×10^{-10}〔(mol/L)²〕，クロム酸銀の溶解度積は3.6×10^{-12}〔(mol/L)³〕，$\sqrt{1.8} = 1.3$，$\sqrt[3]{0.90} = 0.97$とする。

(4)　次の文章を読み，①～④の各問いに答えよ。

　　アセチレンは無色・無臭の気体であり，_a<u>炭化カルシウムに水を反応させる</u>と得られる。_b<u>アンモニア性硝酸銀溶液にアセチレンを通じる</u>と，白色の銀アセチリドが沈殿する。

　　アセチレン1分子に対して，水素を1分子反応させるとエチレンが，[　A　]を1分子反応させると塩化ビニルが，[　B　]ではアクリロニトリルがそれぞれ生じる。_c<u>エチレンや塩化ビニル，アクリロニトリルはC＝Cを持つため，連続的に反応させてポリエチレンやポリ塩化ビニル，ポリアクリロニトリルを得る</u>ことができる。しかし，_d<u>アセチレンに水を反応させて生成物を得て，これを連続的に反応させてポリビニルアルコールとすることは不可能である。</u>

　　ポリビニルアルコールは水に溶けやすいが，繊維状にしてホルムアルデヒドで処理すると，ホルミル基が近くのヒドロキシ基と反応(アセタール化)して水に不溶のビニロンが得られる。

①　下線a，bをそれぞれ化学反応式で表せ。

②　空欄[　A　]，[　B　]に入る適切な物質名を答えよ。また，下線cのように，不飽和結合を持つ分子が連続的に反応して分子量が大きい化合物になる反応を何というか答えよ。

③　(i)　下線dを化学反応式で表せ。

　　(ii)　多段階の反応で，アセチレンからポリビニルアルコールを合成する方法を説明せよ。

④　あるポリビニルアルコールの平均分子量が6.6×10^4のとき，その平均重合度を求めよ。また，重合度2.5×10^3のポリビニルアルコールのヒドロキシ基のうち，40％をアセタール化したビニロンの平均分子量を求めよ。ただし，原子量はH＝1.0，C＝12，O＝16とする。

(☆☆☆☆◎◎◎)

【生物】

【１】次の(1)～(6)の各問いに答えよ。

(1)　タンパク質の立体構造はアミノ酸配列によって決まり，その立体構造は自発的につくられることが，1950年代の試験管内の研究でわかった。その後，ポリペプチドが多く含まれている細胞内では，シャペロンと呼ばれる一群のタンパク質が，正常な折りたたみを補助していることがわかった。シャペロンは，細胞を高温で処理したときに大量に発現が誘導されるタンパク質として発見された。

①　加熱やある種の化学物質の作用により，タンパク質本来の性質が変化することを何というか，書け。

②　下線部の現象について，シャペロンの役割を説明せよ。

③　シャペロンはタンパク質の親水性と疎水性のどちらの部分に結合しやすいか答えよ。また，その理由について説明せよ。

(2)　mRNAワクチンが新型コロナウイルス感染症を予防するしくみについて，次の語句をすべて用いて説明せよ。

【　mRNA　　脂質　　スパイクタンパク質　】

(3) 次の図は，ヒトの耳の構造を模式的に示したものである。

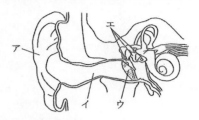

① 図中のア～エの名称を答えよ。

② 音の高低を感知するしくみについて，うずまき管内の基底膜の振動する位置にふれながら，説明せよ。

③ 無重力状態では，からだの傾きを判断できなくなり混乱してしまう。その理由を説明せよ。

(4) 植物は，環境の変化を感知し，それに適合して成長を調節している。こうした調節には，a発芽やb花芽形成など一生の節目となるできごとのタイミングを決めるものもある。

① 下線部aについて，発芽能力を有する種子が吸水すると起こる植物ホルモンの変化を書け。

② 下線部bについて，花芽形成に関係する環境要因，組織・器官についてふれながら，タンパク質がどのようにはたらき，花芽形成を誘導するか説明せよ。

(5) 次の文章を読み，①～④の各問いに答えよ。

aアリやハチなどは高度に組織化された集団をつくって生活している。例えば，b生殖に専念する女王と，生殖に参加せず，食物の運搬や幼虫の世話をするワーカー，天敵からの巣の防衛に専念する個体(兵隊)などに分業されている。イギリスの生物学者であるハミルトンは，個体が増やそうとしているのは「自分の子というより，自分のもっている遺伝子である」と考えた。

① 下線部aのように生活している昆虫を何というか。

② 下線部bのような分業を何というか。

③ 血縁度について，説明せよ。

④　ミツバチのワーカーには生殖しない個体が存在する理由を，個体間の血縁関係の視点から説明せよ。ただし，ミツバチの雌は二倍体，雄は一倍体である。

(6)　次の文章を読み，①〜④の各問いに答えよ。

DNAの塩基配列やタンパク質のアミノ酸配列などの生体物質が，突然変異により変化し，その変化が蓄積されていくことを[　ア　]という。異なる生物間での生体物質の変化の度合いをもとに作成された系統樹を分子系統樹という。次の表は，ヒト，ウマ，カエル，マグロの4種におけるシトクロムcのアミノ酸の置換数をまとめたものである。例えば，104個のアミノ酸からなるヒトのシトクロムcと比較すると，ウマのシトクロムcは12カ所で異なっている。

表

	ヒト	ウマ	カエル	マグロ
ヒト		12	18	21
ウマ	12		14	19
カエル	18	14		15
マグロ	21	19	15	

図

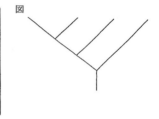

①　文中の[　ア　]にあてはまる語を書け。

②　表の結果から，図のような分子系統樹を作成させるための授業における板書例を書け。

③　アミノ酸の置換が多くなるとこの作成方法は成り立たない。その理由を書け。

④　ヒトとウマにおけるシトクロムcの進化速度を置換数から計算せよ。計算式の過程も示し，有効数字3桁で答えよ。ただし，タンパク質の進化速度を，1年間にペプチド鎖の中のある1ヵ所のアミノ酸に置換が生じる割合とする。また，ヒトとウマの共通祖先は，約7000万年前に分かれたものとする。

(☆☆☆☆◎◎)

94

解答・解説

中 学 理 科

【1】(1) ① P　電流　　Q　科学技術の発展　　② (解答例)　問題
の内容や性質，生徒の発達の段階　　③　学びに向かう力，人間性等
(2) ①　内容や時間のまとまり　　② (解答例)　教職員間で相互に
連携しながら，学習の内容や系統性に留意する。　　③ (解答例)　見
通しがもてるよう実験の操作手順を具体的に明示したり，扱いやすい
実験器具を用いたりする。

〈解説〉(1) ①　中学校学習指導要領(平成29年3月告示)　第2章　第4節
理科　第2　各分野の目標及び内容　第1分野　1　目標　に記載があ
る。　　②　中学校学習指導要領解説理科編(平成29年7月)　第2章　第2
節　[第1分野]　1　第1分野の目標　(2)の記載を参考にする。　　③　育
成を目指す資質・能力の三本柱は，中学校学習指導要領解説理科編(平
成29年7月)　第1章　1　改訂の経緯及び基本方針　(2)　②をはじめ，
随所で触れられている通り，「知識・技能」「思考力・判断力・表現力
等」「学びに向かう力・人間性等」である。これは，教科の目標，第1
分野の目標，第2分野の目標のいずれも，それぞれ(1)(2)(3)に対応して
いる。　　(2) ①　中学校学習指導(平成29年3月告示)の第2章　第4節
理科　第3　指導計画の作成と内容の取扱い　1に記載がある。
②　中学校学習指導要領解説理科編(平成29年7月)　第3章　1　指導計
画作成上の配慮事項　(4)の記載を参考にする。他教科の関連について
理科においては，数学や保健体育，技術・家庭との関連が述べられて
いる。　　③　中学校学習指導要領解説理科編(平成29年7月)　第3章　1
指導計画作成上の配慮事項　(5)に工夫や配慮事項が記されている。

【2】(1) (解答例)　スピーカーに，軽い紙や風船を近づけ，音を出して
いないときに静止していた紙や風船が，音を出すと振動する様子を観

察させる。　(2)　(解答例)　鉄と活性炭をビーカーに入れてかき混ぜ、スポイトで食塩水を垂らすと、温度が上昇し、発熱反応が起こっていることが確認できる。また、塩化アンモニウムと水酸化バリウムをビーカーに入れてかき混ぜると、温度が低下し、吸熱反応が起こっていることが確認できる。

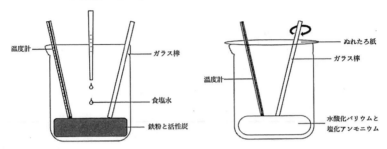

(3)　(解答例)　器具や背景などは付けず、観察対象のみを細い線ではっきりと書くこと。線を重ね書きしたり、影をつけたりしないこと。
(4)　(解答例)　太陽に見立てた球形のボールの中央に、黒点に見立てた円形のシールを貼り、ボールを少しずつ回転させて、黒点が端に達したときの見た目の形を観察させる。円形の黒点が潰れた形に見えることを確認させることで、太陽も同様に球形であることを捉えさせる。

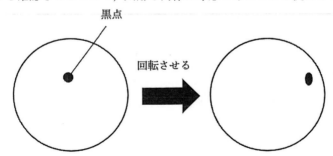

〈解説〉(1)　解答例の他、音叉を鳴らした直後、そっと水面につけ、水面が振動する様子を観察させる、打楽器や弦楽器の発音部分をビデオカメラで撮影し、拡大して再生し、振動している様子を観察する等が挙げられる。　(2)　実験方法を示すには、器具や手順などを具体的に

示す。解答例の実験では，発熱反応ではかなり温度が上がるのでやけどに気を付ける。吸熱反応ではアンモニアが発生するので，ビーカーの口を濡れたろ紙でふさぐ。いずれの場合も，温度計でかき混ぜてはならないことを指導する。　(3)　理科のスケッチでは，観察対象の形や特徴を記録することが目的である。そのため，観察対象を細部までよく観察し，硬めのとがった鉛筆を使って，明瞭な線と点で描くことが重要である。黒く見えても塗りつぶすのではなく，濃淡を表現したい場合は点の数密度で区別する。　(4)　太陽表面にある黒点は，太陽の自転に伴い，東から西へ移動していく。太陽が球体だから，太陽の中央に来たときと端へ移動したときとでの，見かけの黒点の形は変化している。これを，身近にある球形の物体を利用して実感させる。

【3】(1)　イ　　(2)　(解答例)　マイクロプラスチックが有害物質を吸着しやすい性質。

〈解説〉(1)　各地方公共団体は「地方公共団体向け漂着ごみ組成調査ガイドライン」に基づき海洋人工漂着物の調査を行っている。人工漂着物の品目や製造国の割合は各地方・調査時期によって異なるが，近年の秋田県では国内製造の人工漂着物の割合が高い。漂着物の内訳としては，プラスチック類，特に飲料用のペットボトルを含むプラボトルが多い。その他に含まれるのは，紙類，布類，ガラス，陶磁器類，ゴム，金属などである。　(2)　マイクロプラスチックは5mm以下の小さなプラスチック粒子のことであり，生物体内に取り込まれ，生態系に影響を与えるとされる。マイクロプラスチックは，生体内の消化管や血管などを傷つけたり閉塞させたりするという物理的な影響がある。また，マイクロプラスチックは，農薬や殺虫剤などに使用される残留性有機汚染物質のような有害物質を吸着しやすい。このような有害物質は，生物体内で分解も排出もされず蓄積され，食物網に取り込まれて生物濃縮してしまうため，生態系に深刻な影響を与えると考えられている。

【4】(1)　(解答例)　電流の大きさや導線の巻き数によって変わる。

(2)　①　レンツの法則　②　X　左　　Y　左　(3)　(解答例)　地球の外核は液体の鉄が主成分であり，その流動によって電流が流れ，磁界が生じる。　(4)　クーロンの法則より，$6.33 \times 10^4 \times \dfrac{1.0 \times 10^{-4} \times 1.0 \times 10^{-4}}{(0.10)^2}$

$= 6.3 \times 10^{-2}$〔N〕

〈解説〉(1)　電磁石の強さはコイルの巻き数と電流の大きさに比例する。

(2)　①　解答参照。　②　図1，図2ともに，コイル内の下向きの磁界が増加し，その変化を妨げる向きに誘導電流が生じる。つまり，誘導電流は上向きの磁界を作る。右ねじの法則を考えると，電流は検流計の内部を−端子から＋端子へ流れるので，針は負の向きである左に振れる。　(3)　地球の内部の核は，鉄が主成分であり，内核は固体だが，外核は液体である。金属は電子を多く含んでいるので，液体の外核の流動により電流が流れ，磁界が生まれると考えられている。　(4)　磁荷に関するクーロンの法則において，力の大きさは磁気量に比例し，距離の2乗に反比例する。

【5】(1)　弾性エネルギー　(2)　90〔J〕　(3)　①　X　ア　　Y　カ
②　(解答例)　物体Mの運動方向は常に糸と垂直である。そのため，糸が物体Mを引く力は物体Mに仕事をしない。よって，物体Mの力学的エネルギーは増減しない。

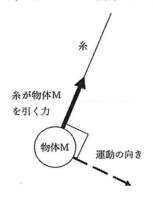

(4) ① 衝突前のRの速度の向き ② 0.50〔m/s〕

〈解説〉(1) 力が加えられて変形した物体が元の状態に戻ろうとする力を弾性力という。弾性エネルギーは，弾性力による位置エネルギーのことである。 (2) 200〔g〕＝0.2〔kg〕だから，運動エネルギーは$\frac{1}{2}$×0.2×30²＝90〔J〕となる。 (3) ① 位置エネルギーは基準面からの高さに比例するので，物体Mのもつ位置エネルギーの大きさは，位置Cよりも，Bの方が大きい。また，おもりの質量をm，位置Aの基準面からの高さをhとすると，Cでの速さvについて，力学的エネルギー保存則により，$mgh=\frac{1}{2}mv^2$ よって，$v=\sqrt{2gh}$となり，速さvは質量mによって変わらない。 ② 力学的エネルギー保存が成り立つ条件は，非保存力が運動方向に仕事をしないことである。物体Mの運動方向は常に糸と垂直である。そのため，糸が物体Mを引く力は運動方向に仕事をしない。よって，糸が物体Mを引く力は，物体Mの力学的エネルギーの保存には関係しない。 (4) ① 衝突前に台車Qが進んでいた右向きを正とし，結合後の台車の速度をvとする。運動量保存則により，1.0×1.5＋2.0×(－1.5)＝(1.0＋2.0)v だから，$v=-0.50$〔m/s〕となる。よって，向きは負，つまり衝突前のRの速度の向きである。 ② ①の結果の$v=-0.50$〔m/s〕から，速度の大きさは0.50m/sである。

【6】(1)　①　(解答例)　エタノールをポリエチレンの袋に入れて袋をかたく閉じ，熱湯をかける実験を行わせる。袋が膨らむことを観察させることにより，液体のエタノールが気体になって体積が増加したことを捉えさせる。

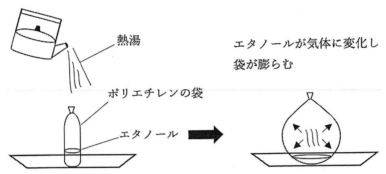

熱湯

エタノールが気体に変化し
袋が膨らむ

ポリエチレンの袋

エタノール

②　(解答例)　状態変化によって粒子の運動の様子が変化しているというモデル　　(2)　(解答例)　液体の表面から気体に状態変化することを蒸発といい，液体の内部からも気体が生じることを沸騰という。(3)　X　飽和蒸気圧(蒸気圧)　　Y　等しくなる　　(4)　①　(解答例)AB間では，熱エネルギーは固体が液体になる状態変化にだけ使われ，CD間では，熱エネルギーは液体が気体になる状態変化にだけ使われるから。　　②　水180gは10molにあたるから，求める熱量は$6.0×10＋0.0042×180×100＝1.4×10^2$〔kJ〕である。

〈解説〉(1)　①　エタノールは沸点が約78℃であり，液体から気体へ変化するとき体積は増加する。解答例の他，水を凍らせてその体積を量るなどが考えられる。　　②　中学校学習指導要領解説理科編(平成29年7月)　第2章　第2節　[第1分野]　2　第1分野の内容　(2)　身の回りの物質　(ウ)　⑦に記載がある。　　(2)　沸騰は物質の温度が沸点に達して起こるが，蒸発は沸点未満の温度でも常に起こる。　　(3)　液体の蒸気圧が大気圧に達したときに沸騰する。一般に，標高が高いほど大気圧は小さいので，沸点は低い。　　(4)　①　AB間の熱量は融解熱といい，CD間の熱量を蒸発熱または気化熱という。　　②　解答参照。

【7】(1) ① 電解質　② (解答例) 塩素の漂白作用に着目する。陽極から発生する気体を試験管にとり，赤インクをつけたろ紙を入れる実験を行わせ，漂白されて白くなる様子を観察させる。　③ 流れた電子の物質量は，$\dfrac{1.00 \times 7.72 \times 10^3}{9.65 \times 10^4} = 0.0800$〔mol〕である。$Cu^{2+} + 2e^- \rightarrow Cu$により，銅は0.040mol析出するので，$63.5 \times 0.040 = 2.54$〔g〕

(2) ア，ウ　(3) (解答例) 電子を失って陽イオンになりやすい。

〈解説〉(1) ① 電解質は水に溶けると陽イオンと陰イオンに分かれ，電子を運ぶことができる。このように水溶液中でイオンに分かれる物質を電流が流れる。　② 塩化銅(Ⅱ)は，水溶液中では$CuCl_2 \rightarrow Cu^{2+} + 2Cl^-$のように電離し，陽極では$2Cl^- \rightarrow Cl_2 + 2e^-$により塩素が発生する。塩素は刺激臭をもつ黄緑色の気体で，水に溶けやすく漂白作用がある。③ 陰極では$Cu^{2+} + 2e^- \rightarrow Cu$により，電子2molにつき銅1molが生じる。1Aの電流が1秒間流れたときの電気量が1Cであり，電子1molの電気量がファラデー定数である。よって，本問で流れた電気量7.72×10^3〔C〕をファラデー定数で割ると，流れた電子の物質量が求まる。

(2) $CuSO_4$のような強酸と弱塩基の塩，およびNa_2CO_3のような弱酸と強塩基の塩は，加水分解してそれぞれ酸性および塩基性を示す。

(3) 原子から1個の電子を取り去って，1価の陽イオンにするのに必要なエネルギーをイオン化エネルギーという。イオン化エネルギーが小さい原子ほど陽イオンになりやすく陽性が強い。

【8】(1) 中学校第2学年　(2) P 動脈血　Q 静脈血　(3) X (解答例) 強い力をかけない　Y 尾びれ　(4) (解答例) 血液を試験管にとり，しばらく静置すると，沈殿と上澄みに分かれる。沈殿は血ぺいであり，血液の固体成分である。上澄みは血清であり，血液の液体成分である。

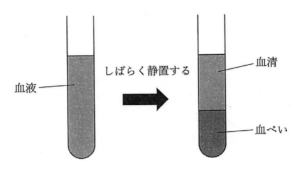

血液　→　しばらく静置する　→　血清／血ぺい

(5)　(解答例)　他の動物の体内で抗体を含んだ血清をつくり，ヒトに注射することで，ヒトの体内で抗原抗体反応を起こし，発症を防ぐ治療法である。

〈解説〉(1)　「動物の体のつくりと働き」は，中学校学習指導要領解説理科編(平成29年7月)　第2章　第2節　[第2分野]　2　第2分野の内容(3)　生物の体のつくりと働き　(ウ)に該当する。また，第2節　各分野の目標及び内容　の末尾の(内容の取扱い)に，第2学年で取り扱うことが記載されている。　(2)　酸素濃度が高く鮮紅色の血液を動脈血という。一方，酸素濃度が低く二酸化炭素を多く含み，暗赤色の血液を静脈血という。　(3)　メダカの尾びれは薄く，容易に血管が観察できる。ただし，メダカに強い負荷をかけると，正常な血液の循環が観察できなくなったり，メダカが死亡したりする。　(4)　血液は液体成分である血漿と有形成分である血球からなる。血漿は90%の水分と無機塩類，タンパク質などの有機物がふくまれる。有形成分には赤血球，白血球，血小板がある。採血後に試験管内に静置するか，遠心分離をおこなうと，血清中の凝固因子とフィブリンと有形成分が混ざり合って血ぺいとなり，血清と分離する。　(5)　抗原を注射された動物の体内では，体の防御反応により抗原に対する抗体が産生される。この抗体を含んだ血清を，同じ抗原にかかったヒトに注射すると，その体内で抗原抗体反応が起きて発症せず治癒させることができる。このような生体内の抗原抗体反応による防御機構を利用した治療法を血清療法という。予防接種と比較して即効性があるが，持続性はない。

【9】(1)　生命を尊重する態度。　　(2)　根に等間隔に印をつけさせる。
(3)　P　水の中で静かにゆすぐ　　Q　はなれやすく　　(4)　(解答例)
サツマイモは，植物体の一部である根に栄養分を蓄え，そこから新し
い個体を作る栄養生殖をおこなうから。　　(5)　①　アデニン，チミ
ン，グアニン，シトシン　　②　相補性

〈解説〉(1)　中学校学習指導要領解説理科編(平成29年7月)　第2章　第2
節　[第2分野]　2　第2分野の内容　(5)　生命の連続性　に記載があ
る。また，同解説第3章　2　内容の取扱いについての配慮事項　(2)に
も生命の尊重と自然環境の保全として改めて記載がある。　　(2)　根に
等間隔の印をつけると根が少しのびた後，根の先端に近い部分は他の
部分よりも，印の間隔の広がり方が大きいことが観察できる。
(3)　60℃程度に温めたうすい塩酸に入れると，細胞どうしを結合して
いる構造が分解されるため，離れやすくなる。水でゆすぐことで細胞
どうしが離れて観察しやすくなる。この行程を解離という。　　(4)　サ
ツマイモは，無性生殖の一つである栄養生殖と有性生殖の両方が可能
な植物である。無性生殖には他に分裂，出芽などがある。
(5)　①　解答参照。　　②　DNAの塩基は水素結合できる数の違いによ
り，アデニンはチミンと，グアニンはシトシンと結合する。このよう
に，特定の塩基どうしが結合する性質を相補性という。

【10】(1)　X　逆断層　　Y　活断層　　(2)　液状化現象　　(3)　(解答
例)　大陸プレートと海洋プレートに見立てた二枚の柔軟性のある板を
図のように組み合わせる。海洋プレート側を大陸プレートの下にゆっ
くりと動かし大陸プレートが引きずり込まれる様子を観察させる。さ
らに同じ向きに動かし続け，耐えきれなくなった大陸プレートが跳ね
上がる様子を観察させる。

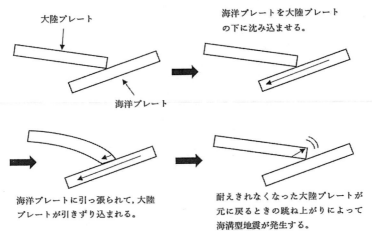

大陸プレート

海洋プレートを大陸プレートの下に沈み込ませる。

海洋プレート

海洋プレートに引っ張られて，大陸プレートが引きずり込まれる。

耐えきれなくなった大陸プレートが元に戻るときの跳ね上がりによって海溝型地震が発生する。

(4)　①　モホロビチッチ不連続面　②　地殻のP波速度は$\dfrac{180}{30}=6.0$〔km/s〕，マントルのP波速度は$\dfrac{265-180}{40-30}=8.5$〔km/s〕，走時曲線が折れ曲がる点の震央距離は180kmである。よって，地殻の厚さは，

$$\dfrac{180}{2}\sqrt{\dfrac{8.5-6.0}{8.5+6.0}}=90\sqrt{0.172}=37\,〔km〕$$

〈解説〉(1)　正断層は引張の力，逆断層は圧縮の力で生じる。繰り返し活動し今後も活動が予測される断層を活断層という。　(2)　海岸平野や埋立地など，地盤が水を多く含み固結していない地盤は，地震の際に地面が液状化することがある。　(3)　大陸プレートにひずみが蓄積し，やがて限界に達して跳ね上がる様子を再現する。柔軟性のある板として，薄いアクリル板やこんにゃくなどを利用する。　(4)　①　地殻に比べ，マントルの地震波速度が速いため，モホロビチッチ不連続面以遠では，マントル経由の屈折波が先着する。　②　地殻のP波速度をV_1，マントルのP波速度をV_2，走時曲線が折れ曲がる地点の震央距離をXとすれば，地殻の厚さDは，$D=\dfrac{X}{2}\sqrt{\dfrac{V_2-V_1}{V_2+V_1}}$で計算できる。

【11】 (1)　天気…快晴　　風向…東南東　　風力…3　　(2)　①　高気圧
②　風速は速くなる。　　(3)　ア　　(4)　ウ　　(5)　(解答例)　笠雲
は水蒸気を含んだ空気が断続的に山の斜面に沿って上昇するときにで
きる。　　・風上側…水蒸気を含んだ空気が上昇すると温度が低下する。
→水蒸気が凝結し雲ができる。　　・風下側…水蒸気を含んだ空気が下
降すると温度が上昇する。→雲が消える。　　風上での雲の発生と風下
の雲の消失が連続して起こることで笠雲は停滞しているように見え
る。

【風上側】　　　　　　　　　　　　　　　　　　　　【風下側】

水蒸気が凝結し雲ができる　　　　　　　　　　下降し温度が上昇

上昇し温度が低下　　　　　　　　　　　　　　水蒸気に戻り雲が消える

水蒸気を含んだ空気　　　　　　　　　　　　　　水蒸気を含んだ空気

(6)　(解答例)　積乱雲が次々と発生して発達した積乱雲が，列をなし
て数時間にわたって同じ場所を通過・停滞し局地的に強い降水をとも
なう雨域である。

〈解説〉

(1)　解答参照。　(2)　①　解答参照。　②　等圧線の間隔が狭い所は気
　圧傾度力が大きいため，風が強く吹く。　　(3)　対流圏は地表から高さ
　8〜16kmまでの層で，水蒸気を含む大気のほぼ90％が存在している
　(4)　ラジオゾンデは，気球に気温などの観測機器を取り付け，世界各
　地で1日2回，同時刻に打ち上げられ地表からおおむね高度30kmまでを
　計測している。アメダスは地表，気象レーダーと気象衛星は対流圏内
　の観測をしている。　　(5)　笠雲は，風上での雲の生成と風下での消滅
　が継続することによって，あたかも止まっているかのように見える。
　これを雲の発生の学習内容に関連させて説明する。　　(6)　盛んに発生
　している積乱雲が，上空の風によって列をなしていると，同じ場所に

積乱雲がかかり続ける状況が生まれ，局地的な強い降水によって甚大な災害が懸念される。

$$\boxed{高　校　理　科}$$

【共通問題】

【１】(1)　①　東向き7.0〔m/s〕　　②　西向き1.0〔m/s〕　　(2)　東向き9.0〔m/s〕　　(3)　①　5.0〔m/s〕　　②　10〔秒〕　　(4)　(解答例)ボールは，初速度の水平成分が東向きに7.0m/s，鉛直成分が上向きに19.6m/sの斜方投射による放物運動をおこなう。　　(5)　①　20〔m〕　②　投げ上げてから元の高さに戻るまでの時間をt〔s〕とすると，鉛直方向の運動について$19.6t - \frac{1}{2} \times 9.8 \times t^2 = 0$より，$t = 4.0$〔s〕である。水平方向について，求める距離は，$7.0 \times 4.0 = 28$〔m〕

〈解説〉(1)　①　東向きを正として，速度を合成すると，$4.0 + 3.0 = +7.0$〔m/s〕となる。　　②　東向きを正として，速度を合成すると，$-4.0 + 3.0 = -1.0$〔m/s〕となる。　　(2)　東向きを正とすると，船の速度は-1.0m/s，自動車の速度は-10m/sだから，自動車に対する船の相対速度は，$-1.0 - (-10) = +9.0$〔m/s〕となる。　　(3)　①　岸に対する船の速さは，$\sqrt{4.0^2 + 3.0^2} = 5.0$〔m/s〕である。　　②　流れに直角な速度成分だけを考えて，求める時間は$\frac{40}{4.0} = 10$〔s〕である。

(4)　船上から真上に投げる直前のボールは，船と同じく，水平方向東向きに7.0m/sの速度を持つ。そのため，ボールは水平方向の初速度が東向き7.0m/s，鉛直方向の初速度が上向き19.6m/sの斜方投射のよる放物運動をおこなう。これは，鉛直方向の投げ上げと，水平方向の等速運動を合成したものである。　　(5)　①　ボールの最高点の高さをhとすると，等加速度運動の式により$0^2 - 19.6^2 = 2 \times (-9.8) \times h$　だから，$h = 20$〔m〕となる。　　②　解答参照。

【2】(1) ① 物質…SiO_2 理由…B ② 物質…H_2O 理由…D
(2) CO_2の物質量は$\frac{28.0}{22.4}=1.25$〔mol〕であり,分子量は$12.0+16.0\times$
$2=44.0$だから,求める質量は$44.0\times1.25=55.0$〔g〕 (3) ① (ア),
(イ) ② (ウ),(オ) ③ 3 ④ (ウ)>(オ)>(エ)>(ア)>(イ)
⑤ A ⑥ アンモニアの物質量をn〔mol〕とすると,$2\times0.050\times$
$\frac{15}{1000}=1\times0.020\times\frac{20}{1000}+n$が成り立ち,$n=1.1\times10^{-3}$〔mol〕

〈解説〉(1) ① 二酸化ケイ素SiO_2は共有結合の結晶で,融点は高く,1700℃ほどで融解する。斜方硫黄S_8は分子結晶で,常温で安定であり,95.3℃あたりで斜方硫黄から単斜硫黄に変化する。 ② 水H_2Oは極性分子であり,水素結合が生じるので沸点が高い。硫化水素H_2Sの極性はそれほど大きくないので,沸点は-61℃と低く,常温で気体である。 (2) 標準状態の気体1molの体積は22.4Lである。 (3) ① 代表的な強酸は,塩酸HCl,硝酸HNO_3,硫酸H_2SO_4などである。
② 水溶液が塩基性なのは,$NaOH$の他,弱酸と強塩基の塩のNa_2CO_3である。 ③ 水溶液のモル濃度は0.10mol/Lであり,水素イオン濃度は,$[H^+]=0.10\times0.010=1.0\times10^{-3}$〔mol/L〕である。よって,pH$=-\log_{10}[H^+]=-\log_{10}(1.0\times10^{-3})=3$となる。 ④ (ア)のpHは1であり,2価の酸である(イ)のpHは1より小さい。(エ)は弱酸である。(ウ)は強塩基で,(オ)は弱酸と強塩基の塩だから,pHはいずれも7より大きく,さらに(ウ)と(オ)では(ウ)の方が大きい。 ⑤ (オ)の炭酸ナトリウムNa_2CO_3は強塩と弱塩基の塩で,水溶液はアルカリ性であり,pHは13よりやや小さい。塩酸を加えていくと$Na_2CO_3+HCl\to NaHCO_3+NaCl$,さらに,$NaHCO_3+HCl\to NaCl+H_2O+CO_2$の二段階で中和する。よって,滴定曲線では中和点が2か所に現れる。 ⑥ 硫酸が2価の酸,水酸化ナトリウムとアンモニアが1価の塩基であることに注意して式を立てる。

【3】(1) ① リゾチーム ② (ア),(ウ) (2) ① 抗体
② 抗原抗体反応 (3) (解答例) 樹状細胞は抗原を食作用によっ

て分解し，その断片を細胞外に出して抗原提示を行い，T細胞に異物として認識させる。　　(4)　ヘルパーT細胞　　(5)　(解答例)　記憶細胞が抗原に対して直ちに反応し多量の抗体を生産する強い抗原抗体反応。　　(6)　免疫寛容　　(7)　64〔μm〕　　(8)　(解答例)　視野は4分の1倍になるが，接眼ミクロメーターの見え方は変わらないから，1目盛りが示す長さは4分の1倍になる。

〈解説〉(1)　①　リゾチームが細菌の細胞壁を破壊すると，細菌は自身の内圧によって破裂する。　　②　自然免疫では，マクロファージ，好中球，樹状細胞が食作用によって病原体を排除する。　　(2)　①　抗体は免疫グロブリンというタンパク質で構成されている。抗体には可変部と定常部があり，可変部が抗原と結合する。　　②　抗原抗体反応が起こると，マクロファージによって認識されやすくなるため，食作用による抗原の排除が促進される。　　(3)　マクロファージなども抗原提示細胞としてはたらく。　　(4)　HIVがヒトに感染するとヘルパーT細胞が破壊されるため，B細胞やキラーT細胞が活性化されず免疫機能が低下する。　　(5)　病原体に一度感染すると，ヘルパーT細胞とB細胞の一部が記憶細胞となる。　　(6)　解答参照。　　(7)　対物ミクロメーターの1目盛りは$10\,\mu$mである。対物ミクロメーター20目盛りが接眼ミクロメーター25目盛りと一致している。よって，接眼ミクロメーターの1目盛りは$10\times\dfrac{20}{25}=8$〔μm〕である。よって，観察した細胞の長径は，$8\times8=64$〔μm〕である。　　(8)　接眼ミクロメーターの見え方は同じである。対物レンズの倍率を4倍にすると，視野は4分の1になる。

【4】(1)　ア　窒素　　イ　酸素　　ウ　二酸化炭素　　(2)　(解答例)大気中の酸素濃度が上昇し，上空にオゾン層が形成された結果，太陽放射に含まれる有害な紫外線の地表に到達する量が減ったため。(3)　太陽放射…可視光線　　地球放射…赤外線　　(4)　定数…太陽定数　　説明…(解答例)地球に入射する太陽放射エネルギーは，太陽定数に地球の断面積πR^2を掛けた量である。一方，入射したエネルギーは，地球の表面積$4\pi R^2$に分配される。よって，平均の太陽放射エネル

ギーは，$1.37 \times \dfrac{\pi R^2}{4\pi R^2} = 0.34$〔$W/m^2$〕　　(5)　(解答例)　地表が放射した赤外線の大半は大気中の温室効果ガスによって吸収され，大気が昇温する。大気も赤外線を地表に向かって放射するため，地表の温度が高く保たれる。(6)　金星

〈解説〉(1)　現在の地球大気には窒素や酸素が多いが，原始大気には酸素はなく，二酸化炭素が主成分の一つであった。　(2)　古生代の初期には，海中の生物の光合成により大気中にも酸素O_2が増加した。やがて，上空でオゾンO_3の層が形成された。太陽放射に含まれる紫外線の一部は生物に有害だが，オゾン層の形成により，地表へ到達する紫外線の量は減少した。　(3)　太陽放射のピークは，波長が約0.5μmの可視光線である。一方，地球放射のピークは，波長が約10μmの赤外線である。　(4)　太陽定数は，単位時間に単位面積に入射するエネルギーだから，地球全体に入射するエネルギーの総量は，太陽定数と地球の断面積の積となる。このエネルギーを地球の表面積で平均する。

(5)　太陽放射は地球大気をほとんど透過するが，地球放射である赤外線は水蒸気や二酸化炭素などの温室効果ガスによって，大半が吸収される。そのため，地表と大気の間で，互いに赤外線を放射することになり，地表温度を高く保っている。これが大気の温室効果である。

(6)　金星は，90気圧に達する濃厚な大気の大半が二酸化炭素であり，温室効果が強くはたらくため，放射平衡で考えられる表面温度よりも，はるかに高温である。

【物理】

【1】(1)　①　$\dfrac{m}{M+m}v_0$　②　小物体Bにはたらく動摩擦力は，左向きにμmgである。小物体Bの加速度をa_Bとすると，運動方程式は，$ma_B = -\mu mg$であり，$a_B = -\mu g$となる。求める時刻をtとすると，$v_0 + a_B t = V$だから，$v_0 - \mu gt = \dfrac{m}{M+m}v_0$となり，$t = \dfrac{Mv_0}{\mu(M+m)g}$

③

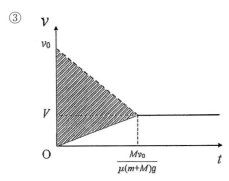

④　③の$v-t$グラフの斜線で示した面積が，L未満であればよい。したがって，$\frac{1}{2}\times v_0\times\frac{Mv_0}{\mu(M+m)g}<L$，$v_0>0$なので，$v_0<\sqrt{\frac{2\mu(M+m)gL}{M}}$

(2)　①　$\frac{3}{2}nRT$〔J〕　　②　$\frac{3}{2}\frac{R}{N_A}T$〔J〕　　③　$\sqrt{\frac{3RT}{mN_A}}$〔m/s〕

④　$\frac{\sqrt{5}}{5}$〔倍〕　　(3)　①　振動数…$\frac{V}{V+v_0}f$　　波長…$\frac{V+v_0}{f}$

②　$\frac{V+v_0}{V}t_0$　　③　(解答例)　銀河が観測者から遠ざかりながら光を発するとき，光のドップラー効果により，光の波長が本来の波長よりも長く観測される現象を赤方偏移という。　　(4)　①　$\frac{1}{2}QV$　　②　金属板を入れると，コンデンサーの電気容量は2倍になる。電気量Qは変わらないので，極板間の電圧は$\frac{1}{2}V$になる。よって，静電エネルギーは$\frac{1}{2}Q\times\frac{1}{2}V=\frac{1}{4}QV$になる。したがって，静電エネルギーの変化は，$\frac{1}{4}QV-\frac{1}{2}QV=-\frac{1}{4}QV$　　③　$\frac{(1+\varepsilon_r)Q}{2V}$　　④　$-\frac{\varepsilon_r-1}{2(1+\varepsilon_r)}QV$

⑤　コンデンサーが誘電体を引き込む仕事に消費された。

(5)　(解答例)　虹の仕組み…虹は水滴に入射した光が分散することで起こる現象である。　　・水滴に入射した光は波長毎の屈折率の違いによって分散し，水滴内を反射したあと水滴から空気中へ再び屈折して出て行く。　　・波長の短い光ほど屈折率は大きいため，空気に対する水の屈折率は，波長の長い赤色光＜波長の短い紫色光となり紫色光の方が屈折角も大きくなる。　　・地上からは仰角が大きい赤色光が外側

に，仰角が小さい紫色光が内側に見える。

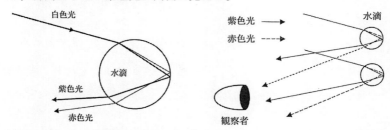

〈解説〉(1)　①　運動量保存則より，$mv_0 = mV + MV$　∴　$V = \dfrac{m}{M+m} v_0$ となる。　②　(別解)　小物体Bにはたらく動摩擦力は，左向きに μmg である。この反作用で，台Aは右向きに μmg の力を受ける。台A，小物体Bの加速度をそれぞれ a_A，a_B すると，運動方程式は，台Aが $Ma_A = \mu mg$，小物体Bが $ma_B = -\mu mg$ と書けて，$a_A = \dfrac{\mu mg}{M}$，$a_B = -\mu g$ となる。求める時刻を t とすると，$a_A t = V$，$v_0 + a_B t = V$ である。V を消去すると，$(a_A - a_B)t = v_0$ となる。したがって，$t = \dfrac{v_0}{a_A - a_B} = \dfrac{Mv_0}{\mu(M+m)g}$ となる。　③　台A，台Bともに，等加速度運動し，速度 V で等速運動となる。また，直線AとBで囲まれた図形の面積がAから見たBの変位である。　④　③の v-t グラフの斜線で示した面積が，台A上で小物体Bがすべる距離に相当する。これが L 未満であることが求める条件である。　(2)　①　解答参照。　②　n〔mol〕の気体の内部エネルギーは，nN_A 個の気体分子の運動エネルギーの和のことである。よって，①を nN_A で割ればよい。　③　②より，$\dfrac{1}{2} m\overline{v^2} = \dfrac{3R}{2N_A} T$ から，$\sqrt{\overline{v^2}} = \sqrt{\dfrac{3RT}{mN_A}}$ となる。　④　③より，二乗平均速度は，気体分子の質量の平方根に反比例する。HeとNeは温度が等しいので，内部エネルギーも等しい。NeがHeに対し，質量は5倍だから，$\sqrt{\overline{v^2}}$ は $\dfrac{1}{\sqrt{5}}$ 倍となる。　(3)　①　観測者が聞く音の振動数は，ドップラー効果の式より，$\dfrac{V}{V+v_0} f$ である。音の速さは V のまま変わらないので，波長は

Vを振動数で割って，$\dfrac{V+v_0}{f}$ となる。　②　音源は最初の位置から$v_0 t_0$だけ遠いところへ動いているので，最初に出た音に比べ，最後に出た音が伝わるには，$\dfrac{v_0 t_0}{V}$ だけ多く時間がかかる。よって，求める時間は，$t_0 + \dfrac{v_0 t_0}{V} = \dfrac{V+v_0}{V} t_0$ となる。　③　光のスペクトルに含まれる吸収線や輝線の波長は，正確に知られている。遠方の銀河からの光に含まれる吸収線や輝線の波長が本来よりも長く観測されると，銀河が遠ざかっていることがわかる。　(4)　①　電気容量C，電気量Q，電位差Vを用いて，コンデンサーの静電エネルギーは$\dfrac{1}{2}QV = \dfrac{1}{2}CV^2 = \dfrac{Q^2}{2C}$ とあらわされる。　②　金属板を挿入しても，極板から出る電気力線の総数は変化せず，金属板内部の電場は0である。よって，電気容量は，金属板の厚さの分だけ極板間の距離が狭まったコンデンサーと同じになる。状態Ⅰにおけるコンデンサーの電気容量をCとすると，極板間距離と電気容量は反比例するため，状態Ⅱにおける電気容量は$2C$である。静電エネルギーの変化は，$\dfrac{Q^2}{2\times 2C} - \dfrac{Q^2}{2C} = -\dfrac{Q^2}{4C}$ となる。$C = \dfrac{Q}{V}$ だから，求める変化量は$-\dfrac{1}{4}QV$となる。　③　極板の面積が半分になると電気容量は半分になる。また，比誘電率ε_rの誘電体で空間を満たしたコンデンサーは，空間が真空の場合の電気容量のε_r倍になる。これを踏まえると，状態Ⅲは，状態Ⅰに比べて，電気容量が$\dfrac{1}{2}$倍のコンデンサーと$\dfrac{\varepsilon_r}{2}$倍のコンデンサーを並列接続している。よって，求める電気容量は，$\left(\dfrac{1}{2} + \dfrac{\varepsilon_r}{2}\right) \times \dfrac{Q}{V} = \dfrac{(1+\varepsilon_r)Q}{2V}$ となる。　④　電気量はQのまま変わらず，電気容量が$\dfrac{1+\varepsilon_r}{2}$倍，電圧が$\dfrac{2}{1+\varepsilon_r}$倍になったので，静電エネルギーの変化は，$\dfrac{1}{2}Q \times \dfrac{2}{1+\varepsilon_r}V - \dfrac{1}{2}QV = -\dfrac{\varepsilon_r - 1}{2(1+\varepsilon_r)}QV$ となる。　⑤　解答参照。　(5)　虹は，波長により光の屈折率が異なることに伴う光の分散による現象である。太陽の光が大気中の水滴に

入射したときと，水滴内で反射してから再び大気へ出ていくときに屈折する。空気に対する水の屈折率は，波長の長い赤色光に比べ，波長の短い紫色光の方がわずかに大きいため，水滴から光が出るときには，赤色光よりも紫色光の方が，より地面となす角が小さくなる。そのため虹(主虹)では観測者から見ると，仰角が大きい外側が赤，仰角が小さい内側が紫に見える。

【化学】

【1】(1) ① 質量パーセント濃度…26.4〔％〕，モル濃度…5.42〔mol/L〕，質量モル濃度…6.14〔mol/kg〕 ② 硫酸銅(Ⅱ)五水和物がx〔g〕溶けるとすると，$CuSO_4$の質量は$\frac{160}{250}x$〔g〕である。飽和水溶液に対する$CuSO_4$の質量の比は，$\frac{160}{250}x:(100+x)=40:140$ よって，$x=80.64\cdots$≒81〔g〕 ③ (解答例) ヨウ素I_2は無極性分子であり，水とは混ざりにくい。一方，ヨウ化カリウム水溶液中ではI_2とヨウ化物イオンI^-から三ヨウ化物イオンI_3^-が生じるため，水によく溶ける。

(2) ① ボイル・シャルル(の法則) ② Sの分子量をMとする。気体の状態方程式を書くと，$1.01\times10^5\times0.350=\frac{1.00}{M}\times8.31\times10^3\times(273+97)$となり，$M=87.0$となる。 ③ (解答例) 理想気体に近づく条件，つまり，気体分子自身の体積の影響が少ない低圧の条件であり，また，分子の熱運動が激しく分子間力の影響が小さい高温の条件である。④ 0.982 ⑤ (解答例) 容器に入れた実在気体を温度一定のまま圧力を加えていくと，低圧(A－B間)のとき，気体はボイルの法則に従い，圧力と体積が反比例する。飽和蒸気圧(B－C間)のとき，気体は凝縮する。このとき圧力は一定で気体の体積は減少していく。気体が全て液体になると(D)，それ以上圧縮できなくなる。

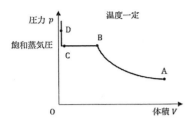

(3)　①　モール法　②　A　黄色　　B　白色　　C　暗赤色
③　$2AgNO_3 + K_2CrO_4 \rightarrow Ag_2CrO_4 + 2KNO_3$　　④　(i)　(解答例)　塩化銀の溶解度が小さいため，まず塩化銀の沈澱が生じ，塩化物イオンがなくなると，次にクロム酸銀の暗赤色沈殿ができるため。　　(ii)　塩化銀の飽和溶液のモル濃度をx〔mol/L〕とする。$[Ag^+][Cl^-] = 1.8 \times 10^{-10}$だから，$x^2 = 1.8 \times 10^{-10}$となり，$x = 1.3 \times 10^{-5}$〔mol/L〕　　同様にクロム酸銀の飽和溶液のモル濃度をy〔mol/L〕とすると，$[Ag^+]^2[CrO_4^{2-}] = 3.6 \times 10^{-12}$だから，$(2y)^2 \times y = 3.6 \times 10^{-12}$つまり$4y^3 = 3.6 \times 10^{-12}$となり，$y = 9.7 \times 10^{-5}$　　よって，塩化銀の飽和溶液のモル濃度…1.3×10^{-5}〔mol/L〕クロム酸銀溶液の飽和溶液のモル濃度…9.7×10^{-5}〔mol/L〕　　(4)　①　a　$CaC_2 + 2H_2O \rightarrow C_2H_2 + Ca(OH)_2$　b　$CH \equiv CH + 2[Ag(NH_3)_2]^+ \rightarrow AgC \equiv CAg + 2NH_4^+ + 2NH_3$　　②　A　塩化水素　B　シアン化水素　　下線c…付加重合(反応)　　③　(i)　$HC \equiv CH + H_2O \rightarrow CH_3CHO$　　(ii)　(解答例)　酢酸亜鉛を触媒にして，高温でアセチレンに酢酸を付加させると酢酸ビニルが生成する。次に，酢酸ビニルを付加重合させると，ポリ酢酸ビニルが生成する。さらに，水酸化ナトリウムで加水分解すると，ポリビニルアルコールが得られる。　　④　平均重合度…[$-CH_2CHOH-$]の分子量は44だから平均重合度は$\dfrac{6.6 \times 10^4}{44} = 1.5 \times 10^3$である。　　平均分子量…アセタール化すると，[$-CH_2CHOH-$]の2つぶんの式量88が100になるので，平均分子量は$100 \times \dfrac{2.5 \times 10^3}{2} \times \dfrac{40}{100} + 88 \times \dfrac{2.5 \times 10^3}{2} \times \dfrac{60}{100} = 1.2 \times 10^5$

〈解説〉(1)　①　質量パーセント濃度は，$\dfrac{31.7}{120} \times 100 = 26.4$〔％〕である。

また，食塩31.7gは$\frac{31.7}{58.5}=0.542$〔mol〕で，水溶液120gは$\frac{120}{1.20}=100$〔cm³〕$=0.100$〔L〕だから，モル濃度は$\frac{0.542}{0.100}=5.42$〔mol/L〕である。質量モル濃度は，溶媒1kgあたりの溶質の物質量で表すから，$0.542\times\frac{1000}{120-31.7}=6.14$〔mol/kg〕である。　②　硫酸銅(Ⅱ)五水和物のx〔g〕のうち$CuSO_4$は$\frac{160}{250}x$〔g〕である。このことを用いて，飽和水溶液における$CuSO_4$と水溶液全体との質量の比を考える。　③　ヨウ素は無極性分子であり，極性分子の水には，溶けにくい。ヨウ化カリウム水溶液中では，$KI+I_2\rightarrow K^++I_3^-$となり，水に溶けるようになる。

(2)　①　体積が圧力に反比例するのがボイルの法則，体積が絶対温度に比例するのがシャルルの法則である。　②　Sの分子量をMとすると，質量1.00gのSの物質量は$\frac{1.0}{M}$〔mol〕であり，状態方程式から分子量が求まる。　③　気体の圧力が低い方が，分子自身の体積の影響を受けにくい。また，気体の温度が高い方が，分子の熱運動が激しくなり，分子間力の影響を小さくすることができる。よって，低圧・高温にすると，実在気体の圧縮率Zは1に近づく。　④　アンモニア0.771gは0.04535molである。よって，$Z=\frac{pV}{nRT}=\frac{1.01\times10^5\times1.0}{0.04535\times8.31\times10^3\times273}=$0.982となる。　⑤　低圧の場合は理想気体に近いふるまいをするが，高圧になると凝縮して液体になるため，体積は0になる。

(3)　①　塩化物イオンを含む試料溶液にクロム酸カリウムを加え，硝酸銀水溶液で滴定する分析法を，人名にちなみモール法という。②　解答参照。　③　Ag^+とCrO_4^{2-}から沈殿が生じる。④　(i)　$AgNO_3$を加えていくと，まず$AgCl$の沈澱の生成でCl^-が消費され，溶液内のCl^-がなくなると，Ag_2CrO_4の暗赤色沈殿が生成するため，終点が見極めやすい。　(ii)　塩化銀の溶解度積について，$AgCl\rightarrow Ag^++Cl^-$だから，$[Ag^+][Cl^-]=1.8\times10^{-10}$である。一方，クロム酸銀の溶解度積について，$Ag_2CrO_4\rightarrow2Ag^++CrO_4^{2-}$だから，$[Ag^+]^2[CrO_4^{2-}]=3.6\times10^{-12}$である。　(4)　①　aは，実験室でのアセチレンの製法であり，工業的にはメタンの熱分解によって得る。bは

アセチレンの水素が銀イオンと置き換わる反応である。

②　A　$CH \equiv CH + HCl \rightarrow CH_2 = CH - Cl$により，塩化ビニルが生成する。B　$CH \equiv CH + HCN \rightarrow CH_2 = CH - CN$により，アクリロニトリルが生成する。　　下線c…炭素の二重結合をもつ単量体が付加反応を繰り返して繋がっていく反応を付加重合という。一方，単量体の間で小さな水分子などが取れて繋がっていく反応を縮合重合という。

③　(i)　アセチレンに水を作用させるとビニルアルコール$CH_2 = CHOH$が生成するものの，ビニルアルコールは非常に不安定で直ちにアセトアルデヒド$CH_3 - CHO$になる。　(ii)　アセチレンに酢酸を付加させると$CH \equiv CH + CH_3COOH \rightarrow CH_2 = CH - OCOCH_3$により酢酸ビニルが生成する。次に，酢酸ビニルを付加重合させると，ポリ酢酸ビニル$[-CH_2 - CH - OCOCH_3 -]_n$が生成する。さらに，水酸化ナトリウムで加水分解する，つまりけん化すると，ポリビニルアルコール$[-CH_2 - CH - OH -]_n$が生成する。　④　ポリビニルアルコールの構成単位$[-CH_2CHOH-]$の分子量は44である。また，アセタール化により，構成単位2個の$-OH$の部分が，アセタール結合$-O - CH_2 - O -$となるので，その部分の式量が12増す。

【生物】

【1】(1)　①　変性　②　(解答例)　熱変性したタンパク質が正しい構造に戻るのを助ける。　③　(解答例)　タンパク質の疎水性部分は他の疎水性部分と結合しやすく，タンパク質が凝集しやすい。これを防ぐため，シャペロンはタンパク質の疎水性部分に結合しやすい。(2)　(解答例)　ウイルスのスパイクタンパク質のmRNAを脂質の膜に包んだmRNAワクチンを接種すると，ヒトの細胞内でスパイクタンパク質がつくられ，これに対する細胞性免疫が生じる。　(3)　①　ア　耳殻　イ　外耳道　ウ　鼓膜　エ　耳小骨　②　(解答例)　うずまき管の幅が狭い基部は高音で振動し，幅が広い先端部は低音で振動するように，基底膜の振動する位置によって音の高低を感知している。　③　(解答例)　内耳の前庭には感覚毛をもつ感覚細胞があり，

その上に乗った平衡石が重力によって動くことで体の傾きを感じるため。　(4)　① （解答例）　アブシシン酸が減少し，ジベレリンが増加する。　② （解答例）　植物は葉で日長を感知し，花芽ホルモンであるフロリゲンを合成する。フロリゲンは師管を通って頂芽の分裂組織に移動し，花芽へと分化させる。　(5)　①　社会性昆虫　②　カースト制　③ （解答例）　個体間で遺伝子を共有する度合いのこと。　④ （解答例）　ワーカーどうしの血縁度は $\frac{1}{2}\times\frac{1}{2}+\frac{1}{2}\times1=\frac{3}{4}$ であり，ワーカーと子との間の血縁度の $\frac{1}{2}$ よりも高いため。　(6)　①　分子進化　② （解答例）　共通祖先からのアミノ酸の置換数を求める。ヒトとウマ…12÷2＝6〔個〕，ヒトとカエル…18÷2＝9〔個〕，ヒトとマグロ…21÷2＝10〔個〕　共通祖先から分岐した順は，古い方から，マグロ，カエル，ウマである。

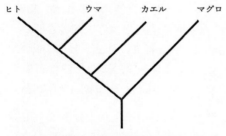

③ （解答例）　置換速度が速い場合，タンパク質の機能に重要な部分のアミノ酸に変異が入る確率が高く，タンパク質の機能が失われる可能性があるため。　④　ヒトとウマでは7000万年で平均6か所のアミノ酸が置換していることから，進化速度は，$\frac{6}{7000\times10^4}=8.57\times10^{-8}$〔個/年〕

〈解説〉(1)　①　タンパク質が変性して正常な機能を失うことを，失活という。　②　熱変性時に発現するシャペロンとして，熱ショックタンパク質HSPが有名である。　③　タンパク質の疎水性部分は，周囲の他のタンパク質などの疎水性部分と結合しやすい。タンパク質が凝集すると，生体に有害な影響を及ぼすことがある。シャペロンには，

これを防ぐ性質がある。　(2)　mRNAワクチンを接種すると，樹状細胞にmRNAが取り込まれ，その情報をもとに樹状細胞内でウイルスのスパイクタンパク質が作られ抗原提示する。この情報をヘルパーT細胞が受けB細胞に伝え，活性化したB細胞は，分化・増殖して抗体を産生する。　(3)　①　耳殻は外耳の部分にあり，音を集める役割がある。音は振動として外耳道から鼓膜，耳小骨に伝わる。耳小骨は鼓膜の振動を増幅させる役割がある。　②　基底膜が振動すると，聴細胞の感覚毛が蓋膜に触れて曲がることで聴細胞の興奮が生じ，情報が脳に伝わる。　③　無重力状態では，平衡石が浮遊状態になり，感覚毛の曲がりが不規則になる。　(4)　①　アブシシン酸は発芽を抑制する植物ホルモンである。ジベレリンは糊粉層に作用し，アミラーゼの遺伝子発現を誘導する。　②　植物は葉に含まれるフィトクロムで暗期の長さを受容し，適切なタイミングで花芽ホルモンであるフロリゲンとよばれるタンパク質を合成する。フロリゲンは茎頂分裂組織に移動し，花芽形成を誘導する。　(5)　①　解答参照。　②　解答参照。　③血縁度は，2個体が共通祖先に由来する特定の遺伝子を共にもつ度合いである。　④　ワーカーどうしについて，二倍体の母親由来の遺伝子の一致率は$\frac{1}{2} \times \frac{1}{2} = \frac{1}{4}$で，一倍体の父親由来の遺伝子の一致率は$\frac{1}{2} \times 1 = \frac{1}{2}$である。よって，ワーカーどうしの血縁度は$\frac{1}{4} + \frac{1}{2} = \frac{3}{4}$となる。一方，ワーカー自身の子との間の血縁度は$\frac{1}{2}$である。このように，親子よりワーカーどうしの血縁度が高く，子を産むよりも姉妹を世話する方が，遺伝子を残すのに有利である。　(6)　①　同一のDNAの塩基配列やタンパク質のアミノ酸配列においては，分子進化の速度はほぼ一定と考える。　②　例えば，ヒトとウマのシトクロムcは12か所異なっているため，共通祖先から12÷2＝6か所ずつアミノ酸の置換が起こったと考える。ヒトと比べてアミノ酸の置換数が少ないものから，ウマ，カエル，マグロとして分子系統樹を作成する。③　タンパク質の機能に重要な部分のアミノ酸に変異が入ると，生存に影響するなど，子孫に継承されないものが出てくる。　④　公開解

答は8.24×10^{-10}〔個/年〕とあるが解答の通り8.57×10^{-8}〔個/年〕が正しい解答であると考えられる。

中　学　理　科

【1】中学校学習指導要領(平成29年3月告示)第2章第4節理科について，次の(1)，(2)の問いに答えよ。

(1)　次の文は，「第1　目標」の一部を示したものである。

　　自然の事物・現象に関わり，理科の見方・考え方を働かせ，見通しをもって観察，実験を行うことなどを通して，自然の事物・現象を科学的に探究するために必要な資質・能力を次のとおり育成することを目指す。

　　(1)　自然の事物・現象についての理解を深め，科学的に探究するために必要な観察，実験などに関する(X)を身に付けるようにする。

　　(2)　観察，実験などを行い，a科学的に探究する力を養う。

　　(3)　略

---

①　(X)に当てはまる語句を書け。

②　下線部aを育成するに当たっては，中学校の各学年においてどのような活動に重点を置き，3年間を通じて育成を図るようにすればよいか。中学校学習指導要領解説理科編(平成29年7月文部科学省)に示されている内容に基づいて書け。

(2)　次の文は，「第3　指導計画の作成と内容の取扱い」の一部を示したものである。

1 略

2 第2の内容の取扱いについては，次の事項に配慮するものとする。

(1)～(3) 略

(4) 各分野の指導に当たっては，観察，実験の過程での情報の検索，実験，データの処理，実験の計測などにおいて，コンピュータや_b情報通信ネットワークなどを積極的かつ適切に活用するようにすること。

(5) 略

(6) 原理や法則の理解を深めるための(Y)を，各内容の特質に応じて適宜行うようにすること。

(7) 継続的な観察や季節を変えての(Z)を，各内容の特質に応じて適宜行うようにすること。

(8) 観察，実験，野外観察などの体験的な学習活動の充実に配慮すること。また，_c環境整備に十分配慮すること。

(9)，(10) 略

3 略

① 下線部bは自然を調べる活動を支援する有用な道具として位置付ける必要がある。その際，下線部bを介して得られた情報について，どのようなことに留意させればよいか。中学校学習指導要領解説理科編(平成29年7月文部科学省)に示されている内容に基づいて書け。

② (Y)，(Z)に当てはまる語句を書け。

③ 下線部cについて，理科の学習を改善・充実させるためには，どのようなことを長期的な展望のもとに計画的に行っていくことが大切か。中学校学習指導要領解説理科編(平成29年7月文部科学省)に示されている内容に基づいて書け。

(☆☆☆◎◎◎)

【２】観察，実験の指導について，次の(1)～(4)の問いに答えよ。

(1)　角度が一定の斜面を下る台車の運動を調べる実験を行う際，中学生に，同じ斜面上では，台車に同じ大きさの力が斜面方向に働いていることを確認させたい。どのような実験を行わせればよいか，図と言葉でかけ。

(2)　無意識に起こる反応について調べているとき，ある中学生が「瞳(瞳孔)の大きさが変化する様子を見たいです。」と発言した。どのような実験を行わせればよいか，その方法を書け。また，その実験はどのような結果になるか，図と言葉でかけ。

(3)　中学生に，二酸化炭素が水に溶けることを視覚的に捉えさせたい。どのような実験を行わせ，どのような現象を確認させればよいか，書け。

(4)　天気の変化について調べるため，気象観測をすることにした。その際，中学生に，快晴，晴れ，くもりの判断の仕方について理解させたい。どのような説明をすればよいか，図と言葉でかけ。

(☆☆☆◎◎◎)

【３】鳥海・飛島ジオパークの九十九島は，約2500年前に鳥海山の山頂付近が山体崩壊を起こしてから，どのような過程を経て現在見られるような姿になったか，書け。

(☆☆☆☆◎◎)

【４】光について，次の(1)～(6)の問いに答えよ。

(1)　白色光をプリズムに当てると，いろいろな色が現れる。このような現象を光の何というか。次のア～エから1つ選んで，記号を書け。
　　　ア　回折　　イ　干渉　　ウ　散乱　　エ　分散

(2)　光の3原色のうち，最も波長の長い色は何色か。

(3)　中学生から「どうして，鉛筆や消しゴムは，光源が一つでもあらゆる方向から見えるのですか。」と質問された。この中学生に，光の反射の法則を踏まえて，理由を説明したい。どのような説明をす

ればよいか。図と言葉でかけ。

(4)　光が屈折率の大きな物質中から小さな物質中に入射するとき，屈折角は入射角よりも大きくなる。この屈折角が90°になるときの入射角を何というか，書け。

(5)　次の文は，図1のように，凹レンズの前方に物体を置いたときにできる像を説明したものである。説明が正しくなるように，（　X　）～（　Z　）に当てはまる語句を以下のア～カから1つずつ選んで，記号を書け。

> 凹レンズを通して物体を見ると，（　X　）した，物体より（　Y　）な（　Z　）を見ることができる。

ア　正立　　イ　倒立　　ウ　大き　　エ　小さ
オ　実像　　カ　虚像

図1

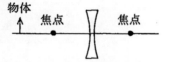

(6)　図2のように，凸レンズから27cm離れた位置に物体を置いたときにできる像の倍率は何倍か，求めよ。求める過程も書け。ただし，凸レンズの焦点距離は15cmとする。

図2

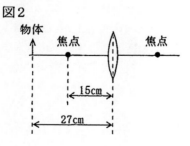

(☆☆☆◎◎◎)

【5】電力と熱について，次の(1)，(2)の問いに答えよ。

(1) 「電気とそのエネルギー」の学習においては，中学生がどのようなことを見いだして理解することをねらいとしているか。中学校学習指導要領解説(平成29年7月文部科学省)に示されている内容に基づいて2つ書け。

(2) 図のように，電熱線に6Vの電圧を加えて1.5Aの電流を流し，水100gの水温を1分ごとに記録した。表はこのときの実験の結果を表したものである。

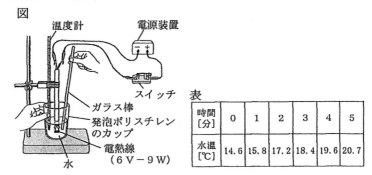

図

表

時間 [分]	0	1	2	3	4	5
水温 [℃]	14.6	15.8	17.2	18.4	19.6	20.7

① 電熱線はニクロム線を使ったものを用いた。ニクロムは何と何の合金か，元素記号をそれぞれ書け。

② 発泡ポリスチレンのカップに入れた水の温度は，室温と同じになるまで放置してから使用した。このように，2つの物体が同じ温度となり，それ以降は熱の移動がない状態を何というか，書け。

③ 中学生から「どうして温度の上がった水は上の方に移動するのですか。」と質問された。この中学生に，水を熱すると温度の上がった水が上の方に移動する理由を，中学校第1学年で学習する内容を踏まえて説明したい。どのような説明をすればよいか。書け。

④ 表から，電流を5分間流したときに電熱線から発生した熱のうち，水の温度上昇に使われた熱の量の割合は何％か，小数第2位を四捨五入して求めよ。求める過程も書け。ただし，水の比熱は

4.2J/(g・K)とする。

(☆☆☆◎◎◎)

【6】酸化と還元について，次の(1)~(4)の問いに答えよ。

(1)　次のア~エの化学式のうち，下線をつけた原子の酸化数が同じものはどれか，2つ選んで，記号を書け。

ア　H$_2$$\underline{O}_2$　　イ　$\underline{O}_2$　　ウ　$\underline{C}O_2$　　エ　$\underline{O}$H$^-$

(2)　酸化銅を還元する実験を行った。

①　酸化銅と炭素を混ぜ合わせた混合物を，図1のように加熱し，完全に反応させた。還元された物質を試験管から取り出すためには，ガラス管を石灰水からぬいて加熱するのを止めた後，どのような操作をしてから，冷めるのを待てばよいか，書け。また，その操作を行う理由も書け。

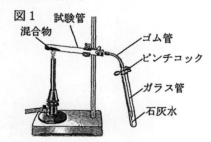

図1　混合物　試験管　ゴム管　ピンチコック　ガラス管　石灰水

②　図2のような銅線を用いて，炭素以外の物質を使い酸化銅が還元されることを確かめたい。どのような手順で実験を行えばよいか，図と言葉でかけ。

図2　銅線

(3)　濃度不明の過酸化水素水10mLに希硫酸を加えて酸性とした。この水溶液に，2.0×10^{-2}mol/Lの過マンガン酸カリウム水溶液を滴下していくと，8.0mL加えたところで，過マンガン酸カリウム水溶液の赤紫色が消失しなくなり，水溶液が薄い赤紫色になった。この反応における酸化剤，還元剤のそれぞれの反応を，電子を含む化学反応式で表すと次のようになる。この反応で用いた過酸化水素水のモル濃度は何mol/Lか，求めよ。

酸化剤：　$MnO_4^- + 8H^+ + 5e^- \rightarrow Mn^{2+} + 4H_2O$

還元剤：　$H_2O_2 \rightarrow O_2 + 2H^+ + 2e^-$

(4)　エタンC_2H_6 7.5gが完全燃焼すると，生成する水の質量は何gか，小数第1位まで求めよ。エタンの燃焼の化学反応式を示しながら求める過程も書け。ただし，原子量は，H＝1.0，C＝12，O＝16とする。

(☆☆☆◎◎◎)

【7】電池について，次の(1)，(2)の問いに答えよ。

(1)　電池の学習で，銅板と亜鉛板を用いたダニエル電池を取り上げることとした。

①　ダニエル電池は，ボルタ電池を改良して発明されたものである。ボルタ電池のどのようなところを改良したかを説明した次の文が正しくなるように，（　X　）には負極，正極のいずれかの語句を，（　Y　）に当てはまる語句をそれぞれ書け。

> 　ダニエル電池は，（　X　）で（　Y　）が発生しないようにボルタ電池を改良したものである。

②　ダニエル電池の電極で生じた電子が回路に電流として流れることを理解させるため，電極における変化をイオンのモデルを用いて表現させる際には，電子の移動する向きとどのようなことを関連させればよいか。中学校学習指導要領解説理科編(平成29年7月文部科学省)に示されている内容に基づいて書け。

③　ダニエル電池では2種類の水溶液がセロハンや素焼き板で区切

られているが，電流を流すために必要なイオンはセロハンや素焼き板を通ることができるのはなぜか。セロハンや素焼き板の特徴に基づいて，書け。

④　ダニエル電池の負極と正極で起きる反応を，電子e⁻を用いた化学反応式でそれぞれ書け。

⑤　ダニエル電池を長時間使用し続けるには，硫酸亜鉛水溶液と硫酸銅水溶液のどちらかの濃度を高くする必要がある。濃度を高くするのは，硫酸亜鉛水溶液と硫酸銅水溶液のどちらか，理由とともに書け。

(2)　鉛蓄電池の放電時には，負極，正極で次のような反応が起こり質量が増加する。正極の質量が3.2g増加したとき，減少した硫酸の物質量は何molか，求めよ。求める過程も書け。ただし，式量は，$PbO_2 = 239$，$PbSO_4 = 303$とする。

(負極)　$Pb + SO_4{}^{2-} \rightarrow PbSO_4 + 2e^-$

(正極)　$PbO_2 + 4H^+ + SO_4{}^{2-} + 2e^- \rightarrow PbSO_4 + 2H_2O$

(☆☆☆◎◎◎◎)

【8】光合成について，次の(1)～(5)の問いに答えよ。

(1)　「植物の体のつくりと働き」の内容は，中学校において第何学年から第何学年に移行されたか。中学校学習指導要領解説理科編(平成29年7月文部科学省)に示されている内容に基づいて書け。

(2)　「光合成は植物の葉の葉緑体で行われているであろう。」という中学生の仮説を検証させるため，エタノールを用いて脱色する実験を行わせたい。どのような手順で実験を行わせればよいか，図と言葉でかけ。

(3)　中学生に，タンポポの葉が光合成を行うとき，二酸化炭素が使われることを石灰水を用いて確認させたい。そこで，実験の方法を説明するための資料を作成することにした。図1は，その資料の作成途中のものである。これを資料に見立て，資料を完成させよ。

図1

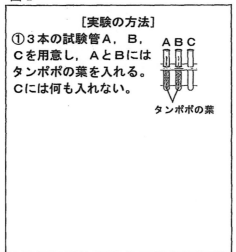

[実験の方法]
①3本の試験管A，B，Cを用意し，AとBにはタンポポの葉を入れる。Cには何も入れない。

ABC

タンポポの葉

(4) 図2は，葉緑体のつくりを模式的に表したものである。緑色植物における光合成の反応は，葉緑体のチラコイドにおける反応段階とストロマにおける反応段階の2つに大きく分けられる。ストロマは，図2のX，Yのどちらか，記号を書け。また，チラコイドにおける反応段階とストロマにおける反応段階で光が直接関係するかどうかについて，それぞれ書け。

図2

X
Y

(5) サトウキビやトウモロコシなどのC_4植物は，炭酸同化をどのように行っているか，書け。

(☆☆☆◎◎◎)

【9】動物の発生について，次の(1)～(4)の問いに答えよ。

(1) 動物の発生に関連した内容として，小学校第5学年では，「動物の誕生」についてどのようなことを学習しているか。中学校学習指導要領解説理科編(平成29年7月文部科学省)に示されている内容に基づいて書け。

(2) カエルの場合，いつからいつまでを胚というか，書け。

(3) 細胞質に含まれる卵黄の量や分布は，動物種によって異なっている。卵の分類について説明した次の文が正しくなるように，(P)～(R)に当てはまる語句を書け。

> ニワトリのように卵黄が植物極側に多く動物極側に少ない卵を(P)，ウニのように卵黄がほぼ均一に分布している卵を(Q)，昆虫のように卵黄が中央に偏っている卵を(R)という。

(4) ドイツのフォークトは，どのようにして胞胚の各部分の予定運命を明らかにしたか，書け。

(☆☆☆◎◎◎)

【10】火山活動と火成岩について，次の(1)～(5)の問いに答えよ。

(1) 図1は，火山の形，溶岩の色，マグマのねばりけについてまとめたものである。(A)，(D)に当てはまる語句を書け。

図1

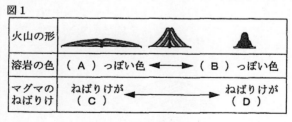

火山の形			
溶岩の色	(A)っぽい色 ⟷		(B)っぽい色
マグマのねばりけ	ねばりけが(C)	⟶	ねばりけが(D)

(2)　次の文は，図2の日本の火山の分布についてまとめたものである。

> 日本の火山帯の中で最も太平洋側にある火山を結んだ線は，海溝やトラフから200〜300km離れ，これらとほぼ平行に伸びている。このことから，日本の火山活動は，[　S　]に関係していることが分かる。

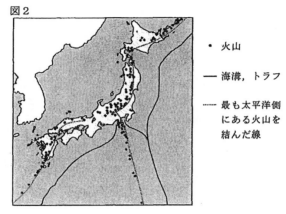

図2

・　火山

——　海溝，トラフ

‥‥‥　最も太平洋側にある火山を結んだ線

①　下線部のことを何というか，書け。

②　まとめた文が正しくなるように，[　S　]に当てはまる内容を書け。

(3)　図3は，深成岩の岩石プレパラートを偏光顕微鏡で観察したときの鉱物の様子を模式的に表したものである。鉱物W〜Zのうち，最初に結晶化したものと最後に結晶化したものを，それぞれ選び，記号を書け。

図3

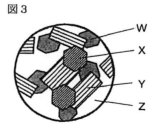

(4)　中学生に，マグマの冷え方によって火成岩の結晶の大きさが異な
ることを捉えさせる実験を行わせたい。どのような物質をマグマに
見立て，どのような実験を行わせればよいか，図と言葉でかけ。

(5)　自然がもたらす恵み及び火山災害について調べさせる際は，どの
ようなことと関連付けて理解させるとよいか。中学校学習指導要領
(平成29年3月告示)に示されている内容に基づいて書け。

(☆☆☆◎◎◎)

【11】地球の運動や季節の変化について，次の(1)〜(5)の問いに答えよ。

(1)　地球の自転を振り子を用いた実験によって証明したのは誰か，書
け。

(2)　中学生に「太陽が南中してから次の南中までの時間は24時間なの
で，地球の自転周期も24時間だと思っていましたが，資料集には，
地球の自転周期は23時間56分4秒と書かれていました。なぜ，約4分
の差があるのですか。」と質問された。この生徒に，どのような説
明をすればよいか，黒板に見立て，図と言葉でかけ。

(3)　中学生に，日本付近における季節ごとの昼と夜の長さを比べるた
めモデルを用いた実験を行わせたい。どのような実験を行わせれば
よいか，図と言葉でかけ。

(4)　夏至の日の北緯40°の地点での南中高度を求めよ。ただし，夏至
の日に，地球は公転面に対して垂直な方向から地軸を23.4°傾けてい
るものとする。

(5)　春分の日の南中時における，北緯60°上の地点での単位面積当た
りの地表が受け取る太陽放射エネルギーの量は，赤道上の地点での
単位面積当たりの地表が受け取る太陽放射エネルギーの量の何倍
か，求めよ。ただし，どちらの地点も大気や雲による太陽放射エネ
ルギーの反射や吸収の割合は同じものとする。

(☆☆☆◎◎◎)

高 校 理 科

【共通問題】

【1】次の文章を読み，後の(1)～(4)の各問いに答えよ。

　図のように，定滑車に軽くて伸びない糸をかけ，糸の両端に物体A
と物体Bをそれぞれ取り付けて静かにはなす。定滑車は軽く，なめら
かに回転するものとし，物体A，Bが滑車や床面とぶつからない範囲で
その運動を調べた。(1)と(2)では重力加速度の大きさを9.8m/s²とする。

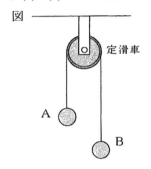

図　　　　　定滑車

A　B

(1)　物体A，Bの質量がどちらも2.0kgであるとき，次の①～③に答え
　よ。

　①　物体A，Bおよび定滑車にはたらいている糸の張力を図に矢印
　　で記せ。

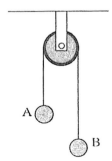

A　B

　②　静かにはなした後，物体A，Bは静止した。その理由について

　　　説明せよ。

　③　糸の張力の大きさは何Nか答えよ。

(2)　物体Aの質量が1.0kg，物体Bの質量が2.0kgであるとき，次の①および②に答えよ。

　①　静かにはなした後，物体A，Bはどのような運動をするか。物体にはたらく力にふれながら説明せよ。

　②　糸の張力の大きさは何Nか。求める過程を示し，答えよ。

(3)　(2)の実験を重力加速度が地球のおよそ6分の1である月面で行うとする。このときの物体A，Bの運動について，説明せよ。

(4)　次の文章の(ア)，(イ)には適する語句を，(ウ)には適する人名を書け。

　　上の(1)は(ア)の法則(運動の第1法則)，(2)と(3)は運動の法則(運動の第2法則)に関する問題である。これらの法則と(イ)の法則(運動の第3法則)を合わせて，(ウ)の運動の3法則という。(ウ)はこのほかにも万有引力の法則，光のスペクトルの研究，微積分法など，数多くの業績を残し，近代科学の祖といわれている。

(☆☆☆◎◎◎)

【2】次の文章を読み，以下の(1)〜(4)の各問いに答えよ。

　18世紀後半から，化学変化における基本法則が次々と提案された。(ア)は質量保存の法則を，プルーストは定比例の法則を発見した。これらの法則を説明するため，(イ)は「すべての物質は，原子というそれ以上に分割できない最小の粒子からなり，原子は元素ごとに固有の質量と性質をもつ。」などとする原子説を唱えた。

　また，ゲーリュサックは実験から「気体が反応したり，生成したりする化学反応において，これらの気体の体積比は，同温，同圧のもとで，簡単な整数比になる。」という気体反応の法則を発見した。さらに(ウ)は原子と分子を明確に区別し，分子説と「同温，同圧のもとで，同体積の気体は，気体の種類に関係なく，同数の分子を含む。」という法則を発表した。

(1)　文中の(　ア　)～(　ウ　)に適する人名をそれぞれ書け。

(2)　原子説には，いくつか事実と矛盾する点がある。次の①および②に答えよ。

①　原子説によると同じ元素の原子は同じ質量をもつとあるが，実際には質量が異なる原子が存在する元素も多い。このように，同じ元素であるにもかかわらず，質量が異なる原子同士のことを何というか書け。

②　酸素と水素が過不足なく反応して水蒸気が生じる反応では，同温・同圧下における体積比は酸素：水素：水蒸気が1：2：2となる。この事実に対して気体反応の法則は成立するが，原子説の立場では矛盾が生じる。どのような矛盾か説明せよ。

(3)　次の気体反応で，反応物および生成物の同温・同圧下における体積の比を，最も簡単な整数でそれぞれ答えよ。ただし反応は100％進行するものとする。

①　エタンが完全燃焼し，二酸化炭素と水(水蒸気)が生じる。

②　アンモニアと酸素が反応し，一酸化窒素と水(水蒸気)が生じる。

(4)　次の各値を，有効数字2桁で答えよ。ただし原子量は次の値を用いるものとする。

H＝1.0，He＝4.0，C＝12，O＝16，S＝32，Ca＝40

①　炭酸カルシウム中に占めるカルシウムイオンの質量の割合は何％か。

②　硫化物イオンの式量は，ヘリウムの原子量の何倍か。

③　0.75molの硫酸イオンに含まれる酸素原子の質量は何gか。

④　0.50mol硫酸分子を含む質量パーセント濃度98％の硫酸溶液がある。この溶液の質量は何gか。

(☆☆☆◎◎◎)

【3】次の文章を読み，あとの(1)～(4)の各問いに答えよ。

その地域の植生とそこに生息する動物などを含めた生物のまとまりをバイオーム(生物群系)といい，陸上のバイオームは植生の相観にも

とづいて分類される。

　次図は，年降水量と年平均気温によって，どのような種類のバイオームが成立するかを表している。この図を3つに大別すると，降水量が多いa〜fとgに成立する「森林」，降水量は少ないが草本が生育するhやiの「（　ア　）」，降水量が極端に少なく植物がまばらに生育するkやjの「（　イ　）」と見ることができる。

　図中で円形で囲まれているgは（　ウ　）と呼ばれるバイオームで，夏の乾燥に適応した樹木が優先している。また，kのバイオームは（　エ　）と呼ばれ，年平均気温が低く，植物はほとんど存在しない。

　降水量が十分な日本においては，湿地など一部を除いて気温の違いでバイオームの分布が決まるため，緯度や標高が重要である。南北に長い日本列島では，南から亜熱帯多雨林，照葉樹林，（　オ　），針葉樹林が見られる。また標高に応じたバイオームの分布は（　カ　）と呼ばれ，標高が低い方から高くなる方に向けて順番に，低地帯とも呼ばれる（　キ　），山地帯，亜高山帯，高山帯に分けられる。

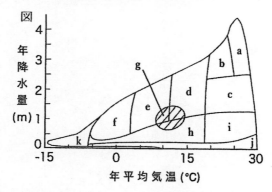

（1）　文中の空欄（　ア　）〜（　キ　）に適する語句を書け。

（2）　図中のaは熱帯多雨林を表している。この森林は植物の種類数が非常に多く，50mを越える樹木も見られる。熱帯多雨林における土壌中の有機物量は，他の森林と比較して多いか，少ないか。その理由をつけて答えよ。

135

(3)　図中のcは，雨季乾季がはっきりと分かれており，落葉広葉樹が優占種である。他のバイオームで見られる落葉広葉樹の特徴との違いを述べ，代表的な植物名を答えよ。

(4)　亜高山帯から高山帯になると，植生が大きく変化する。その変化の特徴から，この境界は何と呼ばれるか。また，高山帯の気候や植生の特徴を答えよ。

(☆☆☆◎◎◎)

【4】次の文章を読み，あとの(1)～(6)の各問いに答えよ。

　　図はある地域の地質断面を模式的に示したものである。A～Dは主に海底に堆積した地層であり，Eは花こう岩体，Fは安山岩からなる火山である。なお，C層の砂岩からはビカリアの化石が，D層の石灰岩からはフズリナの化石が見つかっている。また，D層はEの花こう岩による接触変成作用を受けている。この地域では地層の逆転は起きていないものとする。

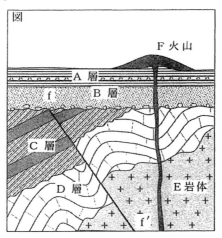

図

(1)　次の各問いに答えよ。
　①　F火山はおよそ過去1万年以内に噴火し，現在も活発な噴気活動がある。このような火山を何というか，書け。

② 図中に示した断層f−f′の種類を書け。

③ D層の石灰岩が接触変成作用を受けてできる岩石は何か，書け。

(2) A層中には，この地域から数百km離れた火山の噴火によってもたらされた火山灰の層が確認された。このような火山灰層は離れた地域の地層の対比の際に有効であるが，その理由を説明せよ。また，このように地層の対比に有効な層を何というか，書け。

(3) A〜Fを構成する岩石のうち，B層の基底礫岩になり得ると考えられるものを3種類，A〜Fの記号で答えよ。

(4) C層とD層との境界は不整合面と呼ばれる。この不整合面の形成過程を説明せよ。

(5) Eの花こう岩について放射性元素を用いた年代測定を行ったところ，約9000万年前に形成されたことが分かった。以下の手法のうち，この花こう岩の測定に最も適さないと考えられるものを一つ選び，答えよ。また，適さないと考えられる理由を説明せよ。

ウラン−鉛法　　　　　ルビジウム−ストロンチウム法
カリウム−アルゴン法　　炭素14法

(6) A〜Dの各地層，E岩体，F火山，断層f−f′の形成について，時代の古いものから順に並べて書け。

(☆☆☆◎◎◎)

【物理】

【1】次の(1)〜(5)の各問いに答えよ。

(1) 図1のように，質量Mの太陽のまわりを楕円軌道を描いて回っている質量mの小惑星がある。この小惑星の近日点における太陽との距離をR_1，遠日点における太陽との距離をR_2とし，小惑星の近日点における速さをv_1，遠日点の速さをv_2とする。また，万有引力定数をGとする。

図 1

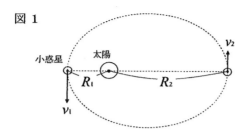

① ケプラーの第2法則からv_1とv_2の比 $\dfrac{v_1}{v_2}$ を求めよ。

② v_2をG，M，R_1，R_2を用いて求めよ。

③ 地球と太陽の平均距離を基準にした天文単位〔au〕を用いると，R_1は0.5〔au〕，R_2は2.5〔au〕と表せるものとする。ケプラーの第3法則から小惑星の公転周期は何年か，求めよ。ただし，地球の公転周期を1年とし，平方根はそのまま用いてよいものとする。

④ 単元のまとめとして，ある生徒が次のように課題を設定し，探究活動に取り組んだ。下線部に対する答えをわかりやすく説明せよ。

> [まとめ]　文献を調べると，ケプラーの第2法則は，万有引力のもとでの運動に限らず，物体にはたらく力の向きが，空間内にある1点を向くときに成り立つことがわかった。
>
> [実験]　図2のように，小物体に軽くて伸びない糸を取り付け，なめらかな板の小穴Oに通して糸の他端Aを手で支えて固定する。小物体に初速度を与えて板上で等速円運動させたところ，小物体はOを中心として半径Rの等速円運動をした。この状態からAを距離rだけ引き下げて固定すると，小物体ははじめよりも大きい速さで等速円運動をした。
>
> [課題]　Aを引き下げた後の糸の張力の大きさは，はじめの張力の大きさの何倍になるか，R，rを用いて求める。

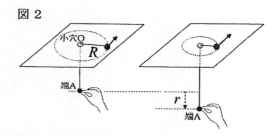

図 2

(2) 図3のように，質量mのヘリウムガスを入れて密閉した気球を床面に置く。この気球は外部に熱を伝えず，内部の圧力と外部の圧力が常に等しくなるように薄くて伸縮性のある素材で製作しており，内部に遠隔で操作できるヒーターが取り付けてある。また，気球本体とヒーターの質量の和をMとする。

はじめ，気球は床面上に静止しており，このときの気球内部のヘリウムガスの絶対温度はT_1，気球の体積はV_1であった。重力加速度の大きさをg，大気の密度をρとする。

図 3

① 気球が床面で静止しているとき，気球にはたらく浮力の大きさはいくらか。ρを含む式で書け。
② ヒーターを遠隔で操作し，ヘリウムガスをゆっくりと加熱していくと，気球は図4のように空中に浮かんで静止した。このときの気球の体積V_2とヘリウムガスの温度T_2はそれぞれいくらか。求める過程を示し，答えよ。

図4

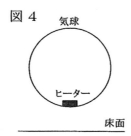

(3)　図5のように，波長 λ，速さ V の平面波が入射角 θ で境界面にあたり，反射している。このとき，平面波は境界面と自由端反射をするものとする。また，実線は山，点線は谷の波面を表している。

図5

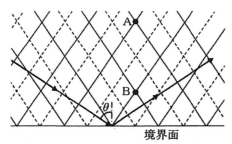

①　入射波の山と反射波の山が重なり合う点の間の距離ABを求めよ。

②　境界面だけを見ると波は境界面を進むように見える。境界面で見える波の速さを求めよ。

③　図5を観察すると節が直線となって表れる。この直線を図に書け。

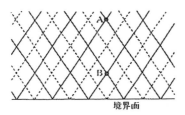

④　③の直線の隣り合う間隔を求めよ。

(4)　図6のように，電気容量Cのコンデンサーに接続された2本の十分に長い導線が，距離Lの間隔で鉛直に張られている。また，質量mの金属棒が水平を保ち，これらの導線と接触しながらなめらかに落下できるようになっている。さらに，磁束密度Bの一様な磁界が導線を含む平面に垂直に加えられている。

　　はじめに金属棒を静止させ，静かに放したところ，金属棒は落下をはじめた。コンデンサー，導線，金属棒がつくる閉回路の抵抗と誘導電流がつくる磁界は無視できるものとする。また，はじめ，コンデンサーに電荷はないものとし，重力加速度の大きさをgとする。

図 6

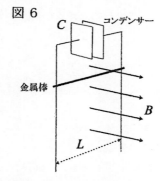

①　金属棒の落下する速さがvのとき，コンデンサーに蓄えられる静電エネルギーを求めよ。

②　金属棒が落下を始めた位置からhだけ落下したとき，金属棒の速さはいくらか。求める過程を示し，答えよ。

③　金属棒は一定の加速度で落下している。この金属棒の加速度の大きさを求めよ。

④　金属棒が落下しているときの電流の大きさを求めよ。

(5)　次の①，②について授業中の板書を想定し，生徒が理解しやすいように説明せよ。

①　単元「電磁波」において，「電磁波は横波，縦波のうち，どちらの波といえるか」という学習課題を設定し，図7のように，電

波発振器と電波検出器の間に導体棒でつくった格子を置いた実験
装置を用いて実験を行った。実験A，Bの結果とその理由はそれ
ぞれどうなるか。

図7

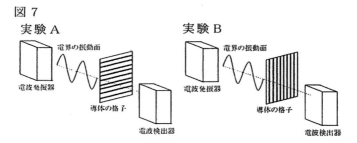

実験A　　　　　　　　　　　　実験B

② ラザフォードの原子模型の問題点は何か。

(☆☆☆◎◎◎)

【化学】

【1】次の(1)〜(4)の各問いに答えよ。必要な場合は以下の数値を用いる
こと。

原子量　H＝1.0，C＝12，O＝16，Fe＝56

気体定数　$R＝8.3×10^3 Pa・L/(mol・K)$

水のイオン積$K_w＝[H^+][OH^-]＝1.0×10^{-14}(mol/L)^2$　　$\log_{10} 1.05＝0.021$

(1) 次の①〜④に答えよ。

① 電子の電荷の大きさを$q＝1.60×10^{-19}C$，HCl分子の結合距離を
$r＝1.27×10^{-10}m$，双極子モーメントの測定値を$\mu＝3.70×$
$10^{-30}C・m$としたとき，HClの結合には何％のイオン結合性がある
か。求める過程を示し，整数値で答えよ。

② 風解と潮解の違いについて，具体例をあげて説明せよ。

③ 窒素N_2，水素H_2，アンモニアNH_3が，温度T〔K〕，体積V〔L〕
の容器中で平衡状態に達している。次の(i)，(ii)に答えよ。

(i) 各気体の分圧をp_{N_2}〔Pa〕，p_{H_2}〔Pa〕，p_{NH_3}〔Pa〕として，圧
平衡定数K_pを単位とともに書け。

(ii) 濃度平衡定数K_cと，気体定数R，温度Tを用いて，圧平衡定数K_pを単位とともに書け。

④ 0.100mol/Lの塩酸を1000倍に希釈すると，濃度は1.00×10^{-4}mol/Lとなり，pHは4になる。この塩酸をさらに希釈して濃度を1.00×10^{-8}mol/LとしたときのpHはいくらか。求める過程を示し，小数第2位まで求めよ。

(2) コロイドに関する次の文章を読んで，以下の①〜⑥に答えよ。

　a塩化鉄(Ⅲ)の濃い水溶液を沸騰水中に加えると，水酸化鉄(Ⅲ)のコロイド溶液が得られる。このコロイド溶液を半透膜に包んで蒸留水中に浸すと，小さいイオンが半透膜を透過し，水中に出て行く。しかし，水酸化鉄(Ⅲ)のコロイド粒子は大きいので半透膜の中に残る。このような操作を(ア)という。この溶液に強い光を当てると，その光の通路が明るく見える。このような現象を(イ)という。また，このコロイド溶液をU字管に入れ，直流電圧をかけると，水酸化鉄(Ⅲ)は陰極側に移動する。このような現象を(ウ)という。さらに，コロイド溶液を限外顕微鏡で観察すると，コロイド粒子の不規則な運動が見える。bこのような現象をブラウン運動という。

① 下線部aの反応を化学反応式で書け。

② 文中の(ア)〜(ウ)に適する語句をそれぞれ書け。

③ 次にあげた電解質のうち，最も少量で水酸化鉄(Ⅲ)のコロイドを凝析させることができるものを一つ選んで化学式で書け。
　　塩化カリウム　　　　　硫酸ナトリウム　　　硝酸アルミニウム
　　塩化マグネシウム

④ 下線部bの現象が起こる理由を説明せよ。

⑤ あるタンパク質0.050gを溶かしたコロイド溶液10mLの浸透圧は，27℃で1.5×10^2Paだった。このタンパク質の分子量はいくらか。求める過程を示し，有効数字2桁で答えよ。

⑥ セッケンは，水溶液中で，ある濃度以上になるとミセルを形成し，コロイド溶液の性質を示す。セッケンが繊維に付着した油分

に対して洗浄作用を示すことを生徒に説明したい。セッケンの構造にふれながら，板書例を書け。

(3) 鉄に関する次の文章を読んで，以下の①～④に答えよ。

鉄は，金属元素のうちで，地殻中に(ア)に次いで多く存在する元素である。単体の鉄は，主成分Fe_2O_3からなる赤鉄鉱や，主成分Fe_3O_4からなる磁鉄鉱などの$_c$鉄鉱石を，溶鉱炉中で主にコークスの燃焼で生じた一酸化炭素によって還元して得る。溶鉱炉の底で融解した状態で得られる鉄を(イ)といい，炭素を質量で約4%含み，硬くてもろい。そこで，高温にした(イ)を転炉に入れて酸素を吹き込み，炭素含有量を質量で2～0.02%に減らすと，硬くて強い(ウ)が得られる。

① 文中の(ア)～(ウ)に適する語句をそれぞれ書け。ただし，(ア)は元素記号で答えること。

② 下線部cについて，質量で45.0%のFe_2O_3と46.4%のFe_3O_4を含む鉄鉱石1.00×10^3gがある。この鉄鉱石にはFe_2O_3とFe_3O_4以外にFeは含まれないとしたとき，得られる(イ)の質量は何gか。求める過程を示し，整数値で答えよ。ただし，得られる(イ)は鉄以外の成分として炭素のみを4.00%含むものとする。

③ よくみがいた鉄板上に，ヘキサシアニド鉄(Ⅲ)酸カリウム$K_3[Fe(CN)_6]$とフェノールフタレインを少量加えた3%塩化ナトリウム水溶液を数滴滴下した。この実験の結果を説明し，そのような結果となる理由についても，e^-を含んだイオン反応式を用いて説明せよ。

④ 酸化鉄(Ⅲ)Fe_2O_3とアルミニウムの粉末混合物に着火すると，単体の鉄を得ることができる。この反応をテルミット反応という。$_d$酸化鉄(Ⅲ)の生成熱を824kJ/mol，酸化アルミニウムの生成熱を1676kJ/molとして，次の(i)，(ii)に答えよ。

(i) 下線部dを熱化学方程式で表せ。

(ii) テルミット反応で，鉄1molが生じるときの反応熱は何kJか。求める過程を示し，整数値で答えよ。

(4) シクロアルカンの一種である，シクロペンタンはC_5H_{10}，シクロヘキサンはC_6H_{12}で示され，化学的に安定であり，その性質はアルカンによく似ている。一方，<u>シクロプロパンC_3H_6は化学的に不安定であり，反応性が高く，</u>e<u>室温で臭素と反応する</u>。次の①～⑤に答えf よ。

① シクロペンタンの異性体のうち，幾何異性体の関係にあるものの，名称と構造式をそれぞれ書け。

② シクロヘキサンの配座異性体をあげ，安定性について説明せよ。

③ 1,2－ジメチルシクロプロパンは，シクロプロパンと同様に三員環をもつ。1,2－ジメチルシクロプロパンの立体異性体について，構造式を用いて説明せよ。

④ 下線部 e について，シクロプロパンが不安定である理由について，説明せよ。

⑤ 下線部fの反応で生じる物質の，名称と構造式をそれぞれ書け。

(☆☆☆◎◎◎)

【生物】

【1】次の(1)～(5)の各問いに答えよ。

(1) 図1は体細胞分裂後期の細胞の模式図である。以下の①～④に答えよ。

図 1

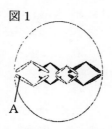

A

① 図1のような細胞の染色体数($2n$)を書け。

② このような細胞の模式図を用いて，生徒に体細胞分裂と減数分裂の違いに気付かせたい。図1の細胞が減数分裂を行った際の第一分裂後期の模式図を染色体に着目して書け。ただし，染色体の

乗換えは起こらなかったものとする。

③　減数分裂において，図1の染色体Aが対応する染色体間で一定の割合で1回乗換えを起こす場合，生じ得るすべての生殖細胞の模式図を染色体の組み合わせに着目して書け。模式図は，細胞膜と含まれる染色体のみでよい。

④　減数分裂と接合により生じる次世代の染色体の組み合わせが多様になることを，生徒にまとめさせた。染色体の乗換えにも言及して，教師が示す解答例を書け。

(2)　次の実験について，以下の①〜③に答えよ。

　　1963年，コラーナらは，a大腸菌をすりつぶしてつくった無細胞系に，ACの塩基配列を繰り返しもつmRNAやCAAの塩基配列を繰り返すmRNAを加えて，ポリペプチド鎖を合成させた。すると，ACの塩基配列を繰り返しもつmRNAを含む系からは，トレオニンとヒスチジンが交互に並ぶポリペプチド鎖が生成し，CAAの塩基配列をもつmRNAを含む系からは，グルタミンが並ぶポリペプチド鎖，トレオニンが並ぶポリペプチド鎖，アスパラギンが並ぶポリペプチド鎖が生成した。

①　下線部aに含まれるものとして，各種の酵素，タンパク質に含まれる全種類のアミノ酸があげられるが，これら以外に必要と考えられるものを2種類書け。

②　コラーナらの実験結果から判明した次のアミノ酸のコドンをそれぞれ答えよ。一つに定まらない場合は考えられるものをすべて答えよ。

(i)　トレオニン　　(ii)　ヒスチジン　　(iii)　グルタミン

(iv)　アスパラギン

③　コドンが3塩基の並び方にかかわらず，含まれる3塩基の種類だけで決められると仮定すると，何種のアミノ酸が指定できるか書け。また，この場合の問題点について説明せよ。

(3)　次の文章を読み，あとの①〜④に答えよ。

　　約46億年前に誕生した地球は微惑星の衝突の減少とともに冷え始

め，_b海洋が形成されていった。大気成分も長い年月をかけて変化していったと考えられている。図2は地球の大気中の酸素濃度の変化(相対値)を示したものである。

図2

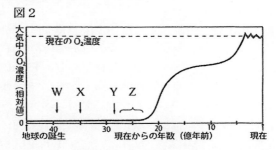

① 下線部bについて，図2のWの時点では，すでに海洋が形成されていたと考えられている。その根拠となる地質学的な証拠がグリーンランドのイスア地域で発見されている。その地質学的な証拠を含めて，なぜWの時点で原始海洋が存在していたといえるのか，説明せよ。

② 図2のXの時点では，原始的な微生物が繁栄していた論拠となる化石がオーストラリアのピルバラ地域で発見されている。このような原始生命はどのようにして誕生したと考えられているか，次の語句をすべて用いて説明せよ。

アミノ酸，タンパク質，DNA，自己複製系，熱水噴出孔

③ 図2のYの時点では，酸素発生型の光合成生物が繁栄していたとされているが，その後Zの期間，大気中の酸素濃度はほぼ変化していない。この理由は，ある岩石層の存在から推定できる。この岩石層の名称と大気中の酸素が増加しなかった理由について説明せよ。

④ 酸素濃度が急激に増加した約20億年前以降に，ミトコンドリアや葉緑体をもつ真核細胞が誕生したと考えられている。この真核細胞の出現についてはマーグリスが提唱した共生説が有力とされている。ミトコンドリアと葉緑体がほかの細胞内に入って共生し

たものと考えられる共生説について，次の語句をすべて用いて説明せよ。

　　エンドサイトーシス，DNA，膜，リボソーム

(4)　次の文章を読み，あとの①～④に答えよ。

　　腎臓は，体液濃度の調節において，重要な役割を担う器官である。健康なヒトの血しょう，原尿，尿の成分を調べると次の表のようであった。測定に使ったイヌリンは，植物がつくる多糖類の一種で，ヒトの体内では利用されない物質である。イヌリンを静脈に注射すると糸球体からボーマンのうにすべてろ過されるが，その後再吸収されずにただちに尿中に排出される。イヌリンの濃度変化から原尿量を算出することができる。なお尿は1分間に1mL生成されたとする。また，血しょう，原尿，尿の密度は1g/mLとする。

表

成　分	質量パーセント濃度（%）		
	血しょう	原尿	尿
タンパク質	7.2	0	0
グルコース	0.1	0.1	0
Na^+	0.3	0.3	0.34
Ca^{2+}	0.008	0.008	0.014
クレアチニン	0.001	0.001	0.075
尿素	0.03	0.03	2
尿酸	0.004	0.004	0.054
イヌリン	0.01	0.01	1.2

①　原尿は1日当たり何L生成されるか。求める過程を示し，整数で答えよ。

②　原尿中の(i)水，(ii)Na^+はそれぞれ何%再吸収されたか。それぞれ小数第1位まで求めよ。

③　水の再吸収率が1%減少すると，尿量は何倍になるか。求める過程を示し，小数第1位まで答えよ。

④　表中，濃縮率の高い物質はヒトにとってどのような物質と考えられるか。イヌリン以外で最も濃縮率の高い成分名をあげて，ネフロンでの挙動を中心に説明せよ。

(5)　次の①～④に答えよ。

① 大腸菌のラクトース代謝関連酵素の遺伝子群は，ラクトースが存在すると発現し，ラクトースが存在しないと発現しない。ラクトースが存在していないときの状態を生徒に説明する際の模式図を書け。ただし，以下の例を参考に，次の遺伝子または遺伝子産物をすべて含め，DNA鎖の模式図を利用して解答すること。

〔含めるもの〕*lacA*(ガラクトシドアセチルトランスフェラーゼ遺伝子)，*lacI*(調節遺伝子)，*lacO*(オペレーター)，*lacP*(プロモーター)，*lacY*(ラクトースパーミアーゼ遺伝子)，*lacZ*(β-ガラクトシダーゼ遺伝子)，LacI(*lacI*転写産物)

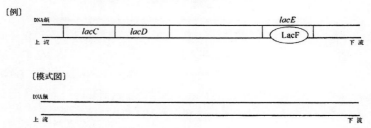

② ①のような制御単位を何と呼ぶか，名称を書け。また，その制御単位によって遺伝子発現が制御されている意義を説明せよ。

③ ラクトースおよびグルコースが存在する条件で大腸菌を培養すると図3のような増殖が見られることが知られている。このように成長曲線が2段階になる理由を，遺伝子発現調節の観点から説明せよ。

図3

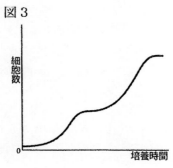

④　真核生物における転写レベルの遺伝子発現調節のしくみについて，大腸菌との違いに着目して説明せよ。

(☆☆☆☆◎◎◎)

解答・解説

中　学　理　科

【1】(1)　①　基本的な技能　　②　第1学年…自然の事物・現象に進んで関わり，それらの中から問題を見いだす活動。　　第2学年…解決する方法を立案し，その結果を分析して解釈する活動。　　第3学年…探究の過程を振り返る活動。　　(2)　①　(解答例)　情報ネットワークを介して得られた情報は適切なものばかりではないこと。
②　Y　ものづくり　　Z　定点観測　　③　(解答例)　理科室や教材，器具等の物的環境の整備や人的支援など。

〈解説〉(1)　①　中学校学習指導要領(平成29年3月告示)第2章第4節理科の「第1　目標」に記載されている。　　②　中学校学習指導要領解説理科編(平成29年7月)の「第2章　理科の目標及び内容　第1節　教科の目標」のうち，目標(2)の部分に記載がある。　　(2)　①　同解説の「第3章　指導計画の作成と内容の取扱い　2　内容の取扱いについての配慮事項　(4)」に記載がある。　　②　同学習指導要領の「第3　指導計画の作成と内容の取扱い　2　(6)(7)」に記載がある。　　③　同解説の「第3章　指導計画の作成と内容の取扱い　2　内容の取扱いについての配慮事項　(8)」に記載がある。

【2】(1)　(解答例)　斜面に沿って上向きにばねはかりで台車を引いて停止させ，ばねはかりの値を読む。このとき，ばねはかりの引く力は，

斜面を下る方向の力とつり合っている。同じ斜面上の様々な点で同様の測定を行い，どの点でもばねはかりの読みが同じであることを見出させる。これにより，台車には同じ大きさの力が斜面の下向きに働いていることを確認させる。

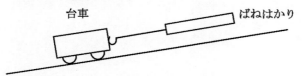

台車　　　　　　　　　　　　　　　ばねはかり

(2)　（解答例）　部屋を薄暗くした状態で1分間経過した後，鏡に自分の眼を映しスケッチさせる。その後，鏡で自分の眼を見ながら部屋を明るくし，瞳孔の大きさの変化を観察し，1分間経過したのちスケッチさせる。これにより，部屋を明るくすることで瞳孔はゆっくりと収縮することを観察させる。最後に，これらのスケッチを比較させ，明るい部屋での瞳孔の大きさが，薄暗い部屋でのそれより小さいことに気付かせる。

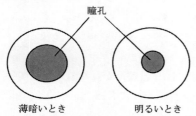

瞳孔

薄暗いとき　　　　　明るいとき

(3)　（解答例）　まず，2Lのペットボトルに水を3分の1ほど入れる。次に，二酸化炭素の缶からノズルでペットボトル内に二酸化炭素を入れる。さらに，ペットボトルにふたをしてよく振らせ，二酸化炭素が水に溶けることでペットボトルがへこむ現象を観察させる。

(4)　（解答例）　天空全体を見渡したものを10として，何割くらいが雲で覆われているかで表すものを雲量という。雲量が0〜1は快晴，2〜8は晴れ，9〜10はくもりと判断する。雲量は，下図のように魚眼レンズを用いた画像から見積もるとよい。

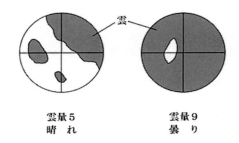

雲量５　　　　　　　　　雲量９
晴　れ　　　　　　　　　曇　り

〈解説〉(1)　斜面上に置いた台車を斜面と平行に上向きにばねはかりで引いて力をつり合わせることで，台車に働く斜面に沿って下向きの力の大きさを定量的に観察することができる。　(2)　鏡で瞳孔の大きさの変化を見るだけでなく，スケッチを行わせることで客観的に評価することができる。なお，スケッチの代わりに眼を直接デジタルカメラで撮影してもよい。　(3)　二酸化炭素が水に溶けることでペットボトル内の圧力が低くなり，外の気圧に押されてペットボトルがへこむ。二酸化炭素の水への溶解度はかなり小さいので，ペットボトルは軟らかい材質で，大きいものを用いるとわかりやすくなる。　(4)　魚眼レンズではなく，デジタルカメラで撮影した画像を用いてもよい。

【３】(解答例)　鳥海山の山体崩壊に伴う岩屑なだれが日本海まで達し，その岩塊からなる「流れ山」が多数の小島になった。その後，砂州が伸びて潟湖となったが，江戸時代の地震の際に隆起して陸化し，現在の風景になった。

〈解説〉本県で例年出題される，県内の理科現象や人物に関する設問である。本問では，地学で習う「隆起」などの重要な自然現象を踏まえて記述できたかが評価ポイントと考えられる。

【４】(1)　エ　　(2)　赤色　　(3)　(解答例)　鉛筆や消しゴムの表面には細かな凹凸があり，その凹凸で光源からの光が様々な方向へ反射(乱反射)する。乱反射した光の一部が，観察している人の目に入るため，

あらゆる方向から鉛筆や消しゴムを見ることができる。

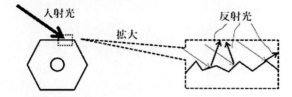

(4) 臨界角 (5) X ア Y エ Z カ (6) (解答例) 凸レンズから像までの距離を b 〔cm〕とすると，写像公式より，$\frac{1}{15} = \frac{1}{27} + \frac{1}{b}$ が成り立つので，$b = 33.75$〔cm〕となる。よって，求める倍率は，$\frac{33.75}{27} = 1.25 ≒ 1.3$〔倍〕となる。

〈解説〉(1) 白色光には様々な波長の光が混ざっている。波長によって屈折率が少しずつ異なるため，プリズムを使うと光の分散が見られる。(2) 光の三原色とは，赤，緑，青(RGB)のことで，波長が長い順に，赤，緑，青である。 (3) 鏡のように凹凸のない面では乱反射は起きず，すべての光が同じ方向に反射(正反射)する。 (4) 例えば，水中から空気中へ光が出ようとするとき，入射角が臨界角以上だと空気中へ出ることができない。 (5) 物体から出て凹レンズを通った光は拡散するので，一点に集まらず実像をつくることはない。一方，拡散する光線を逆向きに伸ばすと一点で交わりそこに小さな正立虚像ができる。 (6) 解答参照。

【5】(1) (解答例) ・電流から熱や光，音を発生させたり，他の物体の運動状態を変化させたりすることができること ・電力の違いによって発生する熱や光，音などの量や強さ，他の物体に及ぼす影響の程度に違いがあること (2) ① Ni，Cr ② 熱平衡
③ (解答例) 水は加熱することで体積が大きくなるが，質量は変化していないので，温度が上がっていない水よりも密度が小さくなり，上方に移動する。 ④ (解答例) 電熱線の消費電力は6〔V〕×1.5

〔A〕＝9〔W〕であるから，電熱線が5分間に発する熱量は，9×5×60＝2700〔J〕である。一方，与えられた表より水が5分間で受け取った熱量は，4.2×100×(20.7－14.6)＝2562〔J〕である。よって，水の温度上昇に使われた熱の量の割合は，$\frac{2562}{2700}$×100＝94.88…≒94.9〔％〕となる。

〈解説〉(1)　中学校学習指導要領解説理科編(平成29年7月)の「第2章　第2節　各分野の目標及び内容　[第1分野]　2　第1分野の内容　(3) (ア)　㋒」に記載がある。　(2)　①　ニッケルクロム電熱線の略である。　②　空気から水へ移動する熱量と，水から空気へ移動する熱量が等しい状態である。　③　第1学年では，状態変化の学習を通じて，物質の体積は変化しても質量は変化しないことを学んでいる。　④　1Wの電力は，1秒間あたり1Jの熱量に変換される。

【6】(1)　ウ，エ　　(2)　①　(解答例)　冷めるまでの間に銅が再び酸化されないように，ピンチコックを閉じる。　　②　(解答例)　まず，らせん状にした銅線をガスバーナーで加熱して黒色の酸化銅CuOにする。次に，水素を入れた試験管に酸化銅を入れ，還元されて赤茶色の銅Cuに戻ることを確認する。

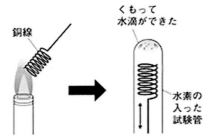

(3)　4.0×10⁻²〔mol/L〕　　(4)　(解答例)　エタンの燃焼の化学反応式は，$2C_2H_6＋7O_2→4CO_2＋6H_2O$と表せる。エタン，水の分子量はそれぞれ30，18だから，求める水の質量をx〔g〕とすると，$\frac{7.5}{30} : \frac{x}{18} ＝ 2 : 6$より，$x＝13.5$〔g〕となる。

〈解説〉(1)　それぞれの酸素の酸化数は，アが−1，イが0，ウが−2，エが−2である。　(2)　①　$2CuO+C\rightarrow 2Cu+CO_2$という反応により，酸化銅は還元されて赤茶色の銅に変化する。石灰水の逆流を防ぐために，石灰水からガラス管を抜いた後，ガスバーナーの火を止める。その後しばらくは銅の温度が高いままなので，空気中の酸素と触れて酸化しないように，ピンチコックを閉じておく。　②　酸化銅を水素で還元すると，$CuO+H_2\rightarrow Cu+H_2O$という反応により水が生成する。水素は空気より軽いので，試験管は上からかぶせるようにする。なお，水素の代わりにエタノールを用いて$CuO+C_2H_5OH\rightarrow Cu+CH_3CHO+H_2O$という反応を起こす実験でもよい。　(3)　与えられた2つの反応式から電子が消えるように考えると，酸化剤の反応式×②＋還元剤の反応式×⑤より，過マンガン酸カリウムと過酸化水素は，物質量が2：5の比で反応する。求める過酸化水素水の濃度をx〔mol/L〕とすると，$\left(2.0\times 10^{-2}\times \dfrac{8.0}{1000}\right):\dfrac{10}{1000}x=2:5$より，$x=4.0\times 10^{-2}$〔mol/L〕となる。(4)　化学反応式をもとに，反応物であるエタンと，生成物である水の物質量比を考えればよい。

【7】(1)　①　X　正極　　Y　水素　　②　金属のイオンへのなりやすさ　　③　(解答例)　セロハンや素焼き板には，溶質は通さないがイオンを通す細孔があるため。　　④　負極…$Zn\rightarrow Zn^{2+}+2e^-$　　正極…$Cu^{2+}+2e^-\rightarrow Cu$　　⑤　(解答例)　正極では銅(Ⅱ)イオンが銅に変化するため水溶液中の銅(Ⅱ)イオンが減少するので，硫酸銅水溶液の濃度を高くする。　　(2)　(解答例)　与えられた両極の反応式より，正極のPbO₂が1mol反応すると硫酸は2mol減少する。正極のPbO₂がPbSO₄に変化するので，PbO₂が1mol反応すると正極の質量は303−239＝64〔g〕増加する。実験では正極が3.2g増加したので，減少した硫酸の物質量は$2\times \dfrac{3.2}{64}=0.10$〔mol〕となる。

〈解説〉(1)　①　ボルタ電池は，電解質水溶液に亜鉛板と銅板を離して入れ，両金属を導線で結んだものである。正極の銅板では$2H^++2e^-\rightarrow$

H_2の反応により水素が発生し，分極が起こるため電力はすぐに低下する。これを改良して，継続して電流が流れるようにしたものがダニエル電池である。　②　中学校学習指導要領解説理科編(平成29年7月)の「第2章　第2節　各分野の目標及び内容　[第1分野]　2　第1分野の内容　(6)　(イ)　⑦」に記載がある。　③　セロハンと素焼き板は2つの溶液が混ざるのを防ぐとともに，両液の陽イオンまたは陰イオンを通過させて電荷のバランスを調整する役割をもつ。　④　電子はイオンになりやすい亜鉛板で生じ，銅板へ向かって流れる。このような電子の流れとは反対に，電流は銅板から亜鉛板へ流れる。　⑤　銅(Ⅱ)イオンが消費されると，正極での反応が進行しなくなるため，電流が流れにくくなる。　(2)　本問では，硫酸H_2SO_4の分子量が与えられていないので，PbO_2と$PbSO_4$の式量の差を利用して計算することに注意。

【8】(1)　中学校第1学年から第2学年に移行　　(2)　(解答例)　まず，よく日光に当たった葉を熱湯に30秒間入れる。次に，図のように湯煎で温めたエタノールに葉をつけて，10分間脱色を行う。最後に，葉を取り出して水ですすぐ。

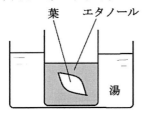

葉　エタノール

湯

(3) （解答例）

> ［実験の方法］
> ①3本の試験管A，B，
> Cを用意し，AとBには
> タンポポの葉を入れる。
> Cには何も入れない。
>
> タンポポの葉
>
> ② 試験管Bの全体を覆うようにアル
> ミホイルで巻く。
> ③ 3本の試験管を日光がよく当たる
> ところに置く。
> ④ 3本の試験管に石灰水を加え，試
> 験管Aには変化がなく，試験管Bでは
> 白く濁ることを確認する。

(4) 記号…X　チラコイドにおける反応段階…光が直接関係する。ストロマにおける反応段階…光が直接関係しない。　　(5) （解答例）気孔から取り込まれたCO_2が葉肉細胞の葉緑体内でホスホエノールピルビン酸と結合し，C_4化合物であるオキサロ酢酸を生じる。これがリンゴ酸に変えられた後，維管束鞘細胞の葉緑体へ移動し，脱炭酸される。このとき生じたCO_2がカルビン・ベンソン回路に入ることで，有機物を生成する。

〈解説〉(1)　中学校学習指導要領解説理科編(平成29年7月)の「第1章　3　理科改訂の要点」の図3に記載がある。　　(2)　温めたエタノールを用いて葉の緑色の色素を落とす。このとき，エタノールを直接加熱しないことに注意する。　　(3)　試験管Aでは光合成と呼吸が行われ，試験管Bでは呼吸のみが行われる。よって，試験管A内の二酸化炭素は消費され，試験管B内の二酸化炭素は増加する。試験管Cは対照実験のために用意する。　　(4)　チラコイドは偏平な袋状の構造をもち，反応の進行には光を必要とする。一方，ストロマは基質の部分であり，反応の

進行には光は直接関与しない。　(5)　多くの植物は，C₄植物とは異なり取り込んだCO_2を直接カルビン・ベンソン回路で固定するC_3植物である。

【9】(1)　(解答例)　魚には雌雄があり，生まれた卵は日がたつにつれて中の様子が変化してかえること，人は母体内で成長して生まれること。
(2)　(解答例)　受精卵からオタマジャクシになるまでを胚という。
(3)　P　端黄卵　　Q　等黄卵　　R　心黄卵　　(4)　(解答例)　イモリの胞胚の表面の各部分を，生体に無害な色素を使って染色し，発生させてどの器官になるかを観察するという局所生体染色法を行った。
〈解説〉(1)　中学校学習指導要領解説理科編(平成29年7月)の「第2章　第2節　各分野の目標及び内容　[第2分野]　2　第2分野の内容　(5)　(ア)　㋐」に記載がある。　(2)　動物に関しては，受精卵が分裂を開始してから自分でえさをとれるようになるまでの幼体の期間を胚という。　(3)　解答参照。　(4)　この実験により，胚の各部分がどの器官に分化するかを示した予定運命図が作成された。

【10】(1)　A　黒　　D　強い　　(2)　①　火山前線(火山フロント)
②　海洋プレートの沈み込み　　(3)　最初に結晶化したもの…X
最後に結晶化したもの…Z　　(4)　(解答例)　ミョウバンを約65℃の水に溶かした水溶液をマグマに見立て，これを氷水や温度の異なる水で冷却させる実験を行う。これにより，冷え方の違いによりできる結晶の大きさの違いを観察させる。

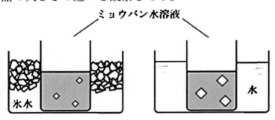

(5)　火山活動の仕組み

〈解説〉(1)　マグマに含まれるSiO_2が多いほど粘性が大きく，白っぽい溶岩となる。また，急傾斜のドーム状の火山となりやすい。一方，SiO_2が少ないほど粘性が小さく，黒っぽい溶岩となる。また，複数回の火山活動によって溶岩が積み重なり，盾状火山になりやすい。

(2)　沈み込み帯では，沈み込む海洋プレートが約100kmの深さに達すると，プレートからマントルに添加される水の影響でマグマが発生しやすくなる。そのため，火山は海溝やトラフとほぼ平行に分布する。

(3)　早期に結晶化した鉱物は自由に成長できるので，鉱物本来の形態をもつXのような自形となる。一方，後に結晶化する鉱物ほど既に成長した鉱物の間隙を埋めるように成長するため，本来の形態ではなくなる。よって，最後に結晶化したものはZとなる。　(4)　ゆっくり冷やしたミョウバン水溶液ほど，より大きな結晶をつくることが観察される。　(5)　中学校学習指導要領(平成29年告示)第2章第4節理科の「第2　各分野の目標及び内容　[第2分野]　2　第2分野の内容　(2) (エ)　㋐」に記載がある。

【11】(1)　フーコー

(2)　(解答例)

地球は，自転と同時に，太陽のまわりを公転している。

→　太陽が南中してから次の南中までの間に，地球が約1°余分に自転しなければいけないから。

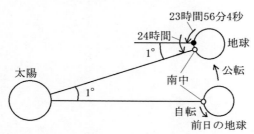

(3) (解答例) 部屋を暗くしておき，地球儀上の日本の位置に目印を
つけておく。横から光を当て，地球儀をゆっくり一定の速さで回し，
日本付近の位置に光が当たる時間と光が当たらない時間をストップウ
ォッチで計測する。これを，光源の位置を変えて繰り返す。

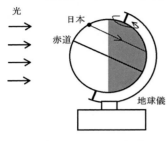

(4) 73.4° (5) 0.5〔倍〕

〈解説〉(1) 解答参照。 (2) 地球は24時間で，自転分の360°に加え，
公転分の約1°回っている。 (3) 地球儀を台に置き，いろいろな向き
から平行な光を当てることで，季節ごとの昼の長さを再現できる。
(4) 夏至の日において，北緯 ϕ 〔°〕の地点における南中高度は，
$(90° + 23.4° - \phi)$〔°〕と表せる。よって， $\phi = 40°$ の地点では，90° +
23.4° - 40° = 73.4〔°〕となる。 (5) 春分の日では，赤道上での太陽
の南中高度は90°である。北緯60°の地点での単位面積当たりの地表が
受ける太陽放射エネルギーは，赤道上と比べて sin(90° - 60°) =
sin30° = 0.5〔倍〕となる。

高　校　理　科

【共通問題】

【1】(1)　①

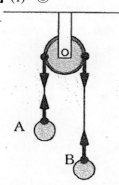

②　(解答例)　物体A，Bの質量は等しく，はたらく重力の大きさも等しい。一方，糸の両端に生じる張力の大きさも等しい。よって，物体A，Bにはたらく重力の大きさは糸の張力の大きさと等しく，物体A，Bにはたらく力はともにつり合う。　③　糸の張力…20N

(2)　①　(解答例)　糸の両端に生じる張力の大きさは等しいが，物体A，Bにはたらく重力の大きさが異なる。重力の大きい物体Bでは，重力と張力の合力が下向きになり，下向きに等加速度直線運動をする。一方，物体Aは重力と張力の合力が上向きになり，上向きに等加速度直線運動をする。　②　(解答例)　計算過程…求める張力の大きさをT，物体AからBへの向きを正として，両物体の加速度の大きさをaとする。A，Bの運動方程式はそれぞれ$1.0a=T-(1.0\times9.8)$，$2.0a=(2.0\times9.8)-T$と表せる。よって，$T\fallingdotseq13$〔N〕となる。　糸の張力…13N

(3)　(解答例)　(2)②の運動方程式より，$3.0a=9.8$となる。(2)の実験を月面上で行った場合，$3.0a=1.0\times9.8\times\dfrac{1}{6}$となる。このことから，地上で(2)の実験を行った場合に比べて，加速度が6分の1の等加速度直線運

161

動をすることになる。　(4)　ア　慣性　　イ　作用・反作用
ウ　ニュートン

〈解説〉(1)　物体A，Bの重力の大きさはともに，$2.0 \times 9.8 = 19.6 \fallingdotseq 20$〔N〕
であり，糸の張力の大きさも等しい。　(2)　解答参照。　(3)　(2)の
結果より，aは重力加速度に比例するので，重力加速度が6分の1にな
ればaも6分の1になる。　(4)　作用・反作用の法則は，例えば物体Aが
糸を引く力と，糸が物体Aを引く力の関係を指す。

【2】(1)　ア　ラボアジェ　　イ　ドルトン　　ウ　アボガドロ
(2)　①　同位体(アイソトープ)　　②　(解答例)　ドルトンの原子説
では，すべての物質はそれ以上分割できない原子からできているはず
だが，この反応では酸素原子が分割して水が生成しているため矛盾し
ている。　　(3)　①　エタン：酸素：二酸化炭素：水＝2：7：4：6
②　アンモニア：酸素：一酸化窒素：水＝4：5：4：6　　(4)　①　40
〔％〕　　②　8.0〔倍〕　　③　48〔g〕　　④　50〔g〕

〈解説〉(1)　解答参照。　(2)　①　同位体とは，原子番号(陽子数)が同じ
で中性子数が異なるため，質量数が異なる原子同士のことである。
②　原子説では，酸素原子1個と水素原子2個から水を2個生成するた
めには，酸素原子半分と水素原子1個が結びつくことになる。
(3)　①　反応式$2C_2H_6 + 7O_2 \rightarrow 4CO_2 + 6H_2O$より，それぞれの係数の比が
2：7：4：6となっている。　　②　反応式$4NH_3 + 5O_2 \rightarrow 4NO + 6H_2O$より，
それぞれの係数の比が4：5：4：6となっている。
(4)　①　炭酸カルシウム$CaCO_3$の式量は100なので，$\dfrac{40}{100} \times 100 = 40$
〔％〕である。　　②　硫化物イオンS^{2-}の式量は32なので，$\dfrac{32}{4.0} = 8.0$〔倍〕
である。　③　硫酸イオン$SO_4{}^{2-}$1molに含まれる酸素原子は4molである。
よって，硫酸イオン0.75molに含まれる酸素原子の質量は，$16 \times 0.75 \times 4 = 48$〔g〕である。　　④　硫酸$H_2SO_4$の式量は98なので，0.50molの硫
酸分子の質量は$98 \times 0.50 = 49$〔g〕である。硫酸溶液の質量パーセント

濃度が98％なので，溶液の質量をx〔g〕とすると，$\dfrac{49}{x}\times100＝98$より，$x＝50$〔g〕である。

【3】(1) ア 草原　イ 荒原　ウ 硬葉樹林　エ ツンドラ　オ 夏緑樹林　カ 垂直分布　キ 丘陵帯　(2) 少ない。
(解答例) 理由…熱帯多雨林のような年平均気温が高い地域では，土壌中の有機物が分解者によって速やかに分解されるため。
(3) (解答例) 特徴…cの樹木は雨季に葉をつけて，乾季になると落葉する特徴がある。　植物名…チーク類　(4) 境界…森林限界
(解答例) 特徴…高山帯では気温が低く，強い風が吹いている。したがって，森林が形成されにくい条件であり，ハイマツやコケモモなどがまばらに生育する高山草原が成立している。
〈解説〉(1) aは熱帯多雨林，bは亜熱帯多雨林，cは雨緑樹林，dは照葉樹林，eは夏緑樹林，fは針葉樹林，gは硬葉樹林，hはステップ，iはサバンナ，jは砂漠，kはツンドラである。　(2) 気温が低い地域では，土壌中の有機物の分解速度が遅いため，土壌中の有機物の量は多い。
(3) 他のバイオームの落葉広葉樹は，低温の冬季に落葉する。
(4) 解答参照。

【4】(1) ① 活火山　② 逆断層　③ 大理石　(2) (解答例) 火山灰は，風に流されるため極めて短期間に広い範囲に堆積し，火山や噴火ごとに組成が異なり他の層と区別しやすいから。　地層の対比に有効な層…鍵層　(3) C，D，E　(4) (解答例) D層の形成後，地殻変動で隆起・陸化し，風化・侵食が起こった。その後再び地層が水面下に沈み，C層が堆積した。　(5) 適さない測定法…炭素14法
(解答例) 理由…半減期が5700年と短く，また，炭素を含む生物遺体のみに適用できる方法だから。　(6) D層→E岩体→C層→断層f−f´→B層→A層→F火山
〈解説〉(1) ① 解答参照。　② 断層面に対して，図の右側が上盤，左側が下盤である。上盤がずり上がっているので，逆断層と判断でき

る。　③　石灰岩が接触変成作用を受けてできるのは，結晶質石灰岩(大理石)である。　(2)　地層の対比とは，離れた地域にある地層同士を比較し，同時代にできたかを確かめることである。　(3)　基底礫岩は，不整合面の直上にあり，下位の地層の岩石が風化・侵食されてできた礫からなる。したがって，B層の直下の不整合面よりも下位にある岩石が基底礫岩になり得る。図の範囲ではE岩体は不整合面に接していないが，右側に延長すると接するため基底礫岩になり得ると考えられる。　(4)　不整合は，上下の地層の間での堆積の中断を意味し，時代の隔たりがあることを示唆する。　(5)　他の選択肢で測定する放射性元素の半減期は約$10^7 \sim 10^{10}$年と長いため，より古い年代の測定に利用できる。また，これらの方法は火成岩にも適用できる。　(6)　地層の逆転は起きていないので，図の下の層から順に見ていく。(5)より，D層は約9000万年前にE岩体による接触変成作用を受けているため，D層の方が先に形成されている。また，C層からはビカリアの化石が見つかっているので新生代新第三紀の地層なので，D層より後に形成されている。これらを断層f−f′が切っているが，B層とA層は切っていないため，断層f−f′はC層より後，A層とB層より前に形成されている。A層とB層の間には特徴がないため，上位のA層の方が後に形成されている。さらに，F火山によるマグマの岩脈はすべてに貫入しているので，最も新しいことがわかる。

【物理】

【１】(1)　①　$\dfrac{R_2}{R_1}$　②　$\sqrt{\dfrac{2GMR_1}{R_2(R_1+R_2)}}$　③　$\dfrac{3\sqrt{6}}{4}$〔年〕

④　(解答例)　端Aが固定されているので，糸の張力の大きさは向心力に等しい。半径Rのときの小物体の速さをv_1，糸の張力をT_1とすると，$T_1 = m\dfrac{v_1{}^2}{R}$と表せる。同様に，半径$(R-r)$のときの小物体の速さを$v_2$，糸の張力を$T_2$とすると，$T_2 = m\dfrac{v_2{}^2}{R-r}$である。ケプラーの第2法則よ

り，$\frac{1}{2}Rv_1=\frac{1}{2}(R-r)v_2$，すなわち $\frac{v_2}{v_1}=\frac{R}{R-r}$ が成り立つ。よって，$\frac{T_2}{T_1}$

$=\frac{v_2{}^2R}{v_1{}^2(R-r)}=\left(\frac{R}{R-r}\right)^3$ となる。　(2)　①　$\rho V_1 g$　②　(解答例)

気球にはたらく浮力と，ヘリウムを含めた気球の重さがつり合ってい

るので，$\rho V_2 g=(M+m)g$ より，$V_2=\frac{M+m}{\rho}$ である。また，圧力は一

定だから，シャルルの法則より，$\frac{V_2}{T_2}=\frac{V_1}{T_1}$ である。よって，$T_2=\frac{V_2}{V_1}$

$T_1=\frac{M+m}{\rho V_1}T_1$ となる。　(3)　①　$\frac{\lambda}{\cos\theta}$　②　$\frac{V}{\sin\theta}$

③

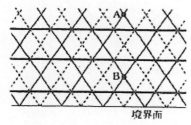

境界面

④　$\frac{\lambda}{2\cos\theta}$　(4)　①　$\frac{1}{2}C(vBL)^2$　②　(解答例)　金属棒が失った

位置エネルギーは，金属棒の運動エネルギーとコンデンサーに蓄えら

れる静電エネルギーになる。求める速さをVとすると，$mgh=\frac{1}{2}mV^2$

$+\frac{1}{2}C(VBL)^2$ より，$V=\sqrt{\dfrac{2mgh}{m+CB^2L^2}}$ となる。　③　$\dfrac{m}{m+CB^2L^2}g$

④　$\dfrac{mgCBL}{m+CB^2L^2}$　(5)　①　(解答例)　実験Aのように電界の振動面

と格子の向きが直交するときは，電磁波は検出器に到達する。一方，

実験Bのように電界の振動面と格子の向きが平行のときは，電磁波は

透過できず検出器に到達しない。これは，実験Bの場合，導体内の自

由電子が電場から力を受けて振動するため，電磁波のエネルギーを反

射したり吸収することが原因である。　②　(解答例)　原子核のま

わりを電子が周回していると仮定するラザフォードの原子模型では，

円運動を行う電子が電磁波を発してエネルギーを失い，やがて電子が原子核に落ち込んでしまうため安定した状態が維持できないという問題点がある。

〈解説〉(1) ① ケプラーの第2法則(面積速度一定の法則)より，$\frac{1}{2}R_1v_1=\frac{1}{2}R_2v_2$が成り立ち，$\frac{v_1}{v_2}=\frac{R_2}{R_1}$となる。 ② 近日点と遠日点において，力学的エネルギー保存の法則より，$\frac{1}{2}mv_1{}^2-G\frac{Mm}{R_1}=\frac{1}{2}mv_2{}^2-G\frac{Mm}{R_2}$が成り立つ。これに，①の結果$v_1=\frac{R_2v_2}{R_1}$を代入して整理すると，$v_2=\sqrt{\frac{2GMR_1}{R_2(R_1+R_2)}}$となる。 ③ 小惑星の軌道の半長径の長さは，$\frac{0.5+2.5}{2}=1.5$〔au〕である。小惑星の公転周期を$T$〔年〕とし，小惑星と地球について，ケプラーの第3法則を適用すると，$\frac{1.5^3}{T^2}=\frac{1^3}{1^2}$より，$T=\frac{3\sqrt{6}}{4}$〔年〕となる。 ④ 解答参照。 (2) ① 気球が排除する大気の重さが浮力に相当する。 ② 空中では，気球にはたらく浮力$\rho V_2 g$と，ヘリウムを含めた気球の重さ$(M+m)g$がつり合っている。また，大気圧は一定なので，シャルルの法則が成り立つ。

(3) ① 直線ABと，Bを通る反射波の波面のなす角が$\frac{\pi}{2}-\theta$なので，$AB\sin\left(\frac{\pi}{2}-\theta\right)=\lambda$である。よって，$AB=\frac{\lambda}{\cos\theta}$である。 ② 入射波の射線と境界面とのなす角は$\frac{\pi}{2}-\theta$なので，境界面上において，山と山との間隔は，$\frac{\lambda}{\cos\left(\frac{\pi}{2}-\theta\right)}=\frac{\lambda}{\sin\theta}$である。周期は$\frac{\lambda}{V}$なので，求める速さは，$\frac{\lambda}{\sin\theta}\div\frac{\lambda}{V}=\frac{V}{\sin\theta}$となる。 ③ 入射波の山と反射波の谷が重なる位置や，入射波の谷と反射波の山が重なる位置を結んだ線が，

166

常に変位0の節線となる。　④　求める節線の間隔は，①のABの距離の半分に等しい。　(4)　①　金属棒に発生する誘導起電力はvBLであり，これがコンデンサーの両端の電圧に等しい。よって，求める静電エネルギーは，$\frac{1}{2}C(vBL)^2$である。　②　エネルギー保存則より，金属棒が落下により失った位置エネルギーは，金属棒の運動エネルギーとコンデンサーに蓄えられる静電エネルギーに変換される。　③　回路に流れる電流をIとすると，金属棒には上向きにIBLの力がはたらく。金属棒の加速度の大きさをaとすると，運動方程式は$ma = mg - IBL$…(i)となる。一方，コンデンサーに着目すると，電流はコンデンサーの電気量の時間変化に等しいので，$I = \dfrac{d(CvBL)}{dt} = CBL\dfrac{dv}{dt} = CBLa$と表せる。これを(i)に代入すると，$ma = mg - CB^2L^2a$より，$a = \dfrac{mg}{m + CB^2L^2}$となる。　④　③より，$I = CBLa = \dfrac{mgCBL}{m + CB^2L^2}$となる。　(5)　①　電磁波は横波である。また，電波は電磁波のうち特定の波長領域のものである。　②　ラザフォードの原子模型は，正電荷を持つ原子核の周りを，負電荷を持つ電子が回転運動しているというモデルである。このモデルでは，円運動を行う電子が電磁波を発してエネルギーを失うため，軌道半径が次第に小さくなり，連続スペクトルを放出することになる。さらに，電子が原子核に落ち込んでしまうため，安定した状態が維持できない。

【化学】

【1】(1)　(解答例)　①　HCl分子の結合のイオン結合性を100％と仮定した場合の双極子モーメントは，$\mu = qr = (1.60 \times 10^{-19}) \times (1.27 \times 10^{-10}) = 2.032 \times 10^{-29}$〔C・m〕である。よって，HCl分子のイオン結合性は，$\dfrac{3.70 \times 10^{-30}}{2.032 \times 10^{-29}} \times 100 \doteqdot 18$〔％〕である。　②　(解答例)　水和水を含む結晶の水分が蒸発していくことを風解といい，炭酸ナトリウム十水和物$Na_2CO_3 \cdot 10H_2O$などでみられる。一方，物質が空気中の水分を吸収して溶けていくことを潮解といい，水酸化ナトリウムNaOHや塩化カルシウム$CaCl_2$などでみられる。　③　(i)　$K_p = \dfrac{p_{NH_3}^2}{p_{N_2} p_{H_2}^3}$〔$Pa^{-2}$〕

(ii)　$K_p = K_c (RT)^{-2}$〔Pa^{-2}〕　④　(解答例)　水溶液中では，HCl→$H^+ + Cl^-$と完全に電離しているので，$[Cl^-] = 1.00 \times 10^{-8}$〔mol/L〕となる。また，電気量保存則より$[H^+] = [OH^-] + [Cl^-]$，水のイオン積より$[H^+][OH^-] = 1.0 \times 10^{-14}$〔$(mol/L)^2$〕が成り立つ。これらから，

$[H^+]([H^+] - 1.00 \times 10^{-8}) = 1.0 \times 10^{-14}$　　$[H^+]^2 - 10^{-8}[H^+] - 10^{-14} = 0$

$[H^+] = \dfrac{10^{-8} + \sqrt{10^{-16} + 4 \times 10^{-14}}}{2} \doteqdot \dfrac{10^{-8} + 2 \times 10^{-7}}{2} = 1.05 \times 10^{-7}$〔mol/L〕

$pH = -\log_{10}[H^+] = -0.021 + 7 = 6.979 \doteqdot 6.98$　　(2)　①　$FeCl_3 + 3H_2O$ →$Fe(OH)_3 + 3HCl$　②　ア　透析　イ　チンダル現象　ウ　電気泳動　③　Na_2SO_4　④　(解答例)　コロイド粒子が分散媒中に分散しているとき，溶媒分子が乱雑な熱運動によりコロイド粒子に衝突するため，コロイド粒子は不規則な運動をする。　⑤　(解答例)　分子量をMとすると，浸透圧の式から，$1.5 \times 10^2 \times \dfrac{10}{1000} = \dfrac{0.050}{M} \times 8.3 \times 10^3 \times (273 + 27)$より，$M = 8.3 \times 10^4$である。

⑥　(解答例)

> セッケンの構造
> ・セッケン分子は，水になじむ親水基と，油になじむ疎水基の両方を持つ。
> ・水の表面張力を低下させ(界面活性作用)，繊維の内部まで浸透する。
> ・疎水基が油を取り囲み，親水基を外側にして，水中に分散させる。
>
>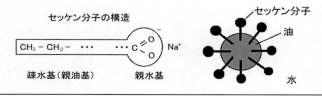
>
> セッケン分子の構造
> 疎水基(親油基)　　　親水基

(3)　①　ア　Al　イ　銑鉄　ウ　鋼　②　(解答例)　Fe＝56，Fe_2O_3＝160，Fe_3O_4＝232より，この鉄鉱石に含まれる鉄の質量は，$1.00 \times 10^3 \times \left(\dfrac{45.0}{100} \times \dfrac{56 \times 2}{160} + \dfrac{46.4}{100} \times \dfrac{56 \times 3}{232} \right) = 651$〔g〕である。これが銑鉄全体の96.00％を占めるので，求める質量は，$651 \times \dfrac{100}{96.00} \fallingdotseq 678$〔g〕となる。　③　(解答例)　鉄板上では，$Fe \rightarrow Fe^{2+} + 2e^-$の反応が起こり，$Fe^{2+}$はヘキサシアニド鉄($\mathrm{III}$)酸カリウムと反応して青色を呈する。また，放出された電子e^-により，$O_2 + 2H_2O + 4e^- \rightarrow 4OH^-$の反応により水酸化物イオンを生じるため，フェノールフタレインによりうすい赤色を呈する。さらに，Fe^{2+}は酸化されてFe^{3+}になり，$Fe^{3+} + 3OH^- \rightarrow Fe(OH)_3$の反応により赤褐色の$Fe(OH)_3$が生成する。

④　(i)　$2Fe(固) + \dfrac{3}{2}O_2(気) = Fe_2O_3(固) + 824kJ$　(ii)　(解答例)　酸化アルミニウムの生成熱を熱化学方程式で表すと，$2Al(固) + \dfrac{3}{2}O_2(気) = Al_2O_3(固) + 1676kJ$である。これと(i)の式を辺々引くと，$2Al(固) + Fe_2O_3(固) = 2Fe(固) + Al_2O_3(固) + (1676 - 824)$〔kJ〕となる。したがって，

鉄1molが生成するときの反応熱は，(1676－824)÷2＝426〔kJ〕となる。

(4)　①

②　(解答例)　いす形配座は，各々の炭素や水素同士が離れているため安定性が高い。一方，舟形配座は，炭素や水素同士が近づくため，相対的に不安定な構造になる。　③　(解答例)　1，2－ジメチルシクロプロパンには，2個のメチル基が環状部分の上側または下側かという位置の違いにより，シス型とトランス型の幾何異性体がある。いずれも2個の不斉炭素原子を持つが，トランス型には鏡像異性体(エナンチオマー)が存在し，シス型には鏡像異性体は存在しないためジアステレオマーである。

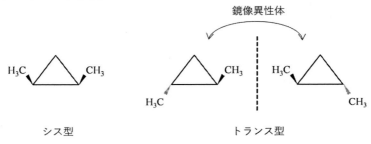

④　(解答例)　シクロプロパンは炭素原子3個で構成されるため三角形の平面構造をとり，結合角が60°なので理想角の109.5°から大きくはずれ，ひずみが大きく不安定である。　⑤　1，3－ジブロモプロパン
$Br-CH_2-CH_2-CH_2-Br$

〈解説〉(1)　①，②　解答参照。　③　$N_2+3H_2 \rightleftarrows 2NH_3$ の平衡状態より，

$K_p=\dfrac{p_{NH_3}{}^2}{p_{N_2}p_{N_2}{}^3}$〔$Pa^{-2}$〕となる。また，気体の状態方程式 $pV=nRT$ より，$\dfrac{n}{V}=\dfrac{p}{RT}$ となる。したがって，それぞれのモル濃度は，$[N_2]=\dfrac{p_{N_2}}{RT}$，

$[H_2]=\dfrac{p_{H_2}}{RT}$，$[NH_3]=\dfrac{p_{NH_3}}{RT}$ と表せる。ここで，$K_c=\dfrac{[NH_3]^2}{[N_2][H_2]^3}$ より，

$K_p=\dfrac{p_{NH_3}^2}{p_{N_2}p_{H_2}^3}=\dfrac{[NH_3]^2}{[N_2][H_2]^3}\times(RT)^{-2}=K_c(RT)^{-2}$ となる。　④　解答参照。

(2)　①，②　解答参照。　③　価数の大きなイオンほど凝析しやすくなる。水酸化鉄(Ⅲ)は正に帯電しているので，2価の陰イオンを含む硫酸ナトリウムが最も凝析しやすい。　④　解答参照。　⑤　ファントホッフの法則が成り立つことを利用する。　⑥　解答参照。

(3)　①　地殻中に含まれる元素は，質量比で多い順にO，Si，Al，Feとなる。　②〜④　解答参照。　(4)　①　解答参照。　②　配座異性体とは，分子内の原子や原子団の立体的な配列の違いによる異性体のことである。　③　解答参照。　④　環状化合物では，炭素間の結合角が理想角からずれるほど結合力が弱いため反応性が高くなる。

⑤　シクロプロパンの開環した位置に付加反応のように臭素が結合するため，末端の炭素に1個ずつ臭素が結合する。

【生物】

【1】(1)　①　$2n=4$

②　(解答例)

③

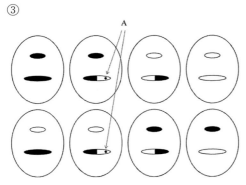

④　(解答例)　減数分裂では，第一分裂のとき相同染色体がランダムに分配され，その後相同染色体が対合する際に起こる染色体の乗換えや遺伝子の組換えにより，配偶子がもつ遺伝子の組み合わせは多様性に富む。有性生殖では，このような配偶子が雄と雌でつくられて接合することで新しい個体がつくられるので，次世代の持つ染色体の組み合わせはさらに多様化する。　　(2)　①　リボソーム，tRNA

②　(i)　ACA　　(ii)　CAC　　(iii)　CAA，AAC　　(iv)　CAA，AAC　　③　種類…20種　　(解答例)　問題点…20種類のアミノ酸は生体を構成する最低限の種数なので，終始コドンを指定できず，正常に翻訳ができないこと。　　(3)　①　(解答例)　グリーンランドのイスア地域に見られる枕状溶岩の年代測定の結果がWの時期にあたる。枕状溶岩は海底火山などからマグマが海底に噴出し急冷して形成されるので，海洋が存在していた証拠となる。　　②　(解答例)　海底の熱水噴出孔付近の高温・高圧条件下で，無機物からアミノ酸などの低分子有機物が合成され，さらにタンパク質などの高分子有機物が合成される化学進化が生じたと考えられる。その後，脂質二重膜のような膜構造にタンパク質や核酸が集まり，秩序だった代謝系，およびDNAやタンパク質による自己複製系が確立していき，原始生命が誕生したと考えられる。　　③　(解答例)　その当時の海洋中には多くの鉄イオンが含まれており，シアノバクテリアの光合成によって発生した酸

素と結合したため，すぐには大気中に酸素は増加しなかった。このとき，酸化鉄として海底に沈殿し堆積したのが縞状鉄鉱層である。

④ （解答例）　ミトコンドリアの祖先と考えられる原始的好気性細菌や，葉緑体の祖先と考えられるシアノバクテリアが原始的原核生物のエンドサイトーシスにより細胞内に入り込み，共生したという説が共生説である。ミトコンドリアと葉緑体は二重膜構造であり，独自の環状DNAや原核生物型のリボソームをもっていることが根拠になっている。　　(4)　①　（解答例）　イヌリンの濃縮率は$\frac{1.2}{0.01}=120$である。1日に生成する尿は$1\times60\times24=1440$〔mL〕$=1.44$〔L〕なので，原尿量は$1.44\times120=172.8\fallingdotseq173$〔L〕となる。　　②　(i)　99.2〔%〕

(ii)　99.1〔%〕　　③　（解答例）　水の再吸収量が1%減少すると，尿の量は$172.8\times0.01=1.728$〔L〕増える。よって，求める値は，$\frac{1.44+1.728}{1.44}=2.2$〔倍〕となる。　　④　（解答例）　濃縮率の高いクレアチニンや尿素は，ヒトにとっては不要な老廃物であり，ネフロンでは，糸球体からボーマンのうにこし出され，細尿管では毛細血管にあまり再吸収されずに尿として排出される。

(5)　①　（解答例）

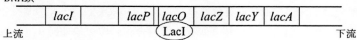

② 　名称…オペロン　　（解答例）　意義…調節遺伝子によって，特定の生命活動に関わる一連の遺伝子を同調的に発現することができる。（解答例）　③　グルコース存在下では，まずはグルコースが優先して生命活動に利用されることで細胞数が増加する。一方，グルコースを使い切ると，しばらくは細胞数が増加しないが，cAMPの濃度が上昇し，CAP－cAMP複合体というアクティベーターが形成され，RNAポリメラーゼのプロモーターへの結合を助けるので，ラクトースを代謝する酵素がつくられるため再び細胞数が増加する。　　④　（解答例）　真核生物では，原核生物のようにプロモーターにRNAポリメラーゼが結

合するだけで転写が開始するわけではなく，RNAポリメラーゼが基本転写因子と複合体を形成する必要がある。さらに，プロモーターから離れた位置にある転写調節領域に調節タンパク質が結合し，これらが複合体と結合することで転写が開始する。

〈解説〉(1)　①　体細胞分裂なので，図1には染色体が4対存在しており，核相は$2n$なので，$2n＝4$である。　②　減数分裂の第一分裂では，2本の相同染色体が対合して二価染色体となり，その分離が行われる。③　染色体の乗換えは，第一分裂にて二価染色体ができる際に，隣り合う染色体間で起こる。　④　解答参照。　(2)　①　アミノ酸は対応するtRNAに付加され，リボソームに運ばれてタンパク質の合成に用いられる。よって，これら2つが必要となる。　②　ACACAC…のmRNAより，ACA，CACのいずれかがトレオニン，ヒスチジンのコドンである。また，CAACAA…のmRNAより，CAA，AAC，ACAのいずれかが，グルタミン，トレオニン，アスパラギンのコドンである。これら2つにおいて共通しているACAがトレオニンなので，CACはヒスチジンと決まる。しかし，CAAとACAについてはどちらがグルタミン，アスパラギンのコドンか判断できない。　③　4種類の塩基から順序を考えず3つ並べる場合の数を考える。3塩基がすべて同じ場合は4通り，2塩基が同じで1塩基が異なる場合が$4×3＝12$〔通り〕，3塩基がすべて異なる場合が$_4C_3＝4$〔通り〕なので，合計20通りとなるため20種類のアミノ酸が指定できることになる。しかし，生体を構成するアミノ酸も20種類なので，この考え方では終止コドンに指定できる3塩基の組合せがなくなってしまう。　(3)　解答参照。　(4)　①　まずは，再吸収されないイヌリンを用いて濃縮率を求める。(濃縮率)$＝\dfrac{(尿中の濃度)}{(血しょう中の濃度)}$である。　②　原尿中の量から尿中の量を引いた量が，再吸収された量である。　(i)　$\dfrac{(原尿量)-(尿量)}{(原尿量)}×100＝\dfrac{172.8-1.44}{172.8}×100≒99.2$〔%〕となる。

(ii) $\dfrac{(原尿中のNa^+の量)-(尿中のNa^+の量)}{(原尿中のNa^+の量)}\times100$

$=\dfrac{172.8\times0.003-1.44\times0.0034}{172.8\times0.003}\times100\fallingdotseq99.1$〔%〕となる。　③　解答参照。　④　表のうち特に濃縮率が高いのは，クレアチンの$\dfrac{0.075}{0.001}=$75，尿素の$\dfrac{2}{0.03}\fallingdotseq67$である。ネフロン(腎単位)では，ろ過と再吸収が行われる。　(5)　①，②　解答参照。　③　このような制御をカタボライト抑制という。　④　解答参照。

中 学 理 科

【1】中学校学習指導要領(平成29年3月告示)第2章第4節理科について，次の(1)，(2)の問いに答えよ。

(1) 次のア〜エのうち，小学校学習指導要領(平成20年3月告示)では小学校第6学年で扱っていたが，平成29年の改訂により，中学校学習指導要領(平成29年3月告示)で取り扱うこととされた内容を含むものはどれか，1つ選んで記号を書け。

ア 電気とそのエネルギー　　イ 水溶液
ウ 自然界のつり合い　　　　エ 気象観測

(2) 次の文は，「第3 指導計画の作成と内容の取扱い」の一部である。

---

1 指導計画の作成に当たっては，次の事項に配慮するものとする。

(1) 略

(2) 各学年においては，年間を通じて，各分野におよそ同程度の_a授業時数を配当すること。その際，各分野間及び各項目間の関連を十分考慮して，各分野の特徴的な見方・考え方を(X)に働かせ，自然の事物・現象を科学的に探究するために必要な資質・能力を養うことができるようにすること。

(3) 学校や生徒の実態に応じ，十分な観察や実験の時間，(Y)のために探究する時間などを設けるようにすること。その際，問題を見いだし観察，実験を計画する学習活動，_b観察，実験の結果を分析し解釈する学習活動，科学的な概念を使用して考えたり説明したりする学習活動などが充実するようにすること。

---

(4)　日常生活や_c他教科等との関連を図ること。

(5)，(6)　略

2，3　略

① （　X　），（　Y　）に当てはまる語句をそれぞれ書け。

② 　下線部aについて，学校教育法施行規則に示されている中学校の各学年における理科の年間の標準授業時数を書け。ただし，授業時数の一単位時間は，50分とする。

③ 　下線部bの充実を図るためには，理科の授業において，生徒がどのようなことに取り組む時間を十分に確保することが大切か。中学校学習指導要領解説理科編(平成29年7月文部科学省)に示されている内容に基づいて書け。

④ 　下線部cについて，理科の学習の定着を図り内容の理解を深めるためには，どのようにして学習活動を進めることが大切か。中学校学習指導要領解説理科編(平成29年7月文部科学省)に示されている内容に基づいて書け。

(☆☆☆◎◎◎)

【2】観察，実験について，次の(1)～(4)の問いに答えよ。

(1)　図は，加熱を伴う実験を行う際に使用する実験器具である。X，Yの器具の名称をそれぞれ書け。

図

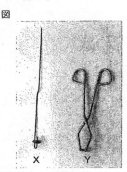

X　　Y

(2)　中学生に植物の茎の横断面を観察させるため，切片を作りたい。

① 茎が細い場合，どのような方法で切片を作ればよいか，書け。

② プレパラートを作成するまでの間，作った切片の状態を保つために，切片をどのような状態にしておくとよいか，書け。

(3) 天体の日周運動について説明した際に，中学生から「見かけの動きとはどのようなものですか。」と質問された。見かけの動きを実感させるために，どのような実験を行えばよいか，図と言葉でかけ。

(4) 中学生に，身近なものと磁石を用いて，リニアモーターの仕組みが実感できる装置を作らせたい。どのような装置を作らせればよいか，図と言葉でかけ。

(☆☆☆◎◎◎)

【３】日本の宇宙開発の父と呼ばれる糸川英夫博士は，秋田県にゆかりのある人物である。そこで，中学生の宇宙に対する興味・関心を高めるため，次のⅠ，Ⅱの内容を取り入れて糸川英夫博士のことを紹介したい。どのような紹介をすればよいか，書け。

Ⅰ 糸川博士が1955年に秋田県で行った実験

Ⅱ 糸川博士にちなんで名付けられた天体から，2010年に試料を地球に持ち帰った小惑星探査機の名称

(☆☆☆☆◎◎◎)

【４】電流と電気抵抗について，次の(1)〜(5)の問いに答えよ。

(1) 10Ω，20Ω，30Ωの抵抗器を用い，図1のような回路をつくった。電源の電圧が10Vのとき，回路全体を流れる電流の大きさは何Aか，四捨五入して小数第2位まで求めよ。ただし，導線の抵抗はないものとし，発熱等による抵抗値の変化はないものとする。

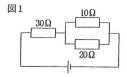

図1

(2) 導体と不導体(絶縁体)の中間の抵抗率を示すものは，半導体と呼

ばれる。

① 次のア〜オの物質のうち，半導体と呼ばれるものはどれか。2つ選んで記号を書け。

ア ゲルマニウム　イ ホウ素　ウ エボナイト
エ タングステン　オ ケイ素

② 半導体の抵抗率は，温度が上昇するにつれてどのようになるか，書け。

(3) 中学生に，図2の回路において枝分かれする前後の電流の流れを身の回りのものに例えてイメージさせたい。どのようなものに例え，どのような説明をすればよいか，図と言葉でかけ。

図2

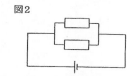

(4) 中学生から「電流計を回路に並列につないではいけないのはなぜですか。」と質問された。この中学生に，電流計の内部抵抗の特徴に触れながら理由を説明したい。どのような説明をすればよいか，書け。

(5) 銅でできている断面積2.0×10^{-6}m²の導線に3.0Aの電流が流れているとき，移動する自由電子の平均の速さは何m/sか，求めよ。求める過程も書け。ただし，銅の自由電子の個数密度は8.5×10^{28}個/m³，電気素量は1.6×10^{-19}Cとする。

(☆☆☆◎◎◎)

【5】物体の運動について，次の(1)〜(5)の問いに答えよ。

(1) 「運動の規則性」の学習では，中学生に振り子などの物体の運動の様子を詳しく観察させ，物体の運動の2つの要素について理解させることをねらいとしている。2つの要素とは何と何か，中学校学習指導要領(平成29年3月告示)に示されている内容に基づいて書け。

(2) 図1のように，傾角30°の粗い斜面上に質量m〔kg〕の物体が静止

している。斜面に平行で，下向きの力を加えて物体を動かすためには，何Nよりも大きな力を加えればよいか，求めよ。ただし，静止摩擦係数は$\sqrt{3}$，重力加速度の大きさはg〔m/s^2〕とする。

図1

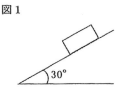

(3)　図2は，ある物体の直線運動における速度の時間変化を表しており，物体が運動する向きは正とする。

図2

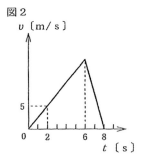

①　$0 \leqq t \leqq 4$での加速度は何m/s^{2}か，求めよ。

②　物体が8秒間に移動した距離は何mか，求めよ。

(4)　地面からの高さが19.6mの屋上から，建物の外に向かって小球を水平に20.0m/sの速さで投げた。小球を投げた地点と，小球が地面に達した地点との間の水平方向の距離は何mか，求めよ。求める過程も書け。ただし，空気抵抗はなく，地面は水平なものとする。また，重力加速度の大きさは9.80m/s^{2}とする。

(5)　中学生に，記録タイマーを使って，水平な面上の力学台車に一定の力が働き続けるときの，力学台車の速さの変化を調べさせたい。どのような実験を行えばよいか，図と言葉でかけ。

(☆☆☆◎◎◎)

【6】気体について，次の(1)～(4)の問に答えよ。

(1) 小学校第6学年では，燃焼の仕組みについて，植物体が燃えるときの空気中の気体の変化に着目し，どのようなことを学習するか。中学校学習指導要領解説理科編(平成29年7月文部科学省)に示されている内容に基づき，気体の名称を示して書け。

(2) 実在気体の温度と圧力が，どのような状態になれば，ほぼ理想気体とみなすことができるか，次から最も適切なものを1つ選んで記号で書け。

ア 高温・低圧　　イ 高温・高圧　　ウ 低温・低圧
エ 低温・高圧

(3) 図のように，水槽内に水位と同じになるまでメスシリンダー内の水素を捕集した。このとき300K，9.96×10^4Paの大気圧のもとで，メスシリンダー内の気体の体積は415mLであり，メスシリンダー内の気体は水蒸気が飽和した混合気体になっている。捕集した水素の物質量は何molか，求めよ。求める過程も書け。ただし，水の飽和水蒸気圧は300Kで3.6×10^3Paとする。また，気体定数は8.3×10^3Pa・L/(K・mol)とする。

図　メスシリンダー

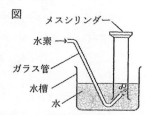

水素→
ガラス管
水槽
水

(4) 中学生に，二酸化炭素の密度が空気よりも大きいことを視覚的に捉えさせたい。どのような現象を提示すればよいか，図と言葉をかけ。

(☆☆☆◎◎◎)

【7】銅，マグネシウム，鉄について，次の(1)～(5)の問いに答えよ。

(1) 銅，マグネシウム，鉄のうち，遷移元素に分類される元素はどれ

か，全て書け。

(2)　図は，銅とマグネシウムをそれぞれ加熱したときの質量の変化を表したグラフである。このグラフを見てPの部分に着目した中学生が「酸化銅と酸化マグネシウムの質量の比が3：4なので，同じ質量の酸素と結び付く銅とマグネシウムの質量の比は3：4です。」と発言した。この中学生に，同じ質量の酸素と結び付く銅とマグネシウムの正しい質量の比の求め方について説明したい。どのような説明をすればよいか，書け。ただし，必要に応じて，図やグラフを用いてもよいものとする。

図

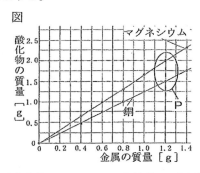

(3)　硫酸銅(Ⅱ)五水和物CuSO₄・5H₂Oの結晶50gを30℃の水に全て溶かして硫酸銅(Ⅱ)の飽和水溶液をつくりたい。必要な水は何gか求めよ。ただし，硫酸銅(Ⅱ)の水に対する溶解度を30℃で25とする。また，物質の式量は次のとおりとする。

〔$CuSO_4＝160$，　$CuSO_4・5H_2O＝250$〕

(4)　鉄は，溶鉱炉内で赤鉄鉱などの鉄鉱石を，一酸化炭素で還元してつくられることが多い。赤鉄鉱の主成分である酸化鉄(Ⅲ)Fe_2O_3が，一酸化炭素で還元されるときの化学変化を化学反応式で書け。

(5)　鉄をさびにくくするために，鉄の表面を亜鉛でめっきしたものをトタンという。

①　トタンが鉄よりもさびにくいのはなぜか，トタンの表面にできる物質とその働きに触れて書け。

② トタンは，屋外のような水にぬれるところに使われている。トタンの表面に傷がつき鉄が露出して水に触れても，鉄だけのときよりさびにくいのはなぜか，書け。

(☆☆☆○○○)

【8】遺伝の規則性と遺伝子について，次の(1)～(3)の問いに答えよ。

(I) メンデルは，エンドウについて，「種子の形」を含めた7つの対立形質の遺伝の規則性について調べた。

① メンデルが調べた7つの対立形質には，「種子の形」のほかにどのようなものがあるか，3つ書け。

② 丸形の種子をつくる純系のエンドウとしわ形の種子をつくる純系のエンドウを親として交配し，得られた子を自家受粉させて得た孫の代には，丸形としわ形の形質が約3：1の割合で現れる。そこで，中学生に，子にあたるエンドウを交配させたときの孫に現れる遺伝子の組み合わせを調べさせるため，図のような実習に取り組ませたい。Xに当てはまる手順を書け。

図

実習手順
Ⅰ 一人一人が2枚のカードに，丸形の形質にする遺伝子をA，しわ形の形質にする遺伝子をaとして，それぞれ記入する。
Ⅱ 2枚のカードを自分の袋に入れ，2人で1グループとなる。
Ⅲ　　　　　　　　　　　　　X
Ⅳ Ⅲの作業を合計50回繰り返す。

(2) 中学生から「DNAを実際に見てみたい。」という発言があり，ブ

ロッコリーからDNAを抽出することにした。そこで，DNA抽出液を身近にあるものを使って作りたい。何を使ってどのように作ればよいか，書け。

(3) 遺伝子の発現の最初の過程では，DNAからRNAが合成される。RNAには，mRNAやtRNAなどの種類がある。mRNAとtRNAの主な働きをそれぞれ書け。

(☆☆☆◎◎◎)

【9】消化と吸収について，次の(1)〜(4)の問いに答えよ。

(1) 小学校理科の学習で，ヒトや他の動物について，体のつくりと呼吸，消化，排出及び循環についての学習を行うのは第何学年か。中学校学習指導要領解説理科編(平成29年7月文部科学省)に示されている内容に基づいて書け。

(2) 唾液とデンプン溶液の混合液を作り，それにベネジクト液を加えて加熱し，糖の有無を調べたい。そこで，中学生に，加熱時の注意点を次のように説明することにした。説明が正しくなるように，(P)，(Q)に当てはまる語句をそれぞれ書け。

・ベネジクト液を加えた混合液の入った試験管に(P)を入れ，軽く振りながら加熱する。
・液の量は試験管の4分の1以下にして，(Q)を人に向けない。

(3) 血糖値の調整におけるすい臓の働きについて説明した次の文が正しくなるように，(W)〜(Z)に当てはまる語句をそれぞれ書け。

血糖値が増加した場合は，すい臓のランゲルハンス島の(W)が直接感知して，(X)が分泌する。血糖値が減少した場合は，すい臓のランゲルハンス島の(Y)が直接感知して，(Z)を分泌する。

(4) 中学生に，消化によってできた，ブドウ糖，アミノ酸，脂肪酸，モノグリセリドが小腸の柔毛でどのように吸収されるのか，黒板に

模式図をかいて説明したい。どのような説明をすればよいか，図と
言葉でかけ。

(☆☆☆◎◎◎)

【10】 地層について，次の(1)～(3)の問いに答えよ。
  (1) 地形や地層，岩石の観察に当たっては，自然環境の保全に寄与す
    る態度を養うという観点から，どのような指導をするとよいか。中
    学校学習指導要領解説理科編(平成29年7月文部科学省)に示されてい
    る内容に基づいて書け。
  (2) 地層の堆積が続く場所では，次々と上に地層が堆積するので，上
    にある地層ほど新しい。これを何の法則というか，書け。
  (3) 図は，ある地域の地質図である。

図

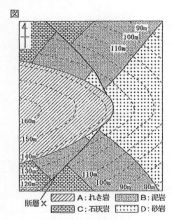

断層X　　⧄ A：れき岩　　▦ B：泥岩
　　　　　▥ C：石灰岩　　▨ D：砂岩

  ① 次のア～エのうち，A層と他のB～D層との関係を示しているも
    のはどれか。
    ア　貫入　　イ　葉理　　ウ　変成　　エ　不整合
  ② C層の石灰岩に塩酸を滴下すると反応が起こる。反応の様子を
    表す化学反応式を書け。また，石灰岩の由来となる生物を1つ書
    け。
  ③ 図の地層が形成された過程について，次のア～オを古い順に並

185

べかえて記号を書け。ただし，褶曲，地層の逆転はなく，断層は断層Xのみであり，断層Xには双方向のずれ(横ずれ)はないものとする。

ア　A層が堆積した　　イ　B層が堆積した

ウ　C層が堆積した　　エ　D層が堆積した

オ　断層Xが生じた

(☆☆☆◎◎◎)

【11】雲，前線，低気圧について，次の(1)～(4)の問いに答えよ。

(1) 中学生に，雲のでき方の学習において，空気を膨張させたときの気温の変化と凝結の様子を捉えさせる実験を行わせたい。どのような実験を行わせればよいか，図と言葉で書け。

(2) 北半球と南半球の中緯度帯で見られる前線を伴った低気圧は，温帯低気圧と呼ばれる。図は，北半球の温帯低気圧の南東側にできた温暖前線と，南西側にできた寒冷前線を記号で表したものである。

図

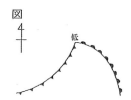

① 南半球の中緯度帯の温帯低気圧の進む方位は，東，西，南，北のどれか，最も適切なものを1つ選んで書け。

② 南半球の中緯度帯の温帯低気圧に伴う温暖前線と寒冷前線を記号で表すとどうなるか，書け。

(3) ある観測地点(標高0m)を寒冷前線が通過するとき，雲の上部が対流圏界面(圏界面)に達する雲が見られた。また，寒冷前線が通過する直前の観測地点での気温は17.5℃，高度5kmでの気温は−20℃で，気温は高度とともに一定の割合で減少していた。このとき見られる雲は何か，次のア～エから最も適切なものを1つ選んで記号を書け。また，寒冷前線が通過する直前の地上から高度5kmまでの大気の状

186

態を書け。ただし，このときの乾燥断熱減率を0.98℃/100m，湿潤断熱減率を0.50℃/100mとする。

ア　乱層雲　　イ　高積雲　　ウ　積乱雲　　エ　層積雲

(4)　日本海で低気圧が発達するとき，太平洋側から日本海側に向かって風が吹くことがある。太平洋側の高度0mでの気温23.0℃の空気塊が，高さ2500mの山脈を越えて日本海側の高度0mまで吹き下りたとき，この空気塊の温度は何℃になるか。ただし，この空気塊の露点を13.2℃とし，山を越えて吹き下りるとき雲は消えているものとする。また，乾燥断熱減率を0.98℃/100m，湿潤断熱減率を0.50℃/100mとする。

(☆☆☆◎◎◎)

高 校 理 科

【共通問題】

【1】次の(1)～(3)の各問いに答えよ。

(1)　図1は，机の上に置かれたりんごにはたらく力を説明するための模式図であり，りんごにはたらく力を1つだけ矢印で示している。この力とつりあいの関係にある力をA，作用・反作用の関係にある力をBとして図1に矢印で示し，AとBはそれぞれ何が何から受ける力か，書け。なお，地球の自転の影響や机の質量は無視できるものとする。

図1

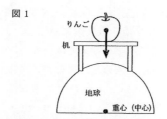

(2)　地球を周回する国際宇宙ステーション(ISS)の内部では物体は宙に

浮かび，無重力状態にある。ISSの内部が無重力状態になる理由を書け。

(3)　図2のように，弦の一端をおんさにつなぎ，他端に滑車を通しておもりをつるす。おんさを振動させると，弦は(　　)して3つの腹をもつ定常波が生じた。このときの弦の振動する部分の長さをlとする。

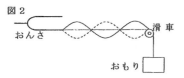

図2

① 文中の(　　)に適する語句を書け。

② このとき，弦を伝わる波の波長を求めよ。

③ 次に，おんさや弦の長さはそのままにして，おもりの質量だけを変えて，弦に4つの腹をもつ定常波を生じさせた。このとき，おもりの質量ははじめのおもりの質量の何倍か，求めよ。ただし，弦を伝わる波の速さは弦の張力の大きさの平方根に比例するものとする。

(☆☆☆◎◎◎)

【2】次の文章を読み，あとの(1)～(4)の各問いに答えよ。

　過マンガン酸カリウム$KMnO_4$は，水に溶けると電離して，MnO_4^-を生じる。MnO_4^-のMnの酸化数は(　ア　)であり，硫酸で酸性にした水溶液中でMnO_4^-は相手の物質から電子を奪って，酸化数＋2のMn^{2+}になりやすいので，強い酸化剤としてはたらく。

　硫酸で酸性にした$_a$過酸化水素H_2O_2は，通常，強い酸化剤としてはたらくが，$KMnO_4$のような強い酸化剤に対しては，(　イ　)剤としてもはたらき，相手の物質に電子を与えてO_2になる。

　過酸化水素水溶液の濃度を求めるために，過酸化水素水溶液10mLをとって希硫酸を加え，0.010mol/Lの過マンガン酸カリウム水溶液を(　ウ　)で滴定する実験を行った。12.0mL加えたところで$_b$過不足なく反応した。

(1) 文中の(ア)～(ウ)に適する語句や数値をそれぞれ書け。ただし,(ウ)には実験器具を記せ。

(2) 下線部aについて,硫酸で酸性にした過酸化水素が強い酸化剤としてはたらくときの反応を,電子e⁻を用いた式で書け。

(3) 下線部bについて,次の①～③に答えよ。

① この反応の化学反応式を書け。

② 濃度を求めるために滴定を行っているが,滴定の終点はどのように判断することができるか,書け。

③ 過酸化水素水の濃度〔mol/L〕を有効数字2桁で求めよ。ただし,計算過程も書け。

(4) 高等学校学習指導要領(平成30年告示)「第2章 各学科に共通する各教科 第5節 理科 第3款 各科目にわたる指導計画の作成と内容の取扱い」の2(7)に,「観察,実験,野外観察などの指導に当たっては,関連する法規等に従い,事故防止について十分留意するとともに,使用薬品などの管理及び廃棄についても適切な措置を講ずること。」と記載がある。強い酸化剤の保管と管理について注意すべきことを書け。

(☆☆☆◎◎◎)

【3】次の文章を読み,下の(1)～(3)の各問いに答えよ。

すべての生物は,細胞を基本単位としている。どの細胞にも同じ遺伝子が含まれるためには,体細胞分裂の際に_aDNAが正確に複製されて2つの娘細胞に分配されなければならない。真核細胞の核分裂は,_b前期・中期・後期・終期の順で進行する。真核細胞の染色体は,_c間期の間は核内に分散しているが,核分裂が始まると凝縮されて,光学顕微鏡で観察できるほど太く短い構造になる。

(1) 下線部aについて,次の①～④に答えよ。

① DNAを構成する単位は,リン酸と糖と塩基からできている。この単位は何と呼ばれるか,書け。

② 1953年にワトソンとクリックによって,科学雑誌「ネイチャー」

に発表されたDNAの構造は何と呼ばれるか，書け。

③　あるDNAの2本の鎖の一方がCAGTAの塩基配列をもつ場合，これと対になるもう1本の鎖の塩基配列はどうなるか，書け。

④　DNAの複製では，塩基の相補性を利用すれば，何度でも全く同じDNAがつくられる。この複製のしかたは何と呼ばれるか，書け。

(2)　下線部bについて，前期では染色体が糸状に見えるようになり，その後，棒状になり，縦のさけ目がわかるようになる。中期，後期を経て，終期では両極の染色体の凝縮がゆるんで細くなり，やがて娘核ができる。中期，後期では染色体はどのような特徴が観察されるか，それぞれ書け。

(3)　下線部cは，G_1期，S期，G_2期の3つの時期に分けられている。それぞれの時期の特徴を書け。

(☆☆☆◎◎◎)

【4】次の文章を読み，下の(1)～(4)の各問いに答えよ。

　　私たちが可視光線で見る太陽の表面を光球と呼ぶ。光球の温度はおよそ5800Kである。光球には，黒いシミのように見える（　ア　）や，明るい斑点状の白斑が見られることがある。月が太陽を隠す皆既日食のときには，光球の2倍ほどまで広がった真珠色に輝くガスである（　イ　）を見ることができる。また，太陽活動の極大期には，太陽表面での爆発現象である（　ウ　）が多発する。

　　太陽のエネルギー源は，核融合で生じるエネルギーである。この核融合では，複数の段階にわたって反応が起こり，結果的に水素原子核（　エ　）個からヘリウム原子核1個ができる。この反応は今後およそ50億年続くと考えられている。やがて中心部にヘリウムがたまり，中心核の温度が1億Kを超えると，ヘリウムの核融合が始まり炭素や酸素などがつくられる。このように，恒星内部では核融合によって様々な元素がつくられている。

(1)　文中の（　ア　）～（　エ　）に適する語句や数値をそれぞれ書け。

(2)　（　ア　）が黒く見える理由を書け。

(3)　（　ウ　）の発生による地球への影響について，約8分後と，1～数日後に引き起こされる現象の説明を，それぞれ書け。

(4)　文中の下線部について，太陽より質量の大きな恒星の中には，核融合によって鉄の中心核までできるものがあるが，それ以上核融合は進まないと考えられている。しかし，実際，宇宙には鉄より重い元素が存在する。鉄より重い元素はどのようにしてつくられたと考えられているか，書け。

(☆☆☆☆☆◎◎◎)

【物理】

【1】次の(1)～(5)の各問いに答えよ。

(1)　図1のように，水平でなめらかな床に固定した高さhの台の上面の点Pから，小球を水平方向に速さv_0で投げ出した。小球と床の間の反発係数をe（$0<e<1$），重力加速度の大きさをgとする。

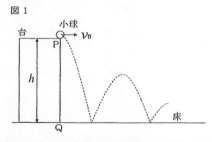

図1

①　小球が1回目に床と衝突する直前の，小球の床面に対して垂直な向きの速さを求めよ。

②　小球が床と1回目に衝突してから2回目に衝突するまでの時間t_1を求めよ。

③　小球が床にn回目に衝突してから次に床に衝突するまでの時間をt_n，床と$n+1$回目に衝突してから次に床に衝突するまでの時間をt_{n+1}とするとt_{n+1}はt_nの何倍か，求めよ。

④　小球は床との衝突を繰り返しながら運動し，ある時間が経つと床面上をすべりはじめた。点Pの真下にある点Qから小球がすべ

りはじめた点までの距離を求めよ。ただし，計算の過程も書け。

(2)　図2のように，ばね定数kのばねがついており，なめらかに動く断面積Sのピストンを備えたシリンダーがある。この中に単原子分子理想気体を入れ，ばねが自然長になるようにしてから，気体にヒーターで熱を加えたところ，ばねはlだけ縮んでピストンが静止した。ただし，大気圧をP_0とし，シリンダーから外部に熱は逃げないものとする。

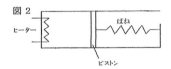

図 2

①　このときの気体の圧力を求めよ。

②　気体がした仕事はいくらか。授業中の板書を想定して，グラフを用いてわかりやすく説明せよ。

(3)　図3はx軸の正方向に振幅0.20m，周期0.50s，速さ16m/sで進む正弦波の時刻$t＝$0sにおける波形を示している。

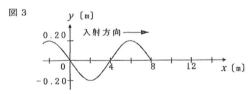

図 3

①　位置x〔m〕($x＜8$)における正弦波(入射波)の変位y_1〔m〕を時刻tの関数で表せ。

②　$x＝$12mの位置にx軸に垂直に置かれた壁があるとする。時刻$t＝$0sから十分に時間が経過した後，壁で反射された正弦波(反射波)の位置x〔m〕($x＜12$)における変位y_2〔m〕を時刻tの関数で表せ。ただし，この正弦波は壁で固定端反射をするものとする。

(4)　図4のように，内部抵抗が無視できる起電力Eの電池Eと電気容量がCのコンデンサーC_1，極板間距離がC_1の$\dfrac{1}{2}$でその間に比誘電率4の誘電体を満たしたコンデンサーC_2，自己インダクタンスがLのコイ

ルL，およびスイッチS_1，S_2，S_3を接続した。ただし，コンデンサーC_1の極板間は真空であるものとする。また，はじめ，S_1，S_2，S_3は開いており，それぞれのコンデンサーの極板上に電荷はないものとする。

図4

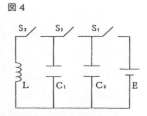

① コンデンサーC_2の電気容量を求めよ。

② S_1を閉じて十分に時間が経過した後にS_1を開いた。続いてS_2を閉じて十分に時間が経過したとき，C_1の極板間の電圧を求めよ。ただし，計算の過程も書け。

③ ②の操作の後，さらにS_3を閉じると，周波数fの振動電流が流れた。fを求めよ。

④ ③の周波数fの振動電流が流れているとき，その振動電流の大きさが最大になった瞬間にコイルの両端に生じる電圧を求めよ。

(5) 次の①，②について授業中の板書を想定し，わかりやすく書け。

① 単元「波の伝わり方」において，「遠浅の砂浜で波が海岸と平行に押し寄せるのはなぜか」という学習課題を設定した。この学習課題の解答はどうなるか，説明せよ。ただし，図5のように，底面が水平で十分に大きな水槽に水を入れ，一様な厚さのガラス板を水槽の底に沈めた装置を用いて，条件を簡略化した演示実験を行うこととし，この実験結果を踏まえること。

図5

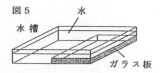

水槽　水　ガラス板

② 質量欠損および原子核の結合エネルギーについて，それぞれ説

明せよ。

(☆☆☆◎◎◎)

【化学】

【1】下の(1)〜(4)の各問いに答えよ。

必要な場合は以下の数値を用いること。

原子量　H＝1.0，C＝12，O＝16，K＝39，I＝127

気体定数　$R＝8.3×10^3$Pa・L/(mol・K)　$\sqrt{2}＝1.41$，$\sqrt{3}＝1.73$

(1) a塩素は実験室では酸化マンガン(Ⅳ)に濃塩酸を加えて加熱するか，bさらし粉に希塩酸を加えて発生させる。c塩素と水素の混合物に光を照射すると爆発的に反応して塩化水素を生じる。

① 下線部aの反応を化学反応式で書け。

② 下線部aの製法で塩素を発生させる際，生じる不純物を取り除くために必要な操作方法を生徒に説明したい。実験装置の図を示しながら，板書例を書け。

③ さらし粉は，消石灰Ca(OH)₂に塩素を十分に吸収させると生じる。この反応を化学反応式で書け。

④ 下線部bの反応を化学反応式で書け。

⑤ 下線部cは連鎖反応によるものであるが，この反応のしくみについて説明せよ。

(2) 油脂Aは，ステアリン酸$C_{17}H_{35}COOH$ 20％，オレイン酸$C_{17}H_{33}COOH$ 10％，リノール酸$C_{17}H_{31}COOH$ 70％からなる。次の文章を読んであとの①〜⑥に答えよ。

油脂はグリセリン1分子と高級脂肪酸3分子とが(ア)結合した化合物である。油脂を水酸化ナトリウムでけん化するとグリセリンと高級脂肪酸のナトリウム塩を生じる。この高級脂肪酸のナトリウム塩を(イ)という。油脂1gをけん化するのに必要な水酸化カリウムの質量〔mg〕を油脂のけん化価という。けん化価が大きいほど，油脂の平均分子量は(ウ)。

また，油脂100gに付加するヨウ素I_2の質量〔g〕をヨウ素価といい，

ヨウ素価が大きい油脂ほど油脂中の炭素－炭素間の二重結合が
(エ)。

①　文中の(ア)，(イ)に適する語句をそれぞれ書け。また，
（ ウ ）と(エ)に適する語句を次の語群から1つずつ選んで書
け。

　【語群】　大きい　　小さい　　多い　　少ない

②　油脂Aの平均分子量を整数値で求めよ。

③　油脂Aの1分子あたりの炭素－炭素間の二重結合の数を平均する
と何個になるか，有効数字2桁で答えよ。

④　油脂Aのけん化価を整数値で求めよ。

⑤　油脂Aのヨウ素価を整数値で求めよ。

⑥　油脂A10gに完全に付加する水素の体積は，27℃，$1.0×10^5Pa$下
で何Lか。有効数字2桁で答えよ。

(3)　イオン結晶について次の文章を読んで，あとの①～③に答えよ。

　陽イオンと陰イオンの比が1：1であるイオン結晶にはCsCl型，
NaCl型，ZnS型などがあり，結晶がいずれの構造をとるのかは構成
する陽イオンと陰イオンの半径の比によって決まる。

　それぞれのイオンは反対符号のイオンと接しており，その数が多
いほど安定である。しかし，陰イオンに対して陽イオンが小さくな
りすぎると陰イオンどうしが接するようになるので結晶は不安定に
なる。

　図1，2はそれぞれCsCl型，NaCl型の結晶格子であり，○は陽イオ
ン，●は陰イオンを表す。

図1　CsCl型　　図2　NaCl型

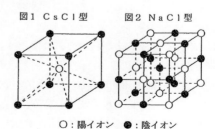

○：陽イオン　●：陰イオン

① CsCl型，NaCl型の配位数をそれぞれ書け。

② 陽イオンの半径をr^+，陰イオンの半径をr^-としたとき，CsCl型結晶として安定に存在するためのイオン半径比は$\frac{r^+}{r^-} > ($　ア　$)$となる。また，NaCl型結晶として安定に存在するためのイオン半径比は$\frac{r^+}{r^-} > ($　イ　$)$となる。（　ア　），（　イ　）に当てはまる数値を小数第2位まで求めよ。

③ X^+とY^-からなる，ある化合物XYのイオン結晶は温度によって結晶の構造がCsCl型からNaCl型に変化する。化合物XYの結晶の構造がCsCl型からNaCl型に変化したとき，密度は何倍になるか，小数第2位まで求めよ。ただし，イオン半径に変化はないものとする。

(4) 図3は電解質としてリン酸H_3PO_4水溶液，燃料として水素を用いた水素－酸素型の燃料電池の模式図である。
　　　　下の①～⑤に答えよ。

図3　リン酸型燃料電池

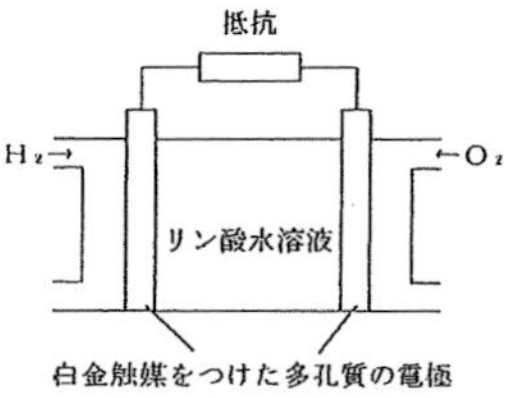

① 正極，負極で起こる反応を電子e^-を用いた式でそれぞれ書け。

② 水素－酸素型の燃料電池には，電解質に高濃度の水酸化カリウムKOHを用いたものもある。このとき電池の正極で起こる反応を電子e^-を用いた式で書け。

③ 水素は工業的にはメタンからつくられる。水素の工業的製法について説明せよ。

④ 水素の燃焼熱は286kJ/molである。水素の燃焼を表す熱化学方程式を書け。ただし，生じる水は液体とする。

⑤ 水素－酸素型燃料電池を実際に稼働させたところ，出力100W

で，電圧が1.00Vであった。1〔W〕＝1〔V・A〕＝1〔J/s〕，ファラデー定数F＝$9.65×10^4$C/molとして，次の(i)，(ii)に有効数字3桁で答えよ。

(i) 燃料電池を193分間稼働させたときに反応した水素H_2の物質量は何molか。

(ii) (i)の稼働で燃料電池から供給された電気エネルギーは，燃料電池で反応した水素H_2と同じ物質量の水素H_2をすべて燃焼させたときに生じる熱量の何％か。

(☆☆☆◇◇◇)

【生物】

【1】 次の(1)～(7)の各問いに答えよ。

(1) オオカナダモの葉の2つの小片を30％スクロース水溶液，10％エチレングリコール水溶液に別々に浸し，a原形質の体積の変化を顕微鏡で観察した。時間を追って細胞内の原形質の体積の変化を測定したところ，30％スクロース水溶液に浸した細胞は，240秒経過するまで原形質の体積が減少した。一方，10％エチレングリコール水溶液に浸した細胞は，120秒まで原形質の体積が減少したが，bその後，徐々に原形質の体積が増加し，やがて元に戻っていた。

① 下線部aについて，オオカナダモの他に顕微鏡を用いた植物細胞の浸透の観察実験に適している身近な材料は何か，書け。また，その材料を活用する理由を書け。

② 下線部bについて，細胞が緊張状態に回復する現象を何というか，書け。また，このとき細胞膜では，どのような物質の通過があったか，書け。

(2) 次の各問いに答えよ。

① 水中に生息する動物の多くは，精子と卵を水中に放出して体外受精を行う。放出される精子の数は，一般に卵の数に比べて多く，1個の卵に対して多数の精子が泳いでくることになる。しかし，実際に卵と受精する精子は1個だけである。ウニの受精における

先体反応と表層反応の特徴に触れながら，複数の精子が卵細胞に進入するのを防ぐしくみについて書け。

②　ヒトでは，病原体などの異物の侵入を物理的・化学的防御で防ぎ，体内に侵入した異物に対しては，生まれつき備わっている自然免疫や，生後獲得する獲得免疫がはたらく。獲得免疫で重要な役割を果たしている細胞は，B細胞・T細胞という2種類のリンパ球である。B細胞とT細胞の細胞膜上に発現しているそれぞれの抗原受容体の特徴について書け。

(3)　ニワトリの皮膚は，外胚葉性の表皮と中胚葉性の真皮からなり，背中や腹部の皮膚は羽毛を，肢の皮膚はうろこを形成している。ニワトリの胚の背中と肢の皮膚を表皮と真皮に分け，それらを交換して組み合わせて培養した。その結果，背中から取り出した真皮と肢の表皮を組み合わせた場合は羽毛が形成され，肢の真皮と背中の表皮を組み合わせた場合はうろこが生じた。なお，肢の真皮と背中の表皮を結合する実験結果は，組織を切り出すときの胚の日数によって異なる。下表は，胚の日数を変えて，いろいろな組み合わせをつくって結合した実験の結果である。

①　ある胚の領域の分化の方向が，その領域に接した他の領域からの影響によって決定される現象を何というか，書け。また，その作用をもつ胚域を何というか，書け。

②　実験から考察される発生における細胞分化と組織間の相互作用について，真皮と表皮における遺伝子発現に触れながら書け。

表　肢の真皮と背中の表皮を結合する実験結果

結合に用いる 肢の真皮の日数	結合に用いる背中の表皮の日数	
	5日目の胚	8日目の胚
10日目の胚	羽　毛	羽　毛
13日目の胚	うろこ	羽　毛
15日目の胚	うろこ	羽　毛

(4)　コハク酸脱水素酵素のはたらきを確かめる実験に関する次の文章を読み，あとの各問いに答えよ。

【準備】乾燥酵母，2％コハク酸ナトリウム水溶液，0.8％メチレンブルー，実験器具A(次図)，アスピレーターまたは真空ポンプ，ビ

ーカー，試験管，蒸留水，40℃でのお湯

図

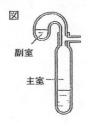

副室

主室

【方法】

　方法1　試験管に乾燥酵母5gと蒸留水50mLを入れて混合し，_a酵素液をつくる。

　方法2　実験器具Aの主室に酵素液を，副室に2％コハク酸ナトリウム水溶液2mlと0.8％メチレンブルーを数滴入れる。

　方法3　実験器具Aの主室と副室を結合させて，アスピレーターまたは真空ポンプを用いて脱気し，_b真空に近い状態にした上で，副室内の液を主室に流し込み，よく攪拌する。

　方法4　攪拌後，主室を40℃のお湯が入ったビーカーにつけて保温し，色の変化を確認する。

① 　実験器具Aの名称を書け。

② 　下線部aとして，乾燥酵母のほかに，身近にあるどのようなもので代用できるか，2つ書け。

③ 　下線部bの下で行う理由について，メチレンブルーの性質に触れながら，生徒に説明するための板書例を書け。

(5)　植物ホルモンに関する次の文章を読み，あとの各問いに答えよ。

　　植物ホルモンは，細胞分裂や器官の形成などの発生や成長の基礎となる現象にもはたらいている。細胞が分化していて，細胞分裂をしていない組織を切り出して，栄養分や植物ホルモンを含む適当な培地で培養すると，分裂を再開することがある。増殖した細胞はしばしば_a不定形の細胞の集塊となる。

　　また，植物体の一部が物理的に傷付くことがストレスとなり，植物体内で植物ホルモンの一種がつくられる。自然界でよくみられる

b傷害ストレスは，動物や昆虫による食害である。

① 下線部aは何と呼ばれているか，書け。

② 下線部aを用いて，茎頂分裂組織を形成して茎や葉をつくったり，根端分裂組織を形成して根をつくったりする場合，どのような植物ホルモンを使用し，どのような条件で培養するか，書け。

③ 下線部bに対する植物の応答のしくみについて書け。

(6) 植生の多様性に関する次の文章を読み，下の各問いに答えよ。

　ある場所の植生が時間とともに移り変わり，一定の方向性をもって変化していく現象をa遷移という。遷移の初期に現れる種類の樹木を先駆樹種という。森林を構成する樹木の種類が，徐々に先駆樹種から極相樹種へと交代し，やがて，極相樹種を中心としたb極相林になる。

① 下線部aには，一次遷移と二次遷移がある。それぞれの特徴について書け。

② 伊豆諸島の三宅島が，遷移の研究場所として適している理由について書け。

③ 下線部bについて，極相樹種だけでなく，様々な種類の樹木から構成されており，森林はそれらがモザイク状に混じるようにして維持される。森林が常に変化しながら維持されるしくみについて，書け。

(7) 地球の地質時代は，地層の中に残された生物化石の出現状況により区分されている。大まかな時代区分として代が，またその代の中の区分として紀が用いられている。生物化石が多く現れる約5億4千万年前から現在までの時代は，古生代，中生代，新生代に分けられる。それ以前の化石のあまり出現しない時代は，a先カンブリア時代と呼ばれている。それぞれの代の境界では，前後で出現する化石種が大幅に変化していることから，b生物の大量絶滅が起こったと考えられている。

① 下線部aについて，おおよそ7億年前には，ほぼ地球の全域が氷河で覆われるような気候変動があった。何と呼ばれるか，書け。

② 水中から陸上への進出には，乾燥と重力への適応が不可欠であるが，古生代デボン紀に出現したとされるリニアという植物には，それらに対応する特徴があったと考えられる。考えられる特徴について書け。

③ 下線部bについて，化石を調査することにより過去5億年の間に，少なくとも5回の大きな生物相の入れ替わりが明らかになっている。大量絶滅の例を1つ挙げて，起きた時期，生物種の変化，原因や仮説等について書け。

(☆☆☆☆☆○○○○)

解答・解説

中 学 理 科

【1】(1) ア (2) ① X 総合的 Y 課題解決 ② 第1学年…105 第2学年…140 第3学年…140 ③ (解答例) データを図，表，グラフなどの多様な形式で表したり，結果について考察したりする時間を確保すること。 ④ (解答例) 各教科と関連する内容や学習時期を把握し，教科等の「見方・考え方」や育成を目指す資質・能力などについて，教職員間で相互に連携しながら，学習の内容や系統性に留意し，学習活動を進めること。

〈解説〉(1) 平成29年の改訂により，小学校第6学年で扱っていた「電気による発熱」は，中学第2学年で扱うこととなった。その他の移行した内容については，中学校学習指導要領解説を参照すること。

(2) 授業時数については，中学校学習指導要領にある「学校教育法施行規則(抄) 第5章 中学校 第73条」を参照すること。③④については，学習指導要領解説の該当箇所を参考に，できるだけ具体的な事例

を挙げて記述できるように準備するとよい。

【2】(1)　X…燃焼さじ　　Y…るつぼばさみ　　(2)　①　(解答例)　発泡スチロール材やピスに茎を挟み込み，よく切れるカミソリなどで薄く切り出す。　　②　(解答例)　試料が乾燥しないように，水を入れたペトリ皿の中に入れておく。　　(3)　(解答例)　ビニールシートなどで半球の天球モデルをつくり，その中の中心に生徒自身が立ち，他の生徒が半球を時計回りに回したときの天球の様子を中の生徒が観察する。次に，半球を固定して中の生徒自身が反時計回りに回転したときの天球の様子を観察する。

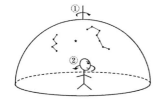

(4)　(解答例)　同じ向きの磁石を一列に並べ，その両側にアルミ製の導線レールを敷き，さらにレールの上にアルミ製の軽い円筒導体を置く。図のように電池をつなぎ，向かって左側から右側へ電流を流すと，フレミングの左手の法則に従い円筒導体に力がはたらき，レールの上を手前側に進むことを確認する。

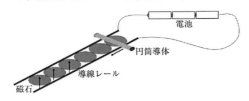

〈解説〉(1)　X…燃焼さじは，試料を燃焼させる際に用いる。　　Y…るつぼばさみは，加熱したるつぼをもつときや，その他の容器や試料を加熱するときに用いる。　　(2)　①　細い茎の切片の作り方を適切に示しているかが評価される。　　②　乾燥させないようにする方法を示して

いるかが評価される。　(3)　この場合の見かけの動きとは，地球が地軸を中心に西から東へ向かって(上から見ると反時計回りに)自転しているため，星が東から西へ移動して見えることである。自分が動くことで周りの景色が動いて見える現象を，図で示しながら説明できるかが評価される。　(4)　通常のモーターは回転運動するものであるが，リニアモーターは直線的な運動をするモーターである。これは，磁界の中で電流を流すと，磁界から電流に力がはたらくからであり，その力の向きはフレミングの左手の法則に従うことになる。この原理を利用した乗り物のことを，リニアモーターカーという。身近なものと磁石を用いて，このような仕組みを理解できる実験装置を図と言葉で示しているかが評価される。

【3】(解答例)　糸川博士は「日本における宇宙開発・ロケット開発の父」と呼ばれており，1955年にペンシルロケットの打ち上げ実験を現在の秋田県の道川海岸で行った。このことから，秋田県は日本のロケット発祥の地と呼ばれている。また，小惑星探査機はやぶさは，糸川博士にちなんで名付けられた太陽系の小惑星イトカワの調査とサンプル回収を行い，2010年に地球に帰還した。回収されたサンプルの分析により，小惑星イトカワの形成過程について新たな知見がもたらされた。小惑星探査機はやぶさは，様々なトラブルを乗り越えて地球に帰還し，小惑星からのサンプル回収という世界初の偉業を成し遂げたことで国民的な関心を呼び，映画化もされた。

〈解説〉糸川英夫博士および小惑星探査機はやぶさについては様々な文献があるので，これらを紹介してもよい。また，映像での紹介があればより興味や関心を引きやすい。

【4】(1)　0.27〔A〕　　(2)　①　ア，オ　　②　小さくなる

(3)　(解答例)　図2のように，並列回路を流れる電流の大きさについては，1本の川が2本に分かれる場合の水の流れに例えることができる。1本の川を流れてきた水は，川が2本に分かれるとどちらか片方にしか

流れないが，川が分かれる直前の水量，2本の川の水量の総和，その後に合流した2本の川の水量は等しくなる。電流の大きさも同様に，並列に接続された2つの抵抗を流れる電流の大きさの和は，回路全体を流れる電流の大きさと等しくなる。

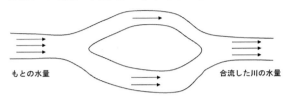

もとの水量　　　　　　　　　　　　　　合流した川の水量

(4)　(解答例)　電流計は測定したいところに対して直列につなぐので，電流計の内部抵抗が大きいと電流が流れにくくなってしまい，正確な電流の大きさを測定することができなくなる。よって，電流計の内部抵抗は非常に小さい値となっている。すると，抵抗値の小さな電流計を抵抗値の大きな抵抗と並列につなぐと，電流計の方に多くの電流が流れるため，電流計が破損してしまう。　　(5)　(解答例)　電流の単位であるアンペア〔A〕は，1秒あたりに導線を流れる電気量を表している。自由電子の平均の速さをv〔m/s〕とすると，導線の任意の断面を1秒間に通過する電子の数は，$8.5×10^{28}$〔個/m³〕$×v$〔m/s〕$×2.0×10^{-6}$〔m²〕$=1.7×10^{23}×v$〔個/s〕と表せる。電子1個の電気量は$1.6×10^{-19}$〔C〕であり，電流が3.0Aであることから，$1.7×10^{23}×v×1.6×10^{-19}=3.0$となり，これを整理すると$v=\dfrac{3.0}{1.7×10^{23}×1.6×10^{-19}}≒1.1×10^{-4}$〔m/s〕となる。したがって，自由電子の平均の速さは$1.1×10^{-4}$〔m/s〕となる。

〈解説〉(1)　抵抗値が10Ωと20Ωの抵抗は並列に接続されているので，これらの合成抵抗をRとすると，$\dfrac{1}{R}=\dfrac{1}{10}+\dfrac{1}{20}=\dfrac{3}{20}$となり，$R=\dfrac{20}{3}$〔Ω〕となる。また，この合成抵抗と抵抗値が30Ωの抵抗は直列に接続されているので，回路全体の合成抵抗は$30+\dfrac{20}{3}=\dfrac{110}{3}$〔Ω〕となる。したがって，オームの法則より，回路全体を流れる電流の大きさは$\dfrac{10}{\frac{110}{3}}≒0.27$〔A〕となる。　(2)　①　ケイ素結晶，ゲルマニウム結晶，

ガリウムヒ素結晶などは，不純物を含まない真性半導体として用いられる。　②　温度が上昇すると半導体の抵抗率は減少するが，これは金属と逆の性質である。　(3)　回路において枝分かれする前後の電流の流れがイメージできる図を用いているか，および並列回路における電流の流れを説明しているかが評価される。　(4)　内部抵抗の特徴に触れて，電流計を回路に並列につないではいけない理由を説明しているかが評価される。　(5)　移動する自由電子の平均の速さを求める過程を適切に示しているかが評価される。

【5】(1)　速さと向き　　(2)　mg〔N〕　　(3)　①　2.5〔m/s²〕
②　60〔m〕　　(4)　(解答例)　小球を投げてから地面に達するまでの時間をtとすると，小球の鉛直方向の運動は自由落下と同様に等加速度直線運動となるので，鉛直方向の変位について$19.6 = \frac{1}{2} \times 9.80 \times t^2$となり，これを整理すると$t = 2.00$〔s〕となる。よって，小球は地面に達するまでに2.00秒間運動することになる。また，小球の水平方向の運動は等速直線運動となるので，2.00秒後の物体の水平方向の移動距離は$20.0 \times 2.00 = 40.0$〔m〕となる。　　(5)　(解答例)　力学台車を水平な台の上に置き，前端にひもをつけ，滑車を介しておもりを吊す。おもりは鉛直方向に落下できるようにする。力学台車の後端には記録テープをつけ，記録タイマーに通して記録できるようにする。はじめは力学台車を動かないように固定しておき，固定を外すとおもりの落下によって力学台車は一定の力を受けて進み，その速さの変化が記録テープ上に記録タイマーの打点として表せることを確認する。次に，おもりの重さを変えて同様の実験を行い，おもりの重さと記録タイマーの打点の距離の関係を考察する。

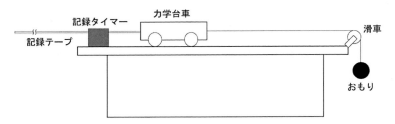

〈解説〉(1)　「中学校学習指導要領(平成29年3月告示)　理科　第2　各分野の目標及び内容　（第1分野）　2　内容　(5)　運動とエネルギー　ア　(イ)　運動の規則性　⑦　運動の向きと速さ」には，「物体の運動についての観察，実験を行い，運動には速さと向きがあることを知ること」と記載されている。　(2)　物体に働く重力の斜面に平行な成分は，$mg\sin30° = \frac{1}{2}mg$，斜面に垂直な成分は$mg\cos30° = \frac{\sqrt{3}}{2}mg$となる。ここで，斜面に平行で，下向きの力$F$〔N〕を加えたとき，最大静止摩擦力は$\sqrt{3} \times \frac{\sqrt{3}}{2}mg = \frac{3}{2}mg$〔N〕となることから，物体が動き出す条件は$F + \frac{1}{2}mg \geqq \frac{3}{2}mg$と表せる。したがって，$F \geqq mg$〔N〕となる。　(3)　①　図2の$v-t$グラフの傾きから加速度を求めることができるので，$0 \leqq t \leqq 4$における加速度は$\frac{5}{2} = 2.5$〔m/s²〕となる。

②　$v-t$グラフとt軸で囲まれた面積が，物体の移動距離に相当する。$t = 6$における速さは2.5〔m/s²〕$\times 6 = 15$〔m/s〕なので，物体の移動距離は$\frac{1}{2} \times 8 \times 15 = 60$〔m〕となる。　(4)　小球を投げた地点と，小球が地面に達した地点との間の水平方向の距離を求める過程を適切に示しているかが評価される。　(5)　水平な面上で，一定の力が働き続ける力学台車の速さの変化を調べることができる図を示し，運動の向きに力が働く物体の運動を調べる実験になっているかが評価される。

【6】(1)　(解答例)　植物体が燃えるときには，空気中の酸素が使われて二酸化炭素ができる。　(2)　ア　(3)　(解答例)　メスシリンダー内には水蒸気と水素からなる混合気体が存在し，その全力は大気圧と

等しく9.96×10^4〔Pa〕である。また，メスシリンダー内の水蒸気の分圧は飽和水蒸気圧と等しく3.6×10^3〔Pa〕なので，水素の分圧は$9.96\times10^4-3.6\times10^3=9.6\times10^4$〔Pa〕となる。よって，水素の物質量を$n$〔mol〕とすると，理想気体の状態方程式より，$9.6\times10^4\times\dfrac{415}{1000}=n\times(8.3\times10^3)\times300$となり，これを整理すると$n=1.6\times10^{-2}$〔mol〕となる。したがって，捕集した水素の物質量は1.6×10^{-2}〔mol〕となる。

(4) (解答例) ろうそくを立てて火をつけ，ろうそくの上から容器に入った二酸化炭素を静かに注ぐことで，ろうそくの火を消す実験を行う。ろうそくの火が消えたのは，助燃性のない二酸化炭素は空気より密度が大きいので，ろうそくの上に落ちたためと気づかせる。

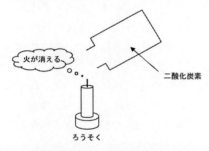

〈解説〉(1) 酸素や二酸化炭素をキーワードとして挙げること。

(2) 理想気体とは，分子の大きさや分子間力を無視した仮想的な気体のことである。実在気体には分子の大きさや分子間力が存在するが，低圧の状態では気体の体積が大きくなるため気体自身の体積は無視できるようになる。また，分子間の距離も大きくなるため分子間力は弱くなる。さらに，高温の状態では分子の熱運動が激しくなるため，分子間力が無視できるようになる。したがって，高温・低圧の状態では，実在気体は理想気体に近い振舞いをするようになる。 (3) 水素の物質量を求める過程を適切に示すこと。 (4) 実験の様子がわかる図を示し，二酸化炭素の密度が空気より大きいことを視覚的に捉えさせることができるかが評価される。

【7】(1)　銅，鉄　　(2)　(解答例)　図より，銅の質量が1.2gのとき酸化銅の質量は1.5gなので，銅に結合している酸素の質量は1.5－1.2＝0.30〔g〕であり，酸素1gに対して銅は$\frac{1.2}{0.30}$＝4.0〔g〕結合することがわかる。同様に，マグネシウムの質量が1.2gのとき酸化マグネシウムの質量は2.0gなので，マグネシウムに結合している酸素の質量は2.0－1.2＝0.80〔g〕であり，酸素1gに対してマグネシウムは$\frac{1.2}{0.8}$＝1.5〔g〕結合することがわかる。したがって，同じ質量の酸素と結びつく銅とマグネシウムの質量の比は，銅：マグネシウム＝4.0：1.5＝8：3となる。(3)　110〔g〕　　(4)　$Fe_2O_3 + 3CO \rightarrow 2Fe + 3CO_2$　　(5)　①　(解答例)亜鉛が空気中の酸素と結合すると，酸化亜鉛が生成する。酸化亜鉛は水に溶けない性質をもっているので，鉄の表面を亜鉛でめっきすると鉄はさびにくくなる。　②　(解答例)　亜鉛は鉄よりイオン化傾向が大きいので，トタンの表面に傷がついて鉄が露出しても，先に酸化されるのは亜鉛の方なので，鉄はさびにくくなる。

〈解説〉(1)　遷移元素は，周期表の3〜11族の元素である。　(2)　同じ質量の酸素と結びつく銅とマグネシウムの正しい質量の比の求め方を示すこと。　(3)　50gの硫酸銅(Ⅱ)五水和物$CuSO_4 \cdot 5H_2O$に含まれる硫酸銅(Ⅱ)の質量は50×$\frac{160}{250}$＝32〔g〕，水の質量は50－32＝18〔g〕となる。また，硫酸銅(Ⅱ)の水に対する溶解度は25なので，水100gに対して硫酸銅(Ⅱ)が25g溶けた状態が飽和水溶液となる。よって，必要な水の質量をx〔g〕とすると，飽和水溶液中の硫酸銅(Ⅱ)と水の質量について，25：100＝32：(18＋x)という関係が成り立つので，x＝110〔g〕となる。(4)　解答の方法で得られるものを銑鉄といい，炭素を約4%含んでいる。銑鉄に酸素を吹き込むことで炭素を0.2%以下にまで減らしたものを鋼という。　(5)　①　酸化亜鉛とその性質が書かれているかが評価される。　②　鉄と亜鉛のイオン化傾向の違いからさびにくい理由を説明できているかが評価される。

【8】(1)　①　子葉の色，種皮の色，さやの形　　②　(解答例)　それぞれが自分の袋の中の2枚のカードのうちどちらか1枚を選び，同時に取

り出し，2人が選んだ遺伝子の組み合わせをメモする。　(2)　(解答例)
まず，質量パーセント濃度が約15％になるように食塩を水で溶かし，
これに台所用洗剤を1～2滴加えたものをDNA抽出液とする。　　(3)
(解答例)　mRNAは，DNAの塩基配列の一部を写しとったものであり，
遺伝子の発現の際に合成されてリボソームに付着する。mRNAの連続
した3つの塩基が1つのアミノ酸に対応しており，その情報をもとにタ
ンパク質が合成される。tRNAは，mRNAの3つの塩基に対応した配列，
およびこれに対応するアミノ酸と結合する部分をもっており，mRNA
の情報をもとに対応するアミノ酸をリボソームまで運び，アミノ酸配
列をつくるはたらきをもっている。

〈解説〉(1)　①　問題文と解答の他にも，花のつき方，茎の高さ，さや
の色が該当する。　②　Ⅱで用意した子にあたる遺伝子の組合せAaの
うち，どちらか一方の遺伝子を配偶子とみなしてランダムに取り出す。
すると，2人が別々に選んだ遺伝子の組み合わせが孫の遺伝子型とな
る。なお，ⅣではⅢで得られた結果を集計し，孫に現れる表現型の分
離比を求めていくことになる。　(2)　DNA抽出液は，15％食塩水と界
面活性剤の混合液である。身近な材料として，食塩や台所用洗剤など
を挙げるとよい。　(3)　mRNAとtRNAは，いずれも遺伝子が発現す
る際の翻訳の過程に関与するので，それぞれの役割をしっかりと整理
しておきたい。

【9】(1)　第6学年　　(2)　P…沸騰石　　Q…試験管の口
(3)　W…B細胞　　X…インスリン　　Y…A細胞　　Z…グルカゴン
(4)　(解答例)　小腸の壁には柔毛という突起が無数にあり，表面積を
大きくしているため効率的に栄養分を吸収できるようになっている。
ブドウ糖やアミノ酸は，柔毛で吸収された後に毛細血管に入る。一方，
脂肪は脂肪酸とモノグリセリドに分かれて柔毛で吸収され，その後脂
肪に戻ってからリンパ管に入る。

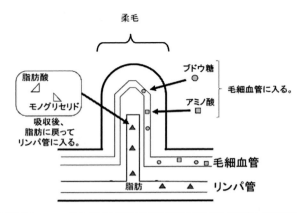

〈解説〉(1)　「中学校学習指導要領(平成29年告示)解説　理科編　第2章
理科の目標及び内容　第2節　各分野の目標及び内容　(第2分野)　2
第2分野の内容　(1)　いろいろな生物とその共通点」にて，小学校の
第6学年で「人の体のつくりと働き」について学習している，と記載
されている。　(2)　急な沸騰を防ぐため，試験管には沸騰石を入れる。
また，試験管の口は決して人に向けてはならない。　(3)　インスリン
は細胞内へのグルコースの取り込みや，グルコースからグリコーゲン
への合成を促進することで，血糖濃度を低下させる働きをもつ。一方，
グルカゴンはグリコーゲンの分解を促進することで血糖濃度を上昇さ
せる働きをもつ。　(4)　柔毛のつくりと物質の吸収のされ方について，
図と言葉でわかりやすく説明すること。

【10】(1)　(解答例)　岩石などの採取は必要最小限とするように指導する。
(2)　地層累重の法則　　(3)　①　エ　　②　化学反応式…$CaCO_3 +$
$2HCl \rightarrow CaCl_2 + H_2O + CO_2$　　生物…サンゴ　　③　ウ→イ→エ→オ→
ア

〈解説〉(1)　「中学校学習指導要領(平成29年告示)解説　理科編　第2章
理科の目標及び内容　第2節　各分野の目標及び内容　第2分野　2
第2分野の内容　(2)　大地の成り立ちと変化　ア　身近な地形や地層，

岩石の観察について」を参照。　(2)　地層累重の法則が成り立つのは，褶曲などによる地層の逆転がない場合に限られる。　(3)　①　A層とB〜D層には不連続な堆積関係が見られるので，これらの関係は不整合となる。　②　石灰岩の主成分は炭酸カルシウム$CaCO_3$であり，希塩酸HClを滴下すると二酸化炭素CO_2が発生する。石灰岩は，サンゴ，フズリナなどの有孔虫の遺骸や貝石などが堆積して形成されたものである。　③　図より，褶曲や地層の逆転はないので，B層とC層，B層とD層の境界面の走向と傾斜から，B〜D層はC層→B層→D層の順に堆積したことがわかる。また，断層XはB〜D層を切断しているので，これらよりも新しいことになる。さらに，A層は断層Xを切断しているので，断層Xよりも新しいことになる。

【11】(1)　(解答例)　内側に水滴の付いたフラスコと注射器をつなぎ，フラスコに栓をし，温度計を入れる。まず，注射器のピストンを急激に引き，フラスコ内部を減圧して空気を冷却する。このとき，ピストン内部の温度が下がり，水蒸気が凝結して雲ができる様子を観察する。次に，ピストンを急激に押してピストン内部の気圧を上げることで，温度が上昇するとともに雲が消える様子を観察する。

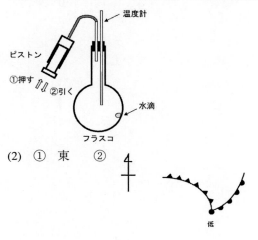

(2)　①　東　　②

(3)　雲…ウ　　大気の状態…条件付き不安定　　　(4)　30.2〔℃〕

〈解説〉(1)　空気は熱を伝えにくいので，上空の空気塊が冷却する原因は気圧が低下し断熱変化が起こるためである。空気塊の温度が露点より下がると空気中の水蒸気が水滴や氷晶となり，雲が発生する。この現象を確認するために，減圧することができる装置の図を示して実験方法について説明するとよい。　　(2)　①　南半球の中緯度帯では偏西風が吹いているので，温帯低気圧の進行方向は西から東となる。

②　南半球では北側に暖気，南側に寒気があり，風は低気圧のまわりを時計回りに吹いている。したがって，温帯低気圧の中心から温暖前線は北東へ，寒冷前線は北西へ延びている。　　(3)　寒冷前線の通過に伴い発生する雲で，上部が圏界面に達することから，雲の種類は積乱雲である。また，観測地点での大気の気温減率は，$\dfrac{-20-17.5}{5000}=$

-0.0075〔℃/m〕$=-0.75$〔℃/100m〕であり，気温減率が乾燥断熱減率と湿潤断熱減率の間にあるので，大気の状態は条件付き不安定である。　　(4)　空気塊の温度が露点に達するまでは，空気の温度は乾燥断熱減率に基づいて低下する。露点に達するときの高度は，$\dfrac{23.0-13.2}{\dfrac{0.98}{100}}$

$=1000$〔m〕である。この地点から山脈の頂上までは湿潤断熱減率に基づき空気塊の温度は低下するので，頂上での温度は$13.2-(2500-1000)\times\dfrac{0.50}{100}=5.7$〔℃〕となる。また，空気塊が山脈の頂上を越えて吹き下りるときは乾燥断熱減率に基づき温度が上昇するので，日本海側の高度0mでの温度は$5.7+2500\times\dfrac{0.98}{100}=30.2$〔℃〕となる。

高 校 理 科

【共通問題】

【1】(1)

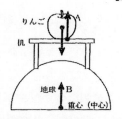

力A…りんご(が)机(から受ける力)
力B…地球(が)りんご(から受ける力)

(2) (解答例)　国際宇宙ステーション(ISS)は地球の周囲を円運動しているが，重力により地球に引きつけられており，向心加速度はISSが存在する位置における重力加速度に等しい。一方，ISSは地球の周りを円運動することで遠心力を受け，円軌道の外側へ飛び出そうとする力がはたらいている。このときISSの内部にある物体が受ける見かけの加速度の大きさは，ISSの向心加速度，すなわちISSが存在する位置で地球から受ける重力加速度の大きさと等しく，向きは地球の中心から離れる向きとなる。したがって，ISSの内部では重力と遠心力がつり合った状態となり，無重力状態となっている。　(3)　①　共振　②　$\frac{2}{3}l$　③　$\frac{9}{16}$〔倍〕

〈解説〉(1)　りんごにはたらく重力とつりあう力Aは，りんごが机から受ける垂直抗力である。また，りんごにはたらく重力(地球がりんごを引く力)と作用・反作用の関係にある力Bは，りんごが地球を引く力であり，地球の重心から上向きの矢印を引くことになる。　(2)　遠心力や向心加速度などのキーワードを挙げてISSにはたらく力を説明できるかが評価される。　(3)　①　外部から加えた周期的な振動の振動数が物体の固有振動数と一致することにより，物体が振動を始める現象を共振という。おんさの振動数が弦の固有振動数と一致すると，定常波が形成される。　②　定常波の一つの節から隣の節までの距離は半波長に相当するので，図2より定常波の波長をλとすると$\frac{1}{2}\lambda \times 3 = l$と

なり，これを整理すると $\lambda = \frac{2}{3}l$ となる。　③　弦に4つの腹ができた
ことから，定常波の波長を λ' とすると $\frac{1}{2}\lambda' \times 4 = l$，$\lambda' = \frac{1}{2}l$ となり，
②の定常波の波長の $\frac{\frac{1}{2}l}{\frac{2}{3}l} = \frac{3}{4}$〔倍〕となる。ここで，おんさの振動数
は変化しておらず，(速さ)=(振動数)×(波長)という関係より，定常波
の速さは波長に比例するため，定常波の速さは②の $\frac{3}{4}$ 倍となったこと
になる。さらに，弦を伝わる波の速さは弦の張力の大きさの平方根に
比例するので，張力は②の $\left(\frac{3}{4}\right)^2 = \frac{9}{16}$〔倍〕となり，弦の張力とおも
りの質量は比例関係にあることから，おもりの質量は②の $\frac{9}{16}$〔倍〕に
なったことになる。

【2】(1)　ア　+7　　イ　還元　　ウ　ビュレット　　(2)　$H_2O_2 +$
$2H^+ + 2e^- \rightarrow 2H_2O$　　(3)　①　$2KMnO_4 + 5H_2O_2 + 3H_2SO_4 \rightarrow 2MnSO_4 +$
$5O_2 + 8H_2O + K_2SO_4$　　②　(解答例)　滴下した MnO_4^- の赤紫色が消え
なくなったときを終点とする。　③　3.0×10^{-2}〔mol/L〕

(4)　(解答例)　直射日光を避け換気のよい冷暗所に保管する。容器は
耐酸性材質で破損しないものを用いて密閉する。水，有機物，可燃性，
還元性物質，強酸類と接触しないようにする。また，薬品在庫簿など
を作成して定期的に在庫量を確認するとよい。

〈解説〉(1)　ア　Mnの酸化数を x とすると，$x + (-2) \times 4 = -1$ より $x =$
$+7$ となる。　イ　酸化還元反応では，一方の物質が酸化剤としては
たらくとき，もう一方の物質は還元剤としてはたらいている。
ウ　ビュレットは，滴定において滴下した溶液の体積を量るために用
いる。　(2)　過酸化水素が酸化剤としてはたらくとき，自身は電子を
受け取り還元されることになる。　(3)　①　酸性条件下では，過マン
ガン酸カリウムは $MnO_4^- + 8H^+ + 5e^- \rightarrow Mn^{2+} + 4H_2O$ という反応が生じ
る。この式を2倍，(2)の式を5倍して連立することで電子を消去し，さ

らに両辺に$2K^+$，$3SO_4{}^{2-}$を加えると解答の反応式になる。
②　$MnO_4{}^-$は赤紫色を呈するが，H_2O_2により還元されMn^{2+}になると無色になる。すべてのH_2O_2が反応すると，$MnO_4{}^-$は還元されなくなるため溶液は赤紫色となる。　　③　(3)①式より，過マンガン酸カリウムと過酸化水素は2：5の物質量の比で反応するので，過酸化水素の濃度をx〔mol/L〕とすると，$0.010×\dfrac{12.0}{1000}$：$x×\dfrac{10}{1000}=2：5$より，$x=3.0×$ 10^{-2}〔mol/L〕となる。　　(4)　適切な保管場所の説明が書かれているか，薬品在庫簿を作成し管理することが書かれているかが評価される。

【3】(1)　①　ヌクレオチド　　②　二重らせん構造　　③　GTCAT ④　半保存的複製　　(2)　(解答例)　中期…染色体が赤道面に並び，両極から紡錘糸が伸びて染色体の動原体に結合し，紡錘体が完成する様子が観察できる。　　後期…染色体が縦のさけ目から分かれ，紡錘糸にひっぱられるようにして両極へ移動する様子が観察できる。

(3)　(解答例)　G_1期…細胞が成長しながらDNAの合成の準備を行う期間である。　　S期…DNAが複製される期間である。　　G_2期…細胞分裂の準備を行う期間である。

〈解説〉(1)　DNAはリン酸，デオキシリボース，および塩基からなるヌクレオチドという構成単位が多数鎖状に結合した化合物である。塩基にはアデニンA，チミンT，グアニンG，シトシンCの4種類があり，AはT，GはCと互いに対になるように結合しており，全体としては二重らせん構造となっている。DNAが複製される際には，もとのDNAが1本鎖となり，それぞれを鋳型として全く同じ塩基配列をもつ新生鎖が合成されるが，このような複製方式を半保存的複製という。　　(2)　細胞分裂の中期，後期それぞれで赤道面，両極などのように染色体がどの位置にあるか，どのような形になるのかが説明されているかが評価される。　　(3)　それぞれの時期で，合成の準備，複製，分裂の準備などが説明されているかが評価される。

【4】(1)　ア　黒点　　イ　コロナ　　ウ　フレア　　エ　4
(2)　(解答例)　黒点では，強い磁場が太陽の内部からのエネルギー放出を妨げており，周囲に比べて温度が低くなり暗くなるため，黒く見える。　(3)　(解答例)　約8分後…フレアに伴って発生した強いX線が地球の電離圏に影響を与え，通信障害を起こす。このような現象をデリンジャー現象という。　　1〜数日後…コロナ質量放出により，高温のプラズマが地球の磁気圏に影響を与え，地磁気を大きく変化させる。このような現象を磁気嵐という。　(4)　(解答例)　太陽より質量が7倍以上大きな恒星では，恒星全体が吹き飛ぶほどの超新星爆発が起こり，星間空間に飛び散っていく。このときに中性子を原子核が捕獲する中性子捕獲反応とβ崩壊が起こることにより鉄より重い元素がつくられる。

〈解説〉(1)　ア　黒点の温度は4000〜4500Kで，周囲より温度が低いために黒く見える。　イ　皆既日食の際に月に隠された光球の外側に見える真珠色の層をコロナ，コロナの内側にあるピンク色の薄い層を彩層という。　ウ　フレアは彩層やコロナの一部が突然明るく輝く現象である。　エ　太陽の中心部は高温・高圧状態であり，4個の水素原子が核融合することで1個のヘリウム原子核に変わり，このとき失われた質量がエネルギーとして放射される。　(2)　黒点が磁場をもっていることが説明されているかが評価される。　(3)　太陽フレアによる影響で，約8分後では強いX線によるデリンジャー現象が発生すること，1〜数日後では太陽風の乱れによる磁気嵐などが説明されているかが評価される。　(4)　鉄より重い元素の誕生は超新星爆発や中性子星同士の合体(キロノバ)などによって起こるr過程と呼ばれる中性子捕獲反応とβ崩壊の繰り返しによるものと考えられている。

【物理】

【1】(1)　①　$\sqrt{2gh}$　②　$2e\sqrt{\dfrac{2h}{g}}$　③　e〔倍〕　④　(解答例)　小球を投げ出してから1回目に床と衝突するまでの時間をt_0とすると，

$\frac{1}{2}gt_0{}^2=h$ より，$t_0=\sqrt{\dfrac{2h}{g}}$ となる。小球の水平方向の速さはv_0のまま変化しないので，点Qから小球がすべりはじめた点までの距離は$v_0\times(t_0+t_1+t_2+\cdots)=v_0\sqrt{\dfrac{2h}{g}}\cdot(1+2e+2e^2+\cdots)=v_0\sqrt{\dfrac{2h}{g}}\cdot\{-1+2(1+e+e^2+\cdots)\}$ となる。ここで，$1+e+e^2+\cdots$の部分は，初項1，公比eの等比数列となるので，初項から第n項までの和は$\dfrac{1-e^n}{1-e}$となる。さらに，$e<1$のとき$e^n\to0$となることを利用すると，点Qから小球がすべりはじめた点までの距離は$v_0\sqrt{\dfrac{2h}{g}}\cdot\left(-1+2\times\dfrac{1}{1-e}\right)=\dfrac{1+e}{1-e}\cdot v_0\sqrt{\dfrac{2h}{g}}$ となる。　　(2)　①　$P_0+\dfrac{kl}{S}$　②　(解答例)　気体がした仕事は，大気圧に逆らってピストンを押す仕事と，ばねの弾性力に逆らってピストンを押す仕事の和となる。以下の$p-V$図を用いると，$P=P_0$の線より下側の四角形の面積が大気圧に逆らってピストンを押す仕事に相当し，上側の三角形の面積がばねの弾性力に逆らってピストンを押す仕事に相当する。よって，気体がした仕事は$P_0Sl+\dfrac{1}{2}Sl(P-P_0)$と表せる。ここで，①より$P=P_0+\dfrac{kl}{S}$となるので，気体がした仕事は$P_0Sl+\dfrac{1}{2}Sl(P_0+\dfrac{kl}{S}-P_0)=P_0Sl+\dfrac{1}{2}kl^2$となる。

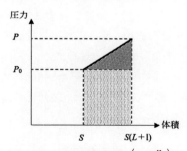

圧力

P

P_0

体積

S　　$S(L+l)$

(3)　①　$y_1=0.20\sin4\pi\left(t-\dfrac{x}{16}\right)$　②　$y_2=-0.20\sin4\pi\left(t+\dfrac{x-24}{16}\right)$
(4)　①　$8C$　②　(解答例)　S_1を閉じて十分に時間が経過した後，コンデンサーC_2に蓄えられた電気量は$8CE$となる。次に，S_1を開いた

後にS₂を閉じて十分に時間が経過すると，コンデンサーC₁とC₂の電位差が等しくなるのでこれをVとおくと，電荷保存の法則より$CV+8CV=8CE$となる。したがって，$V=\dfrac{8}{9}E$となる。　③　$\dfrac{1}{6\pi\sqrt{LC}}$　④　0　(5)　①　(解答例)　図5のガラス板により浅くなっているところに入射する平面波を起こすと，水面波が屈折するとともに水面波の波長が短くなる様子が観測される。波については，(速さ)＝(振動数)×(波長)という関係があるので，このとき波の速さは小さくなっており，このことから，水深が浅くなると波の速さは小さくなることがわかる。波の速さが大きいところから小さいところへ波が入射すると，入射角よりも屈折角が小さくなるので，遠浅の砂浜の場合は水深が浅くなるにつれて屈折角は0°に近づいていくと考えられる。すると，波の進行方向と波面は常に垂直なので，遠浅の砂浜では波が海岸と平行に押し寄せることになる。　②　(解答例)　質量欠損とは，原子核を構成している核子(陽子と中性子)がばらばらの状態にあるときの質量の総和と，原子核になったときとの質量差のことである。原子核の結合エネルギーとは，原子核を核力に逆らって原子核をばらばらの核子に分解するために要するエネルギーである。原子核の結合エネルギーの大きさは質量欠損と等しい。

〈解説〉(1)　①　小球は，鉛直方向については自由落下と同様に等加速度直線運動をするので，床と衝突する直前の小球の床面に対して垂直な向きの速さをvとすると，$v^2=2gh$となり，これを整理すると$v=\sqrt{2gh}$となる。　②　床との1回目の衝突の直後，小球の床面に対して垂直な向きの速さは$e\sqrt{2gh}$と表せる。また，小球の上昇が止まり速さ0となるまでにかかる時間をt'とすると，小球の変位は$e\sqrt{2gh}\,t'-\dfrac{1}{2}gt'^2$と表せる。さらに，再び小球が落下を開始してから2回目に床と衝突するまでにかかる時間はt'となるので，変位は$\dfrac{1}{2}gt'^2$と表せる。よって，$e\sqrt{2gh}\,t'-\dfrac{1}{2}gt'^2=\dfrac{1}{2}gt'^2$となり，これを整理すると，$t'=e\sqrt{\dfrac{2h}{g}}$，したがって，小球が床と1回目に衝突してから2回目に衝突す

るまでの時間t_1は$t_1=2t'=2e\sqrt{\dfrac{2h}{g}}$となる。 ③ ②より，小球が2回目に床と衝突する直前の床面に対して垂直な向きの速さは$e\sqrt{2gh}$となることから，2回目の衝突直後の小球の床面に対して垂直な向きの速さは$e^2\sqrt{2gh}$と表せる。よって，②と同様に考えると，2回目に床に衝突してから小球が静止するまでの時間をt''とすると，$e^2\sqrt{2gh}t''-\dfrac{1}{2}gt''^2=\dfrac{1}{2}gt''^2$となり，$t''=e^2\sqrt{\dfrac{2h}{g}}$，2回目に衝突してから3回目に床に衝突するまでの時間t_2は$t_2=2t''=2e^2\sqrt{\dfrac{2h}{g}}=et_1$となる。よって，床と衝突するごとに時間は$e$倍となることから，$t_{n+1}$は$t_n$の$e$倍と考えられる。 ④ 解答参照。 (2) ① 気体の圧力をPとすると，気体の圧力はばねの弾性力と大気圧の和と等しいので，$PS=P_0S+kl$となる。したがって，$P=P_0+\dfrac{kl}{S}$となる。 ② 解答参照。 (3) 位置x，時刻t，振幅A，周期T，波長λ，変位yとすると，正弦波の一般式は$y=A\sin2\pi\left(\dfrac{t}{T}-\dfrac{x}{\lambda}\right)$と表せる。図3より，この正弦波の波長は8.0mであり，原点における変位は$t=0$では0，時間を進めると正方向の変位となるので，位置xにおける変位は$y_1=0.20\sin2\pi\left(\dfrac{t}{0.50}-\dfrac{x}{8.0}\right)=0.20\sin4\pi\left(t-\dfrac{x}{16}\right)$となる。 ② 固定端反射では，入射波と反射波の位相が逆になるので下図のような破線の反射波となる。よって，反射された正弦波は，時間を進めると負の方向に変位するため振幅は負の符号となる。また，$t=1.5$のとき$x=0$，$y=0$の点を通ることから，反射された正弦波の変位は$y_2=-0.20\sin4\pi\left(t+\dfrac{x-24}{16}\right)$となる。

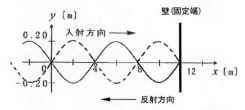

(4) ① コンデンサーの電気容量は極板間距離に反比例し，比誘電率

に比例する。コンデンサーC_1の極板間は真空なので比誘電率は1となる。よって，コンデンサーC_2の電気容量はC_1の$2 \times 4 = 8$〔倍〕となり，$8C$となる。　②　解答参照。　③　コンデンサーC_1とC_2が並列接続されており，合成容量は$C + 8C = 9C$となる。したがって，周波数fは

$$f = \frac{1}{2\pi\sqrt{L \times 9C}} = \frac{1}{6\pi\sqrt{LC}}$$

となる。　④　振動電流の大きさが最大のとき，コイルに蓄えられるエネルギーが最大となり，エネルギー保存則を考えると，このときコンデンサーに蓄えられているエネルギーは0となっている。よって，コンデンサーの両端の電位差は0となるので，コイルの両端の電位差も0となるはずである。　(5)　①　波の速さの変化による屈折角の変化に注目して説明できているかが評価される。②　核子，核力などのキーワードを使用し，質量欠損と原子核の結合エネルギーの大きさの関係など説明できているかが評価される。

【化学】

【1】(1)　①　$MnO_2 + 4HCl \rightarrow MnCl_2 + 2H_2O + Cl_2$　②　(解答例)　下記の装置により塩素を発生させる。不純物として水と塩化水素が生じるため，まずは水を入れた洗気びんで塩化水素，次に濃硫酸を入れた洗気びんで水を除き，最後に残った塩素を捕集する。

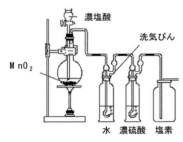

③　$Ca(OH)_2 + Cl_2 \rightarrow CaCl(ClO) \cdot H_2O$　④　$CaCl(ClO) \cdot H_2O + 2HCl \rightarrow CaCl_2 + 2H_2O + Cl_2$　⑤　(解答例)　水素分子と塩素分子の混合気体に強い光を当てると，塩素分子が光のエネルギーを吸収して塩素原子となり，これが水素分子と反応することで塩化水素と水素原子が生じる。さらに，この水素原子が塩素分子と反応することで塩化水素と塩

素原子を生じる。このように，反応の過程で生じる塩素原子や水素原子は不対電子をもち反応性に富んでおり，これらを遊離基という。遊離基の存在により反応が次々と連続して繰り返されるものを連鎖反応という。　　(2)　①　ア　エステル　　イ　セッケン　　ウ　小さい　エ　多い　　②　881　　③　4.5〔個〕　　④　191　　⑤　130　⑥　1.3〔L〕　　(3)　①　CsCl型…8　　NaCl型…6　　②　ア　0.73　イ　0.41　　③　0.77〔倍〕　　(4)　①　正極…$O_2+4H^++4e^-\rightarrow2H_2O$　負極…$H_2\rightarrow2H^++2e^-$　　②　$O_2+2H_2O+4e^-\rightarrow4OH^-$　③　(解答例)　水素の工業的製法は，ニッケルを触媒として天然ガス中のメタンと水蒸気を高温で反応させ，その後銅触媒のもとで一酸化炭素を水蒸気と反応させ，水素だけを捕集するものである。　④　$H_2(気)+\dfrac{1}{2}O_2(気)=H_2O(液)+286kJ$　　⑤　(i)　6.00〔mol〕　(ii)　67.5〔%〕

〈解説〉(1)　①　解答参照。　②　塩化水素の除去，水蒸気の除去方法が説明できているかが評価される。　③　解答参照。　④　さらし粉から$CaCl_2$の成分を減らしたものを高度さらし粉$Ca(ClO)_2\cdot2H_2O$といい，現在ではこれに希塩酸を加えることで塩素を生成している。このときの反応式は，$Ca(ClO)_2\cdot2H_2O+4HCl\rightarrow CaCl_2+4H_2O+2Cl_2$となり，教科書にはこの生成方法が紹介されている場合もある。　⑤　遊離基について触れながら説明されているかが評価される。　(2)　①　油脂とは，3分子の高級脂肪酸と1分子のグリセリンがエステル化することで生じ，このとき3分子の水が生成する。油脂1gをけん化するのに必要な水酸化カリウムKOHの質量〔mg〕の数値をけん化価という。けん化価が大きな油脂には，比較的平均分子量の小さな脂肪酸が多く含まれることになる。また，油脂100gに付加するヨウ素I_2の質量〔g〕の数値をヨウ素価という。ヨウ素価の大きな油脂には$C=C$結合が多く含まれており，不飽和度が高いことを示している。　②　それぞれの高級脂肪酸の分子量は，ステアリン酸$C_{17}H_{35}COOH$が284，オレイン酸$C_{17}H_{33}COOH$が282，リノール酸$C_{17}H_{31}COOH$が280なので，油脂Aを構成する高級脂肪酸の平均分子量は$284\times\dfrac{20}{100}+282\times\dfrac{10}{100}+280\times\dfrac{70}{100}=$

$56.8＋28.2＋196＝281$となる。また，グリセリンと水の分子量はそれぞれ92，18なので，油脂Aの平均分子量は$281×3＋92－18×3＝881$となる。　③　飽和脂肪酸の示性式は$C_nH_{2n+1}COOH$であり，二重結合が1個含まれると水素原子の数は2個減るので，それぞれの高級脂肪酸に含まれる二重結合の数は，ステアリン酸が0個，オレイン酸が1個，リノール酸が2個となる。よって，油脂Aの1分子あたりの二重結合の数の平均は$\left(0×\dfrac{20}{100}＋1×\dfrac{10}{100}＋2×\dfrac{70}{100}\right)×3＝4.5$〔個〕となる。

④　水酸化カリウムの式量は56より，油脂Aのけん化価は$\dfrac{1}{881}×3×56×10^3≒191$となる。　⑤　ヨウ素の分子量は254，1分子の油脂Aに含まれる二重結合の数の平均は4.5個なので，油脂Aのヨウ素価は$\dfrac{100}{881}×4.5×254≒130$となる。　⑥　1個の二重結合に対して1分子の水素が付加するので，1molの油脂Aに付加する水素の物質量は4.5molとなる。よって，油脂10gに付加する水素の物質量をx〔mol〕とすると，$881：4.5＝10：x$より，$x＝\dfrac{45}{881}$〔mol〕となる。水素の体積をV〔L〕として，理想気体の状態方程式に代入すると，$(1.0×10^5)×V＝\dfrac{45}{881}×8.3×10^3×(273＋27)$より，$V＝\dfrac{\dfrac{45}{881}×8.3×10^3×(273＋27)}{1.0×10^5}≒1.3$〔L〕となる。　(3)　①　CsCl型の単位格子では，立方体の中心に存在する$Cs^＋$は8つの頂点に存在する$Cl^－$と接しており，$Cl^－$を中心におくと，同じように8個の$Cs^＋$と接することになる。よって，CsCl型の配位数は8となる。次に，NaCl型の単位格子では，立方体の中心に存在する$Na^＋$は6つの面上に存在する$Cl^－$と接しており，$Cl^－$を中心におくと，同じように6個の$Na^＋$と接することになる。よって，NaCl型の配位数は6となる。　②　下図は，安定な結晶の構造の極限状態を示している。CsCl型では，安定に存在するためには$2(r^＋＋r^－)＞\sqrt{(2\sqrt{2}\,r^－)^2＋(2r^－)^2}$を満たす必要がある。これを整理すると，$2(r^＋＋r^－)＞2\sqrt{3}\,r^－$，$\dfrac{r^＋}{r^－}＞\sqrt{3}－1≒0.73$となる。次に，NaCl型で

は，$\sqrt{2}\,(r^+ + r^-) > 2r^-$ を満たす必要があるので，これを整理すると $\dfrac{r^+}{r^-} > \sqrt{2} - 1 \fallingdotseq 0.41$ となる。

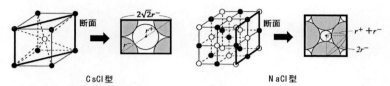

CsCl型　　　　　　　　　　　　　　　　　NaCl型

③　結晶の構造がCsCl型からNaCl型に変化する前後では，CsCl型で安定するイオン半径比の条件を下回ることになるので，このとき $\dfrac{r^+}{r^-} = 0.73$ が成り立つはずである。よって，それぞれの単位格子の体積は，CsCl型では，$(2r^-)^3 = 8r^{-3}$，NaCl型では，$(2r^+ + 2r^-)^3 = (2 \times 0.73r^- + 2r^-)^3 = (3.46r^-)^3$ となる。また，単位格子に含まれる粒子の数はCsCl型では1個，NaClでは4個となる。よって，アボガドロ定数を N_A，化合物XYの式量を M とすると，CsCl型の単位格子の密度は $\dfrac{\frac{1}{N_A} \times M}{8r^{-3}} = \dfrac{M}{8r^{-3}N_A}$，NaCl型の単位格子の密度は $\dfrac{\frac{4}{N_A} \times M}{(3.46r^-)^3} = \dfrac{4M}{(3.46r^-)^3 N_A}$ と表せる。したがって，結晶の構造がCsCl型からNaCl型に変化することで，密度は $\dfrac{\frac{4M}{(3.46r^-)^3 N_A}}{\frac{M}{8r^{-3}N_A}} = \dfrac{4 \times 8}{(3.46)^3} \fallingdotseq 0.77$ 〔倍〕変化することになる。

(4)　①　リン酸形の燃料電池においては，正極と負極の反応式をまとめると $2H_2 + O_2 \rightarrow 2H_2O$ となり，水の電気分解の逆反応となる。

②　KOH形の燃料電池においては，負極では $2H_2 + 4OH^- \rightarrow 4H_2O + 4e^-$，正極では $O_2 + 2H_2O + 4e^- \rightarrow 4OH^-$ という反応が生じる。これらの反応式をまとめると，リン酸形の燃料電池と同様に $2H_2 + O_2 \rightarrow 2H_2O$ となる。

③　水蒸気や触媒などがキーワードとなる。なお，第一の反応は $CH_4 + H_2O \rightarrow CO + 3H_2$，第二の反応は $CO + H_2O \rightarrow CO_2 + H_2$ と表せる。

④　燃焼熱とは，物質1molが完全燃焼するときに発生する熱量なので，熱化学方程式の右辺には1molの H_2O(液)を記すこと。

⑤　(i)　(出力〔W〕)＝(電圧〔V〕)×(電流〔A〕)より，燃料電池を流れた電流の大きさは $\frac{100}{1.00} = 100$〔A〕となる。また，電子の物質量は $\frac{100 \times (193 \times 60)}{9.65 \times 10^4} = 12.0$〔mol〕となる。①の燃料電池の負極の反応式より，電子が2mol流れることで1molの水素が反応するので，反応した水素の物質量は $\frac{12.0}{2} = 6.00$〔mol〕となる。　(ii)　1〔J〕＝1〔W〕×1〔s〕より，燃料電池から供給された電気エネルギーは100×(193×60)＝1158×10³〔J〕＝1158〔kJ〕となる。また，④より水素の燃焼熱は286kJ/molなので，6.00molの水素を燃焼させたときに生じる熱量は286×6.00＝1716〔kJ〕となる。したがって，燃料電池から供給された電気エネルギーは $\frac{1158}{1716} \times 100 \fallingdotseq 67.5$〔%〕となる。

【生物】

【1】(1)　①　材料…ユキノシタの葉　　理由…(解答例)　ユキノシタの葉の裏側の表皮細胞には液胞が発達しており，アントシアンが含まれているので細胞質全体が赤色に見えるため，原形質分離の観察に適しているから。　②　現象…原形質復帰　物質…(解答例)　まず，透過性の小さなエチレングリコールが細胞膜を通過して細胞内に入り，その結果として透過性の大きな水が細胞膜を通過して細胞内に入った。　(2)　①　(解答例)　精子が卵のまわりのゼリー層に接触すると，精子は先体反応により先体突起を形成し，これがゼリー層の下にある卵黄膜を通過して細胞膜と接触する。すると，卵では卵の細胞膜と卵黄膜の間に表層粒の内容物を放出する表層反応が生じ，卵黄膜は細胞膜から離れて卵全体を覆う硬い受精膜となる。受精膜は，他の精子が卵の侵入を防ぐ役割をもっている。　②　(解答例)　B細胞はB細胞受容体(BCR)，T細胞はT細胞受容体(TCR)というタンパク質が細胞膜上に発現している。これらの細胞は，いずれも抗原を特異的に認識して結合するポリペプチドをもっており，提示された抗原と特異的に結合できる受容体をもつB細胞やT細胞だけが活性化される。
(3)　①　現象…誘導　　胚域…形成体　　②　(解答例)　背中の皮膚

の発生運命は羽毛，肢の皮膚の予定運命はうろこである。実験結果よ
り，背中の真皮があれば羽毛が形成され，肢の真皮があればうろこが
形成されたので，皮膚の分化を決定しているのは真皮である。ただし，
肢の皮膚からうろこが形成されるのは13日目以降の胚だけであること
から，それ以前の肢の真皮は誘導能を獲得していないと考えられる。
一方，8日目の背中の表皮では羽毛が形成されないことから，この時
期には誘導に対して反応する能力が失われていると考えられる。

(4)　①　ツンベルク管　　②　納豆，新鮮なアサリ

③　(解答例)

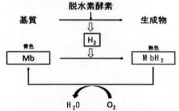

Mb：メチレンブルー
MbH₂：還元型メチレンブルー

真空にしないと、MbH₂が空気中の酸素と反応し、
Mbに戻るため、色の変化を正しく観察できない。

(5)　①　カルス　　②　(解答例)　オーキシンとサイトカイニンの濃
度比を変えながらカルスを培養する。カルスを根に分化させる場合は
オーキシンの濃度比を高くし，葉や芽に分化させる場合はサイトカイ
ニンの濃度比を高くする。　　③　(解答例)　植物の葉が昆虫などによ
る食害を受けると，ジャスモン酸の合成が促進され，昆虫の消化酵素
のはたらきを阻害するタンパク質分解酵素阻害物質の合成を促進す
る。すると，昆虫は摂取した葉を消化できなくなるため，それ以上食
害が拡大することを抑制できる。　　(6)　①　(解答例)　一次遷移は，
火山噴火後など土壌の無い裸地から始まる遷移なので，遷移の進行は
遅い。一方，二次遷移は山火事や森林伐採後の土壌が形成されている
場所から始まる遷移なので，遷移の進行は一次遷移より速い。

②　(解答例)　三宅島の火山は活火山であり，ここ数百年の噴火年代
がわかっているため，噴火後どれだけの時間が経過するとどのような
植生になるかなど，遷移の過程を推測するのに適しているからであ

る。　③（解答例）　極相林であっても，森林伐採や自然災害などにより森林内にギャップが形成されると，別の場所から飛来した，または土壌に埋もれていた先駆種の種子が発芽し生育できるようになる。このようなギャップが森林の様々な場所で形成されることで，極相樹種や先駆種がモザイク状に混じった森林が維持される。

(7)　①　全球凍結　　②（解答例）　リニアは維管束をもっており，安定した水分の供給がもたらされるだけでなく，機械的な強度も増加した。さらに，クチクラ層が発達したことにより，体内の水分の蒸発を防げるようになった。　　③（解答例）　白亜紀末期に起こった大量絶滅では，恐竜，アンモナイトが絶滅し，針葉樹が衰退した。これは，巨大隕石が地球に衝突したことによって生じた粉塵などにより太陽光が遮られ，気温が低下したことが原因と考えられている。白亜紀と新生代古第三紀の境目の地層から，小惑星に多く含まれているイリジウムを高濃度に含む層が発見されたことが根拠となっている。

〈解説〉(1)　①　ユキノシタは葉の裏側がアントシアンの影響で赤いため，観察の際に原形質分離が判別しやすいことを説明できているかが評価される。他の材料としては紫タマネギ(赤タマネギ)なども挙げられる。　②　透過性などがキーワードとなる。10%エチレングリコール水溶液は高張液なので，はじめは細胞内の水が細胞壁を通過し細胞外へ出ていくが，やがてエチレングリコールが細胞膜を通過し細胞内に入るので細胞外の方が低張液となり，細胞外の水が細胞膜を通過して細胞内に入ったと考えられる。　(2)　①　受精膜，先体反応，表層反応などをキーワードとして多精拒否のしくみを説明する。なお，受精膜が形成されるまでの多精拒否のしくみとして，卵の膜電位を変化させるというものがある。　②　ポリペプチドなどのキーワードを使い受容体の特異性などに触れているかが評価される。　(3)　①　解答参照。　②　発生運命がキーワードとなる。肢の真皮からの誘導に対する背中の表皮の反応する能力が存在する期間と，肢の真皮が誘導する能力を獲得する期間について考察すること。　(4)　①　解答参照。②　納豆やアサリには呼吸で用いられる酵素が豊富に含まれており，

安価で手に入りやすいことから，しばしば実験で用いられる。

③　色が変化するしくみがわかりやすく説明されている板書にすること。メチレンブルーは青色であるが，コハク酸脱水素酵素が基質と反応することで水素が脱離し，これがメチレンブルーを還元して無色の還元型メチレンブルーが生じると，水溶液の色が変化する。しかし，酸素の存在下では還元型メチレンブルーが酸化されて水溶液の色が青色に戻ってしまうため，実験結果を適切に考察することができなくなる。　(5)　①　イネなどの細胞にオーキシンを加えて培養すると，再び未分化な細胞塊となるが，これをカルスという。　②　オーキシンなどの具体的な植物ホルモンを挙げて説明すること。　③　ジャスモン酸などの具体的な植物ホルモンを挙げて説明すること。

(6)　①　裸地や土壌などのキーワードを対比させて説明するとよい。②　噴火年代に注目して遷移の過程を推測できることに触れているかが評価される。　③　ギャップの形成過程に触れてモザイクの形成を説明できているかが評価される。　(7)　①　全球凍結が起きると，それまでに出現した多くの生物は絶滅するものの，全球凍結の時期を生き延びた生物の分布は広がり，多様性が進むと考えられている。

②　乾燥への対応は維管束やクチクラ層による水分の供給や蒸発防止，重力への対応は機械的強度の増加がキーワードとなる。　③　解答例の他に，ペルム紀の大絶滅などを挙げてもよい。

中　学　理　科

【1】中学校学習指導要領(平成29年3月告示)第2章第4節理科について，次の(1)〜(3)の問いに答えよ。

(1)　次は，第2分野の目標を示したものである。

1　目標

　生命や地球に関する事物・現象を科学的に探究するために必要な資質・能力を次のとおり育成することを目指す。

(1)　生命や地球に関する事物・現象についての観察，実験などを行い，生物の体のつくりと働き，生命の連続性，（　X　），気象とその変化，地球と宇宙などについて理解するとともに，科学的に探究するために必要な観察，実験などに関する基本的な技能を身に付けるようにする。

(2)　生命や地球に関する事物・現象に関わり，それらの中に問題を見いだし見通しをもって観察，実験などを行い，その結果を分析して解釈し表現するなど，a科学的に探究する活動を通して，（　Y　）に気付くとともに規則性を見いだしたり課題を解決したりする力を養う。

(3)　生命や地球に関する事物・現象に進んで関わり，科学的に探究しようとする態度と，b生命を尊重し，自然環境の保全に寄与する態度を養うとともに，自然を総合的に見ることができるようにする。

---

①　（　X　），（　Y　）に当てはまる語句をそれぞれ書け。

②　下線部aにおいては，観察したり資料を調べたりして情報を収集し，そこから考察することなどに重点が置かれることになる。

228

これは第2分野にどのような特徴があるためか。中学校学習指導
要領解説理科編(平成29年7月文部科学省)に示されている内容に基
づき，第2分野で取り上げる内容の例を挙げて書け。

③ 下線部bについて，自然環境の保全は，生命尊重の観点からも
大切である。この理由は何か。中学校学習指導要領解説理科編
(平成29年7月文部科学省)に示されている内容に基づいて，書け。

(2) 人間が自然と調和しながら持続可能な社会をつくっていくため
に，身の回りの事象から地球規模の環境までを視野に入れた上で，
どのような態度が身に付くよう中学生に指導することが大切か。中
学校学習指導要領解説理科編(平成29年7月文部科学省)に示されてい
る内容に基づいて，書け。

(3) 次のア〜エのうち，中学校第2学年で取り扱う内容として示され
ているものはどれか，1つ選んで記号を書け。

ア 火山と地震　　イ 植物の体のつくりと働き
ウ 太陽系と恒星　　エ 生物の成長と殖え方

(☆☆☆○○○)

【2】観察，実験における指導について，次の(1)〜(4)の問いに答えよ。

(1) 水に浮く物体の体積の調べ方を指導するため，図のように，物体
をメスシリンダーの底に棒で押しつけた状態を提示した。図の状態
では，物体の体積を正確に測定できない理由を書け。また，メス
シリンダーを使って水に浮く物体の体積を調べる適切な方法を説明し
たい。どのような説明をすればよいか，図と言葉でかけ。

図　棒　水　物体

(2) 中学生に，光源から出た光が空気中と水中をそれぞれ直進する様

子を視覚的に捉えさせたい。どのような事象を提示すればよいか，図と言葉でかけ。

(3)　地面に立てた杭を木づちで強く打ちこむことで振動を起こし，中学生に地震のゆれが伝わっていく様子を捉えさせたい。視覚的に捉えさせるためには，どのようにすればよいか，書け。

(4)　細胞分裂の様子を観察させるため，タマネギの種子を用意した。根が出るようにするには，タマネギの種子を，どのくらいの期間，どのような状態にしておくとよいか，書け。

(☆☆☆◎◎◎)

【3】平成27年・28年には，秋田県産の枝豆が2年連続で東京都中央卸売市場の7～10月出荷量日本一を達成した。そこで，秋田県産の枝豆がおいしい理由を，秋田県の気候や植物の光合成と関連付けて中学生に伝えるため，図のような掲示物を作成したい。　X ，　Y に当てはまる内容を，それぞれ書け。

図

```
┌─────────────────────────────────────────────┐
│            「秋田県の枝豆がおいしい理由」            │
│  秋田の夏は，　 X 　という特徴があり，日中，光合成を    │
│ して得たエネルギーは，夜になると　 Y 　ため，糖分がど    │
│ んどん蓄えられます。                              │
│  その結果，甘くておいしい枝豆に仕上がります。これが，秋   │
│ 田産の枝豆がおいしい理由です。                      │
└─────────────────────────────────────────────┘
```

(☆☆☆☆☆◎)

【4】音の性質について，次の(1)～(5)の問いに答えよ。

(1)　小学校学習指導要領(平成29年3月告示)第2章第4節理科において，音の性質について学習するのは，小学校第何学年か。次から1つ選んで記号を書け。

　　ア　第3学年　　イ　第4学年　　ウ　第5学年　　エ　第6学年

(2) 空気中の音速をV_1〔m/s〕，水中の音速をV_2〔m/s〕，鉄中の音速をV_3〔m/s〕，ヘリウム中の音速をV_4〔m/s〕としたとき，$V_1 \sim V_4$を大きい順に並べて書け。ただし，空気とヘリウムの温度を0℃，水と鉄の温度を25℃とする。

(3) 図1のように，試験管の口からL_1〔m〕の位置までに水を入れて，管の口にそっと息を吹きかけたところ，振動数f〔Hz〕の音が出た。ただし，空気中の音速をV_1〔m/s〕とする。

図1

試験管

① 図1で，試験管の水の量を増やすと，出る音の高さはどうなるか。理由を示して書け。

② 図1で，長さがL_1〔m〕の気柱に，波長の$\frac{1}{4}$の長さがn個分(ただしnは奇数)入る定常波ができたとする。このとき，閉管における気柱の固有振動数f_nはどのような式で表されるか，書け。

(4) 図2のように，スピーカーの前に管を置いて，スピーカーから振動数550Hzの音を出した。次に，管口から底板までの距離L_2を変化させたところ，共鳴が起こった位置で最も短かったのが15.5cm，次が46.5cmであった。このときの音速は何m/sか，求めよ。求める過程も書け。

図2

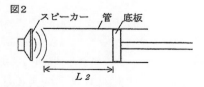

スピーカー　管　底板

L_2

(5) 液体中を音が伝わることを，理科室で中学生に確かめさせたい。どのような実験を行えばよいか，図と言葉でかけ。

(☆☆☆◎◎◎)

【5】仕事とエネルギーについて，次の(1)～(4)の問いに答えよ。

(1) 中学生に，物体のもつ力学的エネルギーは測れることを理解させたい。どのような実験を行い，どのように測れることを示せばよいか。中学校学習指導要領(平成29年3月告示)に示されている内容に基づいて書け。

(2) 定滑車と動滑車を用いて，図1，図2のような実験を行った。ただし，滑車，ひもの質量は考えず，摩擦や空気抵抗はなく，ひもはのび縮みしないものとする。また，100gの物体に働く重力の大きさを1Nとする。

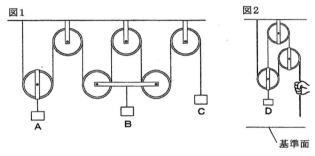

① 図1のように，滑車を組み合わせ，物体A，B，Cをつるしたところ，全ての物体が静止した。物体A～Cの質量をそれぞれM_A，M_B，M_Cとするとき，$M_A : M_B : M_C$を最も簡単な整数比で書け。

② 図2のように，滑車を組み合わせ，手で下向きに10cm/sの速さでひもを引き，質量2kgの物体Dを基準面から持ち上げた。このとき，手が行う仕事率は何Wか，求めよ。

(3) 図3のように，水平面に置いた質量2kgの物体Eの側面にひもを付け，水平面から30°上方に20Nの力で引いたところ，一定の速さで水平方向に20cm移動した。この現象を見た中学生が，「物体が30°上方に動いていないので，仕事は0Jだと思います。」と発言した。この中学生に，図3のときの仕事の大きさを説明したい。どのような説明をすればよいか，書け。

232

図3

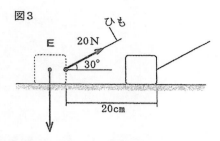

E　20N　ひも
30°
20cm

(4)　仕事の原理を学習した際，中学生から「図4のようなドライバー
も仕事の原理に基づいた道具なのですか。」と質問された。この中
学生に，ドライバーは仕事の原理に基づいた道具であることを説明
したい。どのような説明をすればよいか，書け。

図4

(☆☆☆◎◎◎)

【6】原子・分子について，次の(1)〜(4)の問いに答えよ。

(1)　次の文は，中学校学習指導要領(平成29年3月告示)第2章第4節理科
「(4)(ア)物質の成り立ち　①原子・分子」の内容である。下線部a，
bはそれぞれ何を示しているか，中学校学習指導要領解説理科編(平
成29年7月文部科学省)に示されている内容に基づいて書け。

> 　物質は原子や分子からできていることを理解するとともに，
> 物質を構成する₍a₎原子の種類は₍b₎記号で表されることを知るこ
> と。

(2)　ある金属Xの結晶格子は，図のような単位格子を繰り返す，面心
立方格子である。

233

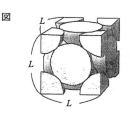

図

①　図で，単位格子に含まれる原子の数，原子の配位数はそれぞれいくらになるか，書け。

②　図で，金属Xの原子の直径は何cmか，求めよ。求める式も書け。ただし，図の1辺の長さLを$4.06×10^{-8}$cmとし，必要に応じて次の数字を使うこととする。

$$\left[\quad \pi =3.14 \qquad \sqrt{2}=1.41 \qquad \sqrt{3}=1.73 \quad\right]$$

(3)　ゲイ・リュサックが発見した気体反応の法則について，ドルトンが唱えた原子説では説明できないことを，アボガドロの法則に基づき，気体どうしの反応の例を挙げて図と言葉でかけ。

(4)　中学生に，「原子は質量をもった非常に小さな粒子であること」を，身の回りの物を取り上げて説明したい。どのような物を取り上げて，どのような説明をすればよいか，書け。

(☆☆☆◎◎◎)

【7】酸，アルカリ，中和について，次の(1)〜(5)の問いに答えよ。

(1)　次のア〜オのうち，強塩基に分類される物質はどれか，2つ選んで記号を書け。

ア　NH_3　　イ　$Al(OH)_3$　　ウ　$Ca(OH)_2$　　エ　$Cu(OH)_2$

オ　$Ba(OH)_2$

(2)　次の文は，リトマス紙とBTB溶液の色の変化を調べ，酸性の水溶液の性質について学習した中学生の振り返りである。この中学生の疑問を解決するためには，どのような実験を行い，どのような現象を示せばよいか，図と言葉でかけ。

> 　今日の学習で，酸性の水溶液は，リトマス紙やBTB溶液の色を変化させることがわかった。この学習の前に，塩酸や硫酸が電離すると水素イオンが生じることを学習したので，これらの色の変化には水素イオンが関係しているのか疑問に思った。

(3) 中学生に，こまごめピペットの使い方を指導するため，図のようなカードを用意したい。次の図に液体2cm³をとる手順と注意することを書き加えよ。

図

(4) 0.0500mol/Lのシュウ酸水溶液10.0mLを，水酸化ナトリウム水溶液で中和したところ，25.0mL必要であった。この水酸化ナトリウム水溶液の濃度は何mol/Lか，求めよ。

(5) 酢酸を水酸化ナトリウム水溶液で中和滴定するとき，指示薬としてフェノールフタレインとメチルオレンジのどちらを用いればよいか，理由を示して書け。

(☆☆☆◎◎◎)

【8】生物と環境について，次の(1)～(6)の問いに答えよ。

(1)　自然界のつり合いについて，小学校第6学年ではどのようなことを学習するか。中学校学習指導要領解説理科編(平成29年7月文部科学省)に示されている内容に基づいて2つ書け。

(2)　図のように， - ⇢ を有機物の流れ， ⇒ を無機物の流れとし，生態系の中での炭素循環の概要を説明したい。炭素循環の様子が正しく示される図になるよう，次の図に - ⇢ を2本， ⇒ を4本かき加えよ。ただし，菌類・細菌類については，炭酸同化を行う種類を除くものとする。

図

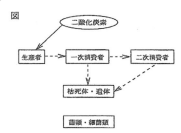

(3)　根粒菌の働きについて説明した次の文が正しくなるように，(X)，(Y)に当てはまる語句をそれぞれ書け。

> 　根粒菌は，大気中の(X)をもとにアンモニアなどの(Y)をつくり出す。

(4)　植物などの動かない生物の個体群の大きさを測る方法として，区画法がある。区画法とはどのようなものか，書け。

(5)　父親と釣りに行った中学生から，「オオクチバスが釣れたとき，父がその魚は特定外来生物に指定されていると言いました。特定外来生物とは何ですか。」と質問された。この中学生に対して，特定外来生物についてどのような説明をすればよいか，書け。

(6)　土壌動物を採集するため，ツルグレン装置を作りたい。どのような物を使用し，どのような装置を作ればよいか，使用した物の名称を示して，図と言葉でかけ。

(☆☆☆☆◎◎◎)

【9】 筋肉について，次の(1)～(4)の問いに答えよ。

(1) 骨格筋，平滑筋，心筋のうち，自律神経系によって活動が調節される筋肉はどれか。全て選んで，名称を書け。

(2) 図1は，ホニュウ類の横紋筋の構造を模式的に表したものである。

図1

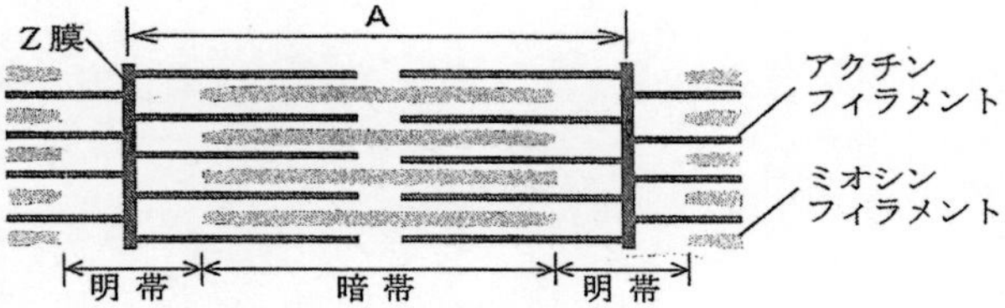

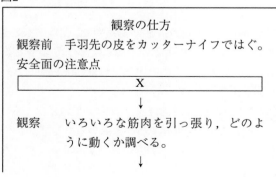

① 図1のAは，筋原繊維の最小構成単位を表している。Aの名称を書け。

② ミオシンフィラメントとアクチンフィラメントが相互作用することで，筋収縮が起こる。このとき，これらのフィラメント間でどのような運動が引き起こされるか，書け。

③ 横紋筋が収縮するとき，明帯と暗帯の長さはそれぞれどのようになるか，書け。

(3) 図2は，ニワトリの手羽先を用いて骨や筋肉の様子を観察する授業において，観察の仕方を示した板書の一部である。 X ， Y に当てはまる内容を，それぞれ書け。

図2

```
                        観察の仕方
   観察前   手羽先の皮をカッターナイフではぐ。
   安全面の注意点
   ┌─────────────────────────────┐
   │               X               │
   └─────────────────────────────┘
                       ↓
   観察     いろいろな筋肉を引っ張り，どのよ
             うに動くか調べる。
                       ↓
```

```
観察後　手羽先を教卓のビニル袋に入れ，使
　　　　った器具を片付ける。
　　　　　　　　↓
片付け終えた人への衛生面の注意点
┌─────────────────────────┐
│　　　　　　　　Y　　　　　　　　│
└─────────────────────────┘
```

(4)　身の回りの物を使って，ヒトの腕の骨の動きと筋肉の伸縮の関係を表すモデルを作り，その関係を中学生に調べさせたい。どのようなモデルを作り，どのようなことを捉えさせればよいか，図と言葉でかけ。

(☆☆☆☆◎◎◎◎)

【10】太陽について，次の(1)～(5)の問いに答えよ。

(1)　図1のような装置を使って，秋田県内のある地点で，夏至の日の太陽の動きを調べた。

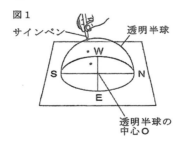

図1

①　中学生から「太陽の位置を透明半球に記録するとき，サインペンの先のかげが透明半球の中心にくるようにするのはなぜですか。」と質問された。この中学生に理由を説明したい。どのような説明をすればよいか，図と言葉でかけ。

②　図2は，図1の透明半球を東側から真横に見たときの断面を模式的に表したものである。点Aは太陽が南中したときの位置を表し，弧SAの長さが14.8cm，弧SNの長さが36.0cmであった。これらのことから，この日の太陽の南中高度を求めよ。

図2

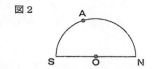

(2) 北極や南極などで，太陽が一日中昇らない現象を何というか，書け。

(3) 太陽にある黒点の温度が周りの光球より低いのはなぜか，書け。

(4) 太陽光線をプリズム(分光器)に当ててスペクトルを調べると，黒い筋が見られる。この黒い筋は，発見した物理学者の名にちなんで何というか，名称を書け。また，この黒い筋が出る理由を書け。

(5) 地球表面が1秒間に受ける太陽放射エネルギーは，地球全体を平均すると地表1m²当たり何W/m²か，求めよ。ただし，大気による反射や吸収は無視できるものとし，太陽定数を1.4×10^3W/m²，地球を半径6.4×10^6mの球，円周率を3.14とする。

(☆☆☆◎◎◎)

【11】気象観測について，次の(1)～(5)の問いに答えよ。

(1) 気象観測について，小学校第4学年と小学校第5学年では，どのようなことについて学習するか。中学校学習指導要領解説理科編(平成29年7月文部科学省)に示されている内容に基づいて，次のア～オからそれぞれ1つずつ選んで記号を書け。

　ア　雲と天気の変化　　　　　イ　日本の天気の特徴
　ウ　前線の通過と天気の変化　エ　天気による1日の気温の変化
　オ　大気の動きと海洋の影響

(2) 雨量計で測定できる雨量について説明した次の文が正しくなるように，　X　に当てはまる内容を書け。

> 雨量は，降った雨水が　X　しないと考えた場合にたまる水の量で，その深さ〔mm〕で表す。

(3) 図のような乾湿計を見た中学生から「どうして湿球の示度は，乾

球の示度に比べて低くなるのですか。」と質問された。この中学生に理由を説明したい。どのような説明をすればよいか，書け。

図

乾湿計

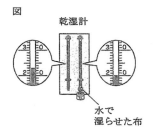

水で
湿らせた布

(4)　ある地点における地表の気圧は，980hPaであった。この地点に鉛直に立つ底面積1m²の空気柱があるとすると，この空気柱の全質量は何kgか，求めよ。ただし，質量1kgの物体に働く重力の大きさを9.8Nとする。

(5)　気象衛星は地球を覆う雲を可視光線や赤外線によって観測している。可視光線を利用している可視画像ではどのような雲が白く見えるか，書け。また，赤外線を利用している赤外画像ではどのような雲が白く見えるか，書け。

(☆☆☆◎◎◎)

高 校 理 科

【共通問題】

【1】次の文章を読み，あとの(1)～(5)の問いに答えよ。

次図のように，時刻$t=0$に水平な地面から，角度θだけ上方に速さv_0で小球を投げた。水平右向きにx軸，鉛直上向きにy軸をとると，x軸方向の運動は（　ア　）運動，y軸方向の運動は（　イ　）と見なすことができる。なお，重力加速度の大きさをgとし，空気抵抗は無視できるものとする。

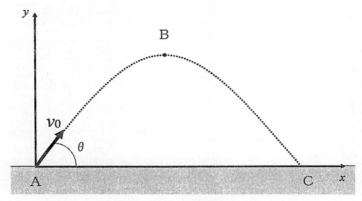

(1) 文中の(ア), (イ)に適する語句をそれぞれ書け。

(2) ある時刻tにおける小球の速度をvとする。水平方向の速度成分をv_x, 鉛直方向の速度成分をv_yとするとき, 小球の速度の成分v_x, v_yをそれぞれ求めよ。

(3) ある時刻tにおける小球の変位の成分x, yをそれぞれ求めよ。

(4) 小球が最高点Bに達するときの時刻とそのときの高さをそれぞれ求めよ。

(5) 小球が地点Cで地面に落下するとき, 地点Aから地点Cまでの距離を求めよ。

(☆☆☆◎◎◎)

【2】次の文章を読み, あとの(1)～(4)の問いに答えよ。

　元素を原子番号の順に並べていくと, 価電子の数は周期的に変化する。それにつれて, a元素の性質も周期的に変化する。元素の性質が原子番号とともに周期的に変化することを元素の周期律という。元素の周期律に基づいて, 性質の類似した元素が同じb縦の列に並ぶように配列した表を, 元素の周期表という。周期表の両側に位置する1, 2族と, 12～18族の元素を典型元素, その間に位置する3～11族の元素をc遷移元素という。典型元素はd金属元素と非金属元素を約半数ずつ含むが, 遷移元素はすべて金属元素である。

族\周期	1	2	3	4	5	6	7	8	9	10	11	12	13	14	15	16	17	18
1	H																	He
2	Li	Be											B	C	N	O	F	Ne
3	Na	Mg											Al	Si	P	S	Cl	Ar
4	K	Ca	Sc	Ti	V	Cr	Mn	Fe	Co	Ni	Cu	Zn	Ga	Ge	As	Se	Br	Kr
5	Rb	Sr	Y	Zr	Nb	Mo	Tc	Ru	Rh	Pd	Ag	Cd	In	Sn	Sb	Te	I	Xe
6	Cs	Ba	ランタノイド	Hf	Ta	W	Re	Os	Ir	Pt	Au	Hg	Tl	Pb	Bi	Po	At	Rn
7	Fr	Ra	アクチノイド	Rf	Db	Sg	Bh	Hs	Mt	Ds	Rg	Cn	Nh	Fl	Mc	Lv	Ts	Og

(1) 下線部aについて，この周期表の第1〜第5周期の中で電気陰性度が最も大きい元素の元素記号を書け。

(2) 下線部bについて，18族の同族元素の総称と性質を書け。

(3) 下線部cでは，となり合う異なる族に属する元素でもよく似た性質を示すことが多い。この理由を説明せよ。

(4) 下線部dについて，次の①〜③に答えよ。

① 金属元素と非金属元素が化学結合するときの結合の名称を書け。

② 金属元素からなる金属は，電気伝導性や熱伝導性が大きい。金属がこうした性質を有する理由を説明せよ。

③ 非金属元素からなる結晶には分子結晶と共有結合の結晶があるが，これらの結晶の性質の違いと結合の違いをそれぞれ書け。

(☆☆☆◎◎)

【3】次の文章を読み，あとの(1)〜(3)の問いに答えよ。

　すべての生物のからだは細胞からなり，水，タンパク質，脂質，炭水化物，核酸，無機塩類などの物質で構成されている。これらの物質は細胞をつくるうえで欠かせない。なかでも重要な物質はa核酸とタンパク質である。植物や動物の細胞の基本構造は核と細胞質からできている。次の図1，2は，植物，動物の細胞をそれぞれ模式的に示した図であり，b内部構造に違いがみられる。

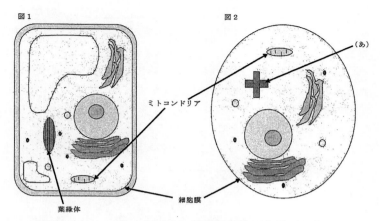

図1　図2

ミトコンドリア

（あ）

葉緑体

細胞膜

(1)　下線部aについて，それぞれの働きを具体例を挙げて書け。

(2)　下線部bについて，次の①～④に答えよ。

　①　植物細胞と動物細胞に共通する構造に細胞膜がある。細胞膜の
　　構造について書け。

　②　植物細胞と動物細胞に共通する構造にミトコンドリアがある。
　　ミトコンドリアの働きについて書け。

　③　植物細胞の白色体は，種子植物では主にどこに存在するか書け。

　④　図2の(あ)は，シダ植物やコケ植物の一部にも見られるが，動物
　　細胞に特徴的な構造である。名称を書け。また，構造について説
　　明せよ。

(3)　大腸菌などの原核生物の細胞は，植物，動物の細胞と比較すると
　　単純な構造をしている。原核生物の細胞の構造について，植物，動
　　物の細胞との相違点に触れて書け。

（☆☆☆☆◎◎◎◎）

【４】次の文章を読み，あとの(1)～(5)の問いに答えよ。

　　岩石や鉱物の破片，火山噴出物，生物の遺骸などは，水や風によっ
　　て運ばれ，やがて堆積する。これらの堆積物は，層状に積み重なって
　　a地層を形成する。地層は，下から上に積み重なって形成されるため，

一連の地層では_b下の地層が上の地層よりも古くなる。地層や岩石がある面で断ち切られ，その面に沿って両側がずれているとき，これを_c断層という。

　地層や岩石が草や土に覆われないで露出している場所を露頭という。崖や道路の切り割りなど，地層や岩石が現れた露頭を_d観察し，調査地域の地層の広がりや重なり方を調べることで，その地域における大地の変動の歴史を読み取ることができる。

(1)　下線部aについて，図1が示す地層の変形の名称を書け。

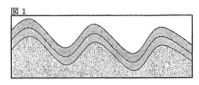

図1

(2)　下線部bについて，このことを示す法則の名称を書け。

(3)　下線部cについて，図2は断層の断面を模式的に示した図であり，逆断層の形成を表している。この断層が生じるしくみを説明せよ。

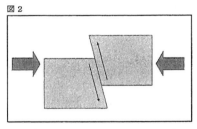

図2

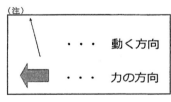

(注)

・・・ 動く方向

・・・ 力の方向

(4)　下線部dについて，次の①～②に答えよ。

　①　図3は観察した露頭のスケッチの一部である。Aは花こう岩，Bは礫岩であり，AとBの境界は，平らではなく凹凸が見られた。また，Bには丸みのあるAの礫が含まれており，礫は上部ほど小さかった。このことからA，Bの地層の形成について考えられることを書け。

図3

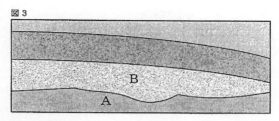

② 地層や岩石の様子をルーペなどで詳しく観察するとき，どのように観察するか書け。

(5) 高等学校学習指導要領(平成21年3月告示)「第2章　各学科に共通する各教科　第5節　理科　第3款　各科目にわたる指導計画の作成と内容の取扱い」の2(3)に，「観察，実験，野外観察，調査などの指導に当たっては，関連する法規等に従い，事故防止について十分留意するとともに，使用薬品などの管理及び廃棄についても適切な措置を講ずること。」と記載がある。露頭などの野外観察を計画する際の事故防止のため注意，準備すべきことを書け。

(☆☆☆☆◎◎◎)

【物理】

【1】次の(1)と(2)の各問いに答えよ。

(1) 図1のように，なめらかな水平面上に自然長がlで，ばね定数がkの質量の無視できるばねの一端を固定し，他端に質量mの小球を取り付ける。小球を自然長よりaだけ伸ばしてはなすと小球は単振動を始めた。小球の大きさは無視できるものとする。

図1

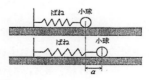

① 小球の単振動の周期を求めよ。
② 小球の速さの最大値はいくらか。

③　次に，このばねを自然長が$\frac{1}{2}l$になるように切断し，その他の条件ははじめと同じにして再び実験をした。このとき，小球の単振動の周期は，はじめの実験の何倍になるか書け。

(2)　図2のように，質量mの小球Aと質量$3m$の小球Bを自然の長さがl，ばね定数がkの質量の無視できるばねでつなぎ，なめらかで水平な床の上に静止させておく。このときの小球Aの位置を原点Oとし，水平右向きにx軸をとる。時刻$t=0$に瞬間的に小球Aに右向きに速さv_0を与えた。小球A，Bの大きさはそれぞれ無視できるものとする。

図2

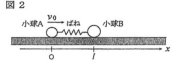

①　小球Aと小球B，ばねからなる系の，時刻$t=0$の瞬間における重心の位置を求めよ。

②　ばねの長さが最小になった瞬間，小球Aと小球Bの速度は等しくなった。この速度を求めよ。ただし，計算の過程も書け。

③　ばねの長さが初めて最小になる時刻tを求めよ。ただし，計算の過程も書け。

④　ばねの最小の長さを求めよ。ただし，計算の過程も書け。

⑤　その後，ばねが再び自然長に戻ったとき，小球Bの速度は最大となった。このときのBの速度を求めよ。ただし，計算の過程も書け。

⑥　小球Bの変位xを時刻tの関数として求めよ。

（☆☆☆◎◎◎）

【2】次の図のように，nモルの単原子分子理想気体の圧力と体積を状態A→B→C→Dと変化させた。状態Aの体積および絶対温度をそれぞれV_0，T_0とし，状態Cの体積を$2V_0$とする。過程C→Dは断熱変化であり，状態BとDの温度は等しいものとする。また，気体定数をR，過程A→Bで気体が吸収する熱量をQとする。

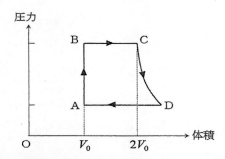

(1) 状態Aにおける気体の圧力を求めよ。ただし、計算の過程も書け。以下の(2)〜(5)ではQを用いること。

(2) 状態Bにおける気体の絶対温度と圧力をそれぞれ求めよ。ただし、計算の過程も書け。

(3) 過程B→Cで気体のした仕事を求めよ。ただし、計算の過程も書け。

(4) 過程C→Dで気体のした仕事を求めよ。ただし、計算の過程も書け。

(5) 過程D→Aで気体が放出した熱量を求めよ。ただし、計算の過程も書け。
断熱変化では$pV^{\frac{5}{3}}＝$一定が成り立つものとする。

(6) 状態Dの体積はV_0の何倍か、求めよ。ただし、計算の過程も書け。

(7) 熱量Qを求めよ。ただし、計算の過程も書け。

(☆☆☆◎◎◎)

【3】次の各問いに答えよ。

(1) 図1は、X線の発生装置(X線管)の模式図である。陰極のフィラメントと陽極のターゲットの間に高電圧をかけ、陰極の熱電子を加速し、陽極に衝突させるとX線が発生する。図2は、このとき発生するX線の強さと波長の関係(X線スペクトル)を表しており、λ_0は最短波長、λ_1、λ_2は固有X線の波長である。

図 1
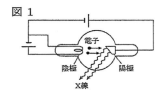

図 2
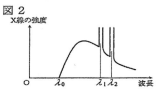

① 加速電圧をVとしたとき，X線スペクトルの最短波長λ_0を求めよ。ただし，光の速さをc，電気素量をe，プランク定数をhとする。また，計算の過程を書け。

② 固有X線が特定の波長をもつ理由をわかりやすく説明せよ。

③ 加速電圧を図2のときの2倍にした。このときのX線スペクトルの概略をかけ。ただし，最短波長の大きさや固有X線の位置が図2と比べてどうなるかがわかるようにかけ。

(2) 次の図は，屈折率n_1の円柱状のガラス棒の外側を屈折率n_2の円筒状ガラスで中心軸が一致するように囲んだ装置の断面を表している。この装置は空気中(屈折率1とする)に置かれており，$n_1 > n_2 > 1$とする。

① ガラス棒の側面上の中心に向けて，中心軸となす角が$\theta\,(>0)$で入射する光が，ガラス棒と円筒状ガラスの境界面で全反射してガラス棒の中だけを進むための条件を，n_1, n_2を用いて$\sin\theta$の不等式で書け。ただし，授業中の板書を想定し，導出過程について，図を用いてわかりやすく説明せよ。

② この装置による光の進み方は光ファイバーの原理に使われているが，側面からガラス棒に入射する角θの大きさの違いによって，ガラス棒の中をジクザクに進む光と比較的まっすぐ進む光が存在し，その間で伝達時間に差が生じている。実際の光ファイバーでは，どのようにしてこの差を小さくしているか，ガラス棒内部の

屈折率の大きさの分布に着目して，わかりやすく説明せよ。

(☆☆☆◎◎◎)

【4】 次の各問いに答えよ。

(1) 図1のように，半径aの金属球Aがある。クーロンの法則の比例定数をkとし，電位の基準を無限遠とする。

図1

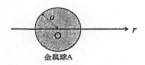

金属球A

① 金属球Aに電気量$+Q$の正電荷を与えた。Aの中心Oからの距離をrとして，縦軸に電位V，横軸に距離rをとったグラフをかけ。ただし，グラフの縦軸には必要な値を書け。

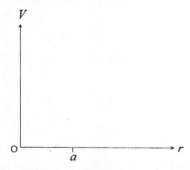

② 次に図2のように，内面の半径がb $(b>a)$で金属部分の厚さがdの球状の金属殻Bを金属球Aと中心Oを一致させて置く，Aは$+Q$，Bは$-Q$にそれぞれ帯電している。このとき，Aの中心Oからの距離をrとし，縦軸に電位V，横軸に距離rをとったグラフをかけ。ただし，グラフの縦軸には必要な値を書け。

図２

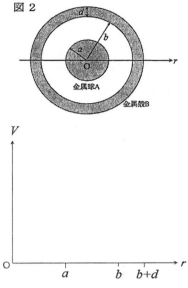

③　金属球Aと金属殻Bを球形のコンデンサーと見なすとき，この
コンデンサーの電気容量をQ，k，a，bを用いて求めよ。ただし，
計算の過程も書け。

(2)　図3のように，点A$(a, 0)$，点B$(-a, 0)$にそれぞれ$+3Q$と$-Q$の
点電荷を固定する。クーロンの法則の比例定数をkとし，電位の基
準を無限遠とする。

図３

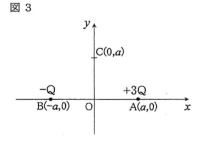

①　点C$(0, a)$における電界の強さと電位をそれぞれ求めよ。

② ＋qの電荷をもつ質量mの小球Pを無限遠から点Cまで運ぶ際に必要な仕事Wを求めよ。また，小球Pを点Cに置き，静かに放すとやがてPは無限遠に達した。このとき，Pの速さを求めよ。

③ x軸上で電界が0となっている点のx座標を求めよ。ただし，無限遠は除く。

(☆☆☆◎◎◎)

【化学】

原子量を用いる場合は，H＝1.0，C＝12，N＝14，O＝16とする。また，気体定数は$8.3×10^3$Pa・L/(mol・K)，水のモル凝固点降下は1.85K・kg/molとする。

【1】次の(1)〜(4)の問いに答えよ。

(1) 次の文章は高等学校学習指導要領(平成21年3月告示)「第2章 各学科に共通する各教科 第5節 理科 第2款 各科目 第4 化学基礎」の一部を示したものである。文中の(a)〜(f)に当てはまる語句を書け。

> 3 内容の取扱い
> (1) 内容の構成及びその取扱いに当たっては，次の事項に配慮するものとする。
> ア (a)との関連を考慮しながら，化学の基本的な概念の形成を図るとともに，化学的に探究する方法の習得を通して，科学的な思考力，判断力及び表現力を育成すること。
> イ 「探究活動」においては，各項目の学習活動と関連させながら観察，実験を行い，報告書を作成させたり発表を行う機会を設けたりすること。また，その特質に応じて，情報の収集，(b)，実験の(c)，実験による(d)，実験データの(e)などの探究の方法を習得させるようにすること。その際，コンピュータや情報通信

　　　　　ネットワークなどの適切な活用を図ること。
　　ウ　内容(1)のアについては，この科目の導入として位置付
　　　け，化学に対する(　f　)を高めるよう展開すること。

(2)　不揮発性の非電解質を溶かした希薄溶液の凝固点降下度 Δt〔K〕
　は，溶液の質量モル濃度を m〔mol/kg〕，溶媒のモル凝固点降下を k_f
　〔K・kg/mol〕とすると，$\Delta t = k_f m$ の式によって求めることができる。
　このことに関する，次の①～③の問いに答えよ。
　①　分子量の測定は，気体の密度を測定して気体の状態方程式から
　　求めたり，沸点上昇・凝固点降下や浸透圧を利用したりして行わ
　　れる。生徒に，高分子化合物であるポリビニルアルコールの分子
　　量を実験によって測定させたいと考え，凝固点降下と浸透圧を利
　　用する実験について検討したい。
　　　どちらの実験でも，用いるポリビニルアルコールの分子量を
　　1.0×10^5 として考える。凝固点降下の実験は，ポリビニルアルコ
　　ール1.0gを100gの水に溶解した水溶液を用いて実験を行うものと
　　する。また，浸透圧の実験では，ポリビニルアルコール1.0gを水
　　に溶解して100mLとした水溶液を用いて，温度27℃，大気圧
　　1.013×10^5Paの条件下で実験を行い，水溶液の液柱の高さから浸
　　透圧を求めるものとする。凝固点降下と浸透圧では，どちらの実
　　験がポリビニルアルコールの分子量を測定するために適している
　　か，説明せよ。
　　　ただし，大気圧 1.013×10^5Paは水銀柱の高さを用いて表すと
　　760mmとなり，水銀の密度は13.6g/cm³，水溶液の密度は1.0g/cm³
　　である。また，それぞれの実験でどのような結果が得られるか，
　　数値や，数値を求める過程など，根拠を示しながら書くこと。
　②　希薄溶液を冷やして凝固が進んでいく過程について，冷却曲線
　　を用いて説明する板書例を，溶液の凝固点や状態，温度変化の特
　　徴も示しながら書け。ただし，溶液は過冷却の状態になるものと
　　する。

③　酢酸を溶かしたベンゼン溶液で凝固点降下の実験を行うと，凝固点降下度は，酢酸の質量モル濃度から求められる値のおよそ半分となる。この理由を説明せよ。

(3)　定比例の法則と倍数比例の法則について，それぞれ発見者を答え，炭素の酸化物を例にしながら説明せよ。

(4)　単体の塩素と臭素の酸化作用の強さの比較について，実験を通して生徒に理解させたい。実験の概要と得られる結果，化学反応式を示して説明せよ。

(☆☆☆◎◎◎)

【2】次は，無機化合物に関する問題である。

Ⅰ　窒素に関する次の文を読み，(1)～(3)の問いに答えよ。

　　窒素は空気中に体積で約78％含まれており，工業的には液体空気を分留して得る。

　　窒素化合物であるアンモニアは工業的には(ア)を主成分とする触媒を用いて，窒素と水素を400～600℃・高圧で直接反応させて合成される。これをハーバー・ボッシュ法という。実験室では塩化アンモニウムと水酸化カルシウムの混合物を加熱して得られる。

　　硝酸は工業的にはオストワルト法で製造される。この方法は，次の①～③の工程に分けられる。

①　アンモニアと空気の混合気体を約800℃に加熱した(イ)網に通すことで，アンモニアを酸化して一酸化窒素をつくる。

②　一酸化窒素を空気中の酸素で酸化して二酸化窒素にする。

③　二酸化窒素を温水に吸収させて硝酸とする。このとき生成した一酸化窒素は，②と③の工程を繰り返してすべて硝酸に変える。

(1)　文中の(ア)に当てはまる化合物の化学式，(イ)に当てはまる単体の化学式をそれぞれ書け。また，触媒の働きについて活性化エネルギーに触れて説明せよ。

(2)　下線部の方法でアンモニアを発生，乾燥，捕集する際の留意点

について生徒に説明したい。実験装置の図を示しながら，板書例を書け。

(3)　オストワルト法によりアンモニアから硝酸を製造するとき，15kgのアンモニアから得られる硝酸は最大で何kgか，有効数字2桁で求めよ。ただし，計算過程も書くこと。

Ⅱ　金属に関する次の文を読み，(4)〜(6)の問いに答えよ。

12族の亜鉛，13族のアルミニウム，14族のスズ，鉛は両性金属であり，日常生活の様々なところで利用されている。

アルミニウムは鉱石の(ア)からつくられる酸化アルミニウムを，(イ)とともに溶融塩電解して得られる銀白色の軟らかい軽金属である。アルミニウムと少量の銅，マグネシウムとの合金である(ウ)は，軽量で強度が高く，航空機の機体などに利用されている。

鉛は，密度が大きく，青白色の軟らかい金属であり，鉛蓄電池の(エ)極活物質やX線の遮蔽材として用いられている。

物質の表面を金属でおおうことを，めっきという。鋼板に両性金属をめっきしたものにはトタンやブリキがある。

(4)　(ア)〜(エ)に当てはまる語を書け。

(5)　亜鉛やアルミニウム，スズ，鉛が示す両性とはどのような性質か，アルミニウムを例にして化学反応式を示して説明せよ。

(6)　下線部について，トタンとブリキはそれぞれどのような所で使用されるか，めっきする両性金属の種類とその働きに触れながら説明せよ。

(☆☆☆◎◎◎)

【3】次は，有機化合物に関する問題である。

Ⅰ　アルコールに関する，次の(1)〜(4)の問いに答えよ。ただし，構造式は下の例1にならって書け。

(1)　エタノールを濃硫酸と加熱すると脱水反応が起こり，反応温度に応じて，アルケン又はエーテルが生成する。エタノールと濃硫

酸の混合物を加熱した際の生成物について，反応温度に触れて説明せよ。

(2) 2－メチル－2－ブタノールが分子内で脱水反応した際に生じる二種類のアルケンの構造式と名称を書き，そのうちのどちらが主生成物となるかを，ザイツェフの法則に基づいて説明せよ。

(3) 濃硫酸を触媒として，酢酸とエタノールを反応させると，酢酸エチルと水を生じる。この反応は可逆反応であり，ある温度における平衡定数は4.0である。この温度において，酢酸2.0mol，エタノール2.0mol，酢酸エチル10molを混合し，濃硫酸を加えて反応させると平衡状態に達した。このとき，生成している水の物質量〔mol〕を有効数字2桁で求めよ。ただし，計算過程も書け。

(4) グリニャール試薬(RMgX)は有機ハロゲン化物(RX)と金属マグネシウム(Mg)から調製される，炭素と金属の間に結合を有する有機金属化合物の一種である。グリニャール試薬を用いることで，炭素と炭素の間の結合を自在に作り出せるようになり，医薬品や農薬，電子材料等の，選択的かつ効率的な合成に産業界で広く使われている。

　カルボニル化合物に求核試薬としてグリニャール試薬を用いると，R残基がカルボニル炭素に付加したアルコキシドを生成し，これを希酸で処理することによってアルコールが得られる。この反応を簡単に表現すると，図1のようになる。図1を基に，グリニャール試薬が反応するカルボニル化合物の種類と，そのとき生成するアルコールの種類との関係について，説明せよ。

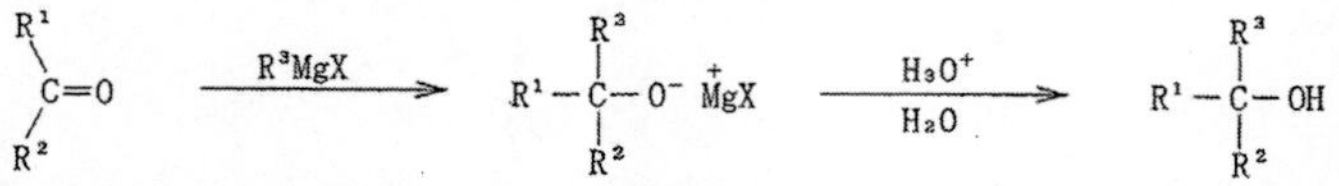

$$
\begin{array}{c}
R^1 \\
| \\
C=O \\
| \\
R^2
\end{array}
\xrightarrow{R^3 MgX}
\begin{array}{c}
R^3 \\
| \\
R^1-C-O^- \; {}^+MgX \\
| \\
R^2
\end{array}
\xrightarrow[H_2O]{H_3O^+}
\begin{array}{c}
R^3 \\
| \\
R^1-C-OH \\
| \\
R^2
\end{array}
$$

図1　カルボニル化合物のグリニャール反応

例1　$CH_3-\underset{O}{\overset{}{C}}-OH$

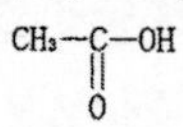

酢酸

II　糖類に関する次の文を読み，あとの(5)〜(7)の問いに答えよ。ただ

し，糖類の構造式を書く際は，例2にならって書け。

　デンプンは，α－グルコースが縮合重合してできた多糖類で，アミロースとアミロペクチンの混合物である。うるち米では，デンプン中にアミロースが20～25％，アミロペクチンが75～80％含まれており，もち米では，ほぼ100％がアミロペクチンである。

　デンプンを希酸と加熱して十分に加水分解すると，最終的にはグルコースとなる。また，デンプンにアミラーゼという酵素を作用させると，加水分解されて二糖類の（　ア　）となる。デンプンの水溶液は還元性を示さないが，グルコースや（　ア　）の水溶液は還元性を示す。

(5)　文中の（　ア　）に当てはまる物質の名称を答えよ。

(6)　アミロースとアミロペクチンのそれぞれの構造や性質について，グリコシド結合に触れて説明せよ。

(7)　グルコースの水溶液が還元性を示す理由を，グルコースの水溶液中での構造式を示して説明せよ。

例2

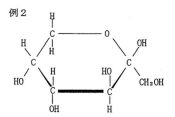

β－フルクトース（六員環構造）

(☆☆☆◎◎◎)

【生物】

【1】DNAと細胞分裂に関する次の各問いに答えよ。

①　ある生物のDNAに含まれる全塩基を調べたところ，グアニンとシトシンの割合が54％であった。一方の鎖の全塩基のうちアデニンの割合が24％であるとき，もう一方の鎖に含まれるアデニンの割合はどのようになると考えられるか，書け。

② ある細胞を培養し，その細胞周期を調べたところ，39時間であり，そのうちM期の細胞は全体の2.6％であった。なお，この細胞集団は細胞周期が同調していないことが分かっている。この培養細胞にコルヒチンを5.0時間作用させると，検出されるM期の細胞の割合はどのようになると考えられるか，書け。ただし，休止期の細胞はないものとする。

(☆☆☆◎◎◎)

【2】生徒から「骨格筋に対して，アドレナリンやインスリンが作用して血糖値を調節しますが，グルカゴンが作用しないのはなぜですか。」と質問された。その質問に対して，どのように説明するか，細胞間の情報伝達の観点から書け。

(☆☆☆◎◎◎)

【3】アフリカ原産の魚類の中に，自己の発電器官で発生させた電気を，自己の受容器で受容して障害物などを検出しているものがいる。近くに2匹の同種の個体が存在している場合，それぞれが発電を行うと，両者の電気信号が干渉して定位の能力が損なわれると考えられる。この魚類がどのようにして，干渉の回避を行っているのかを検証するための探究活動を行う場合，どのような実験が考えられるか。仮説，実験方法，予想される結果を書け。

(☆☆☆☆◎)

【4】以下は，ある生徒が取り組んだ課題研究をまとめたレポートの一部である。次の文章を読み，あとの各問いに答えよ。

【実験】ある植物の花粉の発芽率と花粉管の伸長に影響を与える要因について，基本培地のみと基本培地に無機要素を加えた場合の違いを調べた。なお，無機要素には，ホウ酸，硝酸マグネシウム，硝酸カルシウム及び硫酸マンガンを用いた。その際，培地のB，Mg，Ca，Mn濃度は，5ppm及び40ppmに調整した。また，いずれの培地もシ

ョ糖濃度15％，寒天濃度1％とし，pHは5.5に調整した。なお，花粉を置床後，20℃の恒温室で6時間培養した後，染色して光学顕微鏡で花粉の発芽率と花粉管の伸長量を測定した。花粉の発芽率については，1シャーレにつき約250粒，花粉管の伸長量については，1シャーレにつき20粒の花粉についてミクロメータで計測した。その結果をまとめたものが下表である。

【結果】

表

培　地	発芽率（％）		花粉管の長さ（μm）	
	5 ppm	40ppm	5 ppm	40ppm
基本培地＋ホウ酸	70	65	320	260
基本培地＋硝酸マグネシウム	35	0	100	0
基本培地＋硝酸カルシウム	24	25	110	110
基本培地＋硫酸マンガン	16	0	125	0

＊数字は小数第一位で四捨五入した値である。

① 生徒がまとめた表には不足していると思われる部分がある。それはどのような点か，書け。

② 生徒にどのようなところに着目させて考察させるか，書け。

③ 生徒から「この実験結果を基に，さらに探究活動を発展させたい」と言われた。どのような指導を行うか，書け。

(☆☆☆☆◎)

【5】ヒトのアルコールの代謝に関する次の文章を読み，あとの各問いに答えよ。

　ヒトの第12染色体には，アセトアルデヒド脱水素酵素(ALDH2)をコードしている遺伝子の遺伝子座が存在する。ALDH2は，アセトアルデヒドを酢酸に分解する酵素である。酒に含まれるエタノールは，肝臓でアセトアルデヒドに分解されたのち，ALDH2の働きで酢酸まで分解される。ALDH2をコードする遺伝子の1156番目の塩基がグアニンであると，ALDH2は高活性型となり，アデニンになると低活性型になる。高活性型のALDH2遺伝子をホモ接合にもつヒトは，酒に強いが，低活性型のALDH2をホモ接合にもつヒトは，酒に弱い体質となる。なお，高活性型と低活性型をヘテロ接合でもつヒトは，酒にやや弱い体質となる。

① 下線部は，肝臓で生成された後，どのようになるか，書け。

② ある集団Xにおいて，ALDH2の高活性型の遺伝子頻度が76％で，低活性型の遺伝子頻度が24％であった。ハーディー・ワインベルグの法則が成り立つとき，集団Xにおいて，酒に弱いヒト(酒にやや弱い体質のヒトも含む)の割合はどのようになると考えられるか，書け。

(☆☆☆☆◎◎)

【6】次のゴルジ体の働きに関する文章を読み，下の各問いに答えよ。

ゴルジ体は，(a)の膜からなり，平らな袋を重ねた構造(槽)をしている。細胞膜のタンパク質や細胞外に分泌されるタンパク質は，粗面小胞体の(b)で合成され，小胞体，ゴルジ体を経て細胞膜や細胞外に輸送される。なお，ゴルジ体の槽には方向性があり，小胞体で新たに作られたタンパク質が輸送されてくる側をシス面，送り出す側をトランス面，その中間をメディアル面と呼んでいる。ゴルジ体における積み荷となるタンパク質の輸送方法については，2つのモデルが提案され，長く世界中で論争が繰り広げられた。以下は，この輸送方法を解明する手がかりとなった実験方法と観察結果を，簡潔に示したものである。

【実験】出芽酵母のゴルジ体のシス面とトランス面の膜には，それぞれ特有のタンパク質が存在する。シス面に局在するタンパク質を緑色蛍光タンパク質で，トランス面に局在するタンパク質を赤色蛍光タンパク質で標識した後，特殊な顕微鏡システムを用いて，シス面の膜の蛍光色を時間を追って観察すると，数分間の間に最初は緑色であったものが，その後，黄色に変わり，さらに赤色に変化する様子が確認された。

① 空欄(a)，(b)に適する語句をそれぞれ書け。

② 実験結果から支持されるゴルジ体における積み荷タンパク質の輸送方法について，2つのモデルの違いに触れながら，書け。

(☆☆☆☆☆◎)

【7】次の発生に関する文章を読み，下の各問いに答えよ。

　　魚のウロコやヒレが発生中の胚のどの細胞から作られるかは，長年謎につつまれたままであった。細胞の運命は胚発生初期に外胚葉，内胚葉，中胚葉に分かれ，その後，それぞれ神経系や内臓，骨などに順次分化する。また，メダカについては，神経管と表皮の境目から神経堤細胞とよばれる細胞群が生じ，ウロコのすぐそばにある（　a　）細胞や水の流れを感知する（　b　）器官などができることが確かめられている。そのため，ウロコやヒレ等の c 外骨格についても，実験的な証拠がないまま神経堤細胞に由来すると類推されてきた。そこで，メダカのウロコやヒレが胚のどの細胞に由来するのかを解明するために d 2種類の解析法を用いて検証が行われた。その結果，神経堤細胞ではなく，ウロコ・背ヒレ尾ヒレは体幹筋や背骨などを作る中胚葉性の（　e　）という細胞に由来すること，胸ヒレは心臓などを作る中胚葉性の（　f　）という細胞に由来することが明らかとなった。

①　空欄（　a　），（　b　），（　e　），（　f　）にそれぞれ適する語句を書け。

②　下線部 c の殻をもつ生物が，古生代になって急激に増えたのはなぜか，書け。

③　下線部 d の1つに，生体内の局所や細胞に赤外線を照射して温めて熱ショック反応を起こさせて遺伝子発現を誘導する方法がある。この他に考えられる解析方法を書け。

（☆☆☆☆☆◎）

【8】酵素反応に関する次の文章を読み，あとの各問いに答えよ。

　　酵素には，その作用を現すために補酵素と呼ばれる低分子の小さな有機物を必要とするものがある。また，酵素反応は，基質と化学構造の似ている物質が存在すると低下することがある。これは，酵素の（　a　）をめぐって2種類の物質の間で奪い合いが起こり，酵素と基質の結合が阻害されるためである。このような阻害物質の作用を競争的阻害という。また，（　a　）と異なる場所に結合して，阻害作用を起こ

すものがある。このような阻害作用を_b非競争的阻害という。

① 空欄(a)に適する語句を書け。

② 仮に，酵素と不可逆的に結合して，下線部bを起こす低分子の阻害物質が存在するとき，このような阻害物質の存在を示すための模擬実験として，どのようなものが考えられるか，実験の手順と予想される結果について，書け。なお，酵素は補酵素と結合して酵素作用を現すものとする。

(☆☆☆☆☆◎◎)

【9】代謝の学習のまとめの場面を想定し，電子伝達に着目して呼吸，光合成と化学合成の共通点と相違点について，説明する際の板書例を書け。

(☆☆☆☆☆◎)

【10】植物の器官の分化と調節遺伝子に関する次の文章を読み，下の各問いに答えよ。

　_aシロイヌナズナの花は，外側から，がく，花弁，おしべ，めしべの順に配置されている。被子植物の花の形づくりにも，(b)とよばれる調節遺伝子が働いている。3つの遺伝子A，B，Cがつくるタンパク質の組み合わせによって，花のどの部分が形成されるかが決まる。例えば，遺伝子Aがはたらくと，がくがつくられ，遺伝子AとBがはたらくと，花弁がつくられ，遺伝子BとCがはたらくと，おしべがつくられ，遺伝子Cがはたらくと，めしべがつくられる。このしくみは，(c)とよばれている。そのため，これらの遺伝子ABCが欠損すると正常な花の構造がつくられなくなる。

① 下線部aは，ショウジョウバエのように遺伝学の研究材料としてさかんに用いられている。その理由を3つ書け。

② 空欄(b)，(c)に適する語句を書け。

③ このしくみを生徒に理解させるための発問と導き出される解答を書け。

(☆☆☆☆◎)

【11】個体群に関する次の文章を読み，下の各問いに答えよ。

　　ある地域に生息する同じ種の個体のまとまりを個体群という。同じ個体群の個体どうしでは交配だけでなく，食物をめぐる争いや子育ての協力など，相互の関係性が見られる。また，動物の中には，1個体や1家族が空間を占有し，ほかの個体がその空間に侵入してくると追い払う行動を示すものがある。このような防衛された空間を(　a　)という。

①　空欄(　a　)に適する語句を書け。

②　アユは生息密度が高くなると，(　a　)を解消し，集団で生活するようになる。このような現象が起こる理由を書け。

③　学校近隣の沼に生息するある在来種の魚類の個体群密度に興味をもった生徒から，「動き回る魚類の個体数は，どのように調査することができるのですか」と質問された。その質問に対して，どのように説明するか，書け。

(☆☆☆☆◎)

【12】出生後の時間経過とともに，産まれた子の数がどのように減っていくのかを示した表を生命表という。また，生命表をグラフにしたものを生存曲線という。あとの表はある昆虫の生命表である。次の各問いに答えよ。

①　表から考えられるある生物の生態的な特徴を書け。

②　いろいろな動物について調べると，生存曲線の形は種によって異なり3つの型に区別されることが分かっている。それぞれの特徴を説明するための板書例を書け。

表

発育段階 （相対年齢）	はじめの 生存数	段階における 死亡数
1	4287	134
2	4153	746
3	3407	1197
4	2210	333
5	1877	463
6	1414	1373
7	41	29
8	12	3
9	9	2
10	7	7

(☆☆☆☆◎◎)

【13】 人類の出現と進化に関する次の文章を読み，下の各問いに答えよ。

　人類が，a直立二足歩行をしていたことを示す足跡化石には，およそ360万年前の東アフリカの地層から見つかったものがあるが，エチオピアの440万年前の地層から見つかった猿人も骨格から考えて直立二足歩行をしていたとする有力な説が最近発表された。現世人類であるヒトの化石として，これまでに見つかっている最古の化石は，エチオピアの約20〜15万年前の地層から出土したものである。*Homo sapiens*の起源は，化石だけでなく，bミトコンドリアDNAの解析などによっても調べられている。

① 下線部aによって，人類は他の霊長類とは，異なる特徴をもつように進化した。類人猿と人類を比較し，3つ例を挙げて，それぞれの違いを書け。

② 下線部bが，生物種の進化過程解明に有利で，広く研究利用されている理由を3つ書け。

(☆☆☆☆◎◎◎)

【14】 iPS細胞に関する次の各問いに答えよ。

① あるマウスの皮膚の細胞から樹立したiPS細胞と，そのもとになった皮膚の細胞との間では，どのような違いがあるか，書け。

② 生徒から「iPS細胞による再生医療の実用化には，安全性，発生の

しくみの理解や患者1人当たりにかかる費用の他に，どのような課題がありますか」と質問された。その質問に対して，どのように説明するか，書け。

(☆☆☆☆☆◎◎◎)

【15】季節に応じて花をつける植物は，a日長を情報として受容し，それに応じて花芽形成を促進する物質を合成している。また，花芽形成は，温度によっても影響を受けることが知られている。秋まきコムギは，秋に種子をまくと，次の年の初夏に開花する。これを春にまくと，成長しても花はつけない。しかし，春にまいた発芽種子を低温に数週間置いておくと，初夏に開花・結実する。このように，花芽形成が一定期間の低温によって促進される現象をb春化という。

①　下線部aについて，花芽形成では明期の長さによらないことを指導する際，どのような教材を準備し，どのような授業の展開をするか，書け。

②　下線部bについて，秋まきコムギに春化処理を行わないと花芽は形成されない。花芽が形成されないしくみについて，遺伝子の発現の観点から，書け。

(☆☆☆☆☆◎◎◎)

解答・解説

中 学 理 科

【1】(1)　①　X　大地の成り立ちと変化　　Y　多様性　　②　(解答例)　生物体に見られる複雑な物質の相互関係から生じる現象や長大な時間の経過に伴う生物の進化，及び日常の経験を超えた時間と空間の中で生じる地質や天体の現象など，再現したり実験したりすることが

困難な事物・現象を扱う特徴があるため。　　③　(解答例)　地球上
の生物種はそれぞれ長い時間の中での進化を経て現在に生きているの
であり，生命の連続性を断ち切るようなことがあるとその種を永遠に
取り戻すことができなくなるため。　　(2)　(解答例)　身の回りの事
象から地球規模の環境までを視野に入れて，科学的な根拠に基づいて
賢明な意思決定ができるような態度　　(3)　イ

〈解説〉(1)　①　中学校第2分野の目標(1)は，生命や地球に関する観察，
実験などを行い，それらの事物・現象について理解するとともに，科
学的に探究するために必要な観察，実験などに関する基本的な技能を
身に付けるというねらいを示している。目標(2)は，生命や地球に関す
る事物・現象について多様性に気付くとともに規則性を見いだした
り，課題を解決したりする方法を身に付け，思考力，判断力，表現力
等を養うというねらいを示している。　　②　自然の事物・現象を科学
的に探究する活動では，観察したり資料を調べたりして情報を収集し，
そこから考察することなどに重点が置かれることになる。その際，映
像やモデルの活用なども考えられる。直接経験やそれらに準ずる学習
活動も含めて，科学的に探究することが重要である。公式解答では，
再現，困難等のキーワードを主な観点として，相対的に評価するとし
ている。　　③　学習指導要領解説(平成29年7月)の，「第3章　指導計画
の作成と内容の取扱い　2　内容の取扱いについての配慮事項　(2)
生命の尊重と自然環境の保全」に示されていることを答えられればよ
い。公式解答では，種，連続性等のキーワードを主な観点として，相
対的に評価するとしている。　　(2)　同解説の「第2章　理科の目標及
び内容　第1節　教科の目標」で，目標の三つの柱の解説に続けて示
されていることを答えられればよい。公式解答では，根拠，意思決定
等のキーワードを主な観点として，相対的に評価するとしている。
(3)　ア「火山と地震」は第1学年，イ「植物の体のつくりと働き」は
第2学年，ウ「太陽系と恒星」は第3学年，エ「生物の成長と殖え方」
は第3学年である。同解説の「第1章　総説　3　理科改訂の要点　(4)
内容の改善の要点　①　学習内容の改善について」の図3に設問に記

載の内容がどの学年で取り扱われるかが示されている。

【2】(1)　(解答例)　理由…図の方式では，物体を押さえている棒の水中の体積も加わってしまい，その体積がわからないと物体の体積を測定することができない。　　適切な方法…物体を押さえるおもりは水中にその全体が入るものを用い，まずその体積を測定しておく。その後物体とおもりの両方を水中に沈めて両者の合計の体積を測定し，その体積からおもりの体積を差し引くことで物体の体積を求める。図を示す。

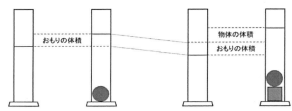

(2)　(解答例)　薄暗い部屋で，窓から差し込む光が部屋のホコリなどでその通り道が見え，まっすぐ進む様子などを事象として示すことができる。これを実験的に観察するには，図のように段ボール箱を用意し，一箇所に小さい穴(1mmくらい)を開ける。空気中を光が直進する様子は，光の通り道が見えやすいように箱の中に線香の煙を入れておき，光が穴から差し込んでまっすぐ進む様子を観察する。また，水中を光が直進する様子は，段ボール箱の中に水槽を入れ，光の通り道が見えやすいように牛乳を少量混ぜた水を入れておき，光がまっすぐ進む様子を観察する。光源は懐中電灯，太陽光などを用いる。図を示す。

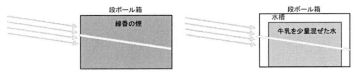

(3)　(解答例)　簡便には，コップやビーカーに水を入れ地面(草などのない堅い面)に置き，杭を打ったとき水面がゆれる様子を観察する。

(4) （解答例）　シャーレにろ紙などを保水材として入れて水を加えて種をまく。温度が25℃くらいの暗所に2〜3日置くと適度な長さの根が出る。

〈解説〉(1)　水に浮く物体は，その体積を水とメスシリンダーで測定するには何らかの方法でその全体を水中に沈める必要がある。図のように棒で押し込んだのでは，入れた棒の分までメスシリンダー中の水面の高さが上がってしまい，その棒の水中の体積を知らない限り物体の体積を測定することはできない。要は，物体を沈めるのに用いる用具の体積がわかるようにしておいてから，用具と物体の体積の合計から用具の分を差し引くことで物体の体積を求めるのである。このとき沈める物体やおもりに気泡がつかないように注意する。この方法以外にも例えば，一杯に水を満たした容器に物体をピンセットでゆっくり沈め，ギリギリ物体全体が水中に入るところまで沈めて水を溢れさせ，予め用意しておいた溢れた水を受ける容器にたまった水量から物体の体積を知ることもできる。この方法では，容器の外側に水が付いたりするので，精度から考えると前者の方法の方がよいと考えられる。公式解答では，正確に測定できない理由を説明しているか，また，水に浮く物体の体積を測る方法を図で示しながら説明しているかを主な観点として，相対的に評価するとしている。　(2)　物置の掃除などをしていると，ホコリっぽい，また薄暗いところで隙間から差し込む光の道筋が見える。日常では水中の事象はなかなか難しいが，そうした状況を実験的に試みる内容を解答に示せばよい。きれいな空気やきれいな水では光の通る様子が観察できないので，光を散乱して見えるようにする。空気の場合であれば線香の煙，水中であればコロイド粒子の牛乳をほんの少量入れて実験するとよい。光源としてはレーザー光を用いて行うこともできる。レーザー光は細い直線の光であるので，段ボール箱の細工などをしなくても少し暗い場所であれば観察できる。公式解答では，空気中と水中で光が直進することを視覚的に捉えさせる方法を，図で示しながら説明しているかを主な観点として，相対的に評価するとしている。　(3)　木の杭を木槌で打つ程度の振動では，

そんなに大きなゆれは起こらない。比較的近い位置でゆれが観察できる方法を考える。振動を感知，測定できる装置があれば数値データが得られるなどさらによい。公式解答では，地震のゆれの伝わり方を視覚的に捉えさせる方法を説明しているかを主な観点として，相対的に評価するとしている。　(4)　タマネギの種子からの発根において，根は光に反応して体細胞分裂の速度が低下する。実際，暗所の方が，明暗が繰り返される環境より根が生えやすいことが知られている。もちろん水も必要であり，酸素も必要である。保水材としてろ紙やティッシュなど(根が絡まないものの方がよい)を用い，空気にも触れるようにしながら，適温と言われる25℃くらいの条件で暗所に2～3日置くことで観察に適した根を得ることができる。公式解答では，水，暗所等のキーワードを主な観点として，相対的に評価するとしている。

【３】X　(解答例)　昼と夜の気温差が非常に大きい　　Y　(解答例)　気温が大きく下がることにより，エネルギーの消耗が抑えられる

〈解説〉Yから考えるとよい。枝豆が夜に糖分をどんどん蓄えるという情報から，夜は糖分が分解されにくい環境にあるということがわかる。糖分を分解するのは主に呼吸であり，生体内にエネルギーが少ないと呼吸活性が上昇する。つまり，夜はエネルギーの消耗が抑えられるため，呼吸が抑えられ，糖分の分解が抑えられるということになる。また，昼と夜の大きな違いは光エネルギーの量と気温であり，エネルギーの消耗は気温の高低によるものと考えられる。したがって，Yは気温が低いことでエネルギー消耗が抑えられることについて説明すればよく，Xは日中の気温が高く，夜の気温が低いことについて書けばよいということがわかる。秋田県内陸部では，奥羽山脈沿いほど気温が低く，寒暖の差が大きい。公式解答では，Xについては気温等のキーワードを，Yについては消耗等のキーワードを主な観点として，相対的に評価するとしている。

【4】(1) ア (2) $V_3→V_2→V_4→V_1$ (3) ① (解答例) 図1の状況で音が鳴るのは，試験管内の気柱に定常波が生じるからである。状況から考えると，試験管の口が定常波の腹，水面が定常波の節になっている。水の量を増やすと，図のL_1が短くなるので，そこに生じる定常波の波長も短くなる。したがって，固有振動数は高くなるので，音の高さは高くなる。 ② $f_n=\dfrac{nV_1}{4L_1}$ $(n＝1，3，5，…)$

(4) (解答例) 管には，管口を定常波の腹，底板を定常波の節とする定常波が生じる。求める音速をV，定常波の波長をλとする。条件から，$L_2＝15.5$〔cm〕(0.155m)のときと$L_2＝46.5$〔cm〕(0.465m)のときが，それぞれ基本振動，3倍振動にあたるから，$\dfrac{\lambda}{2}＝0.465－0.155＝0.310$ ∴$\lambda＝0.620$〔m〕 したがって，$V＝550×0.620＝341$〔m/s〕

(5) (解答例) 例えば，防犯ブザーを起動してジッパー付きのプラスチック袋に入れ，それを水槽に入れることで，水中で音が伝わることを確かめることができる。

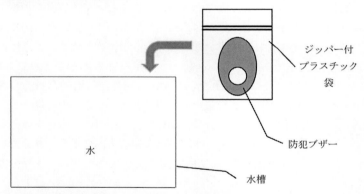

〈解説〉(1) 音の性質については，光の性質とともに，A物質・エネルギーの学習内容の1つとして，第3学年で学習する。 (2) 一般に，音速は媒質がより詰まっているような物質のほうが速い。物質の三態では速い順に，固体＞液体＞気体である。また，気体の分子量が小さいほど音速が大きい。したがって，空気よりヘリウムガスのほうが音速が大きい。 (3) ① 図1における試験管の気柱は閉管である。閉口端

は空気分子が動けないので固定端となり，定常波における節となる。
開口端は自由端となり，定常波における腹となる。固有振動数(音の高
さ)は，管の長さに反比例する。公式解答では，気柱，固有振動数等の
キーワードを主な観点として，相対的に評価するとしている。

②　定常波の波長を λ_n とすると，$\lambda_n=\dfrac{4L_1}{n}$。$V_1=f_n\lambda_n$ の関係があるか

ら，$f_n=\dfrac{V_1}{\lambda_n}=\dfrac{nV_1}{4L_1}$　(4)　公式解答では，音速を求める過程を適切に
示しているかを主な観点として，相対的に評価するとしている。

(5)　公式解答では，実験の様子が分かる図を示し，液体中でも音が伝
わることを確かめる実験の手順を適切に説明しているかを主な観点と
して，相対的に評価するとしている。

【5】(1)　(解答例)　位置エネルギーについては，おもりを鉛直方向に落
下させて杭に衝突させる実験を行うと，おもりのした仕事およびおも
りの落下距離と，杭の下がる距離を測定することで，位置エネルギー
を求めることができる。運動エネルギーについては，水平方向に進ん
できた小球を木片に衝突させる実験を行うと，物体の速さと木片の移
動距離を測定することで，運動エネルギーを求めることができる。
(2)　①　2：4：1　②　0.5W　(3)　(解答例)　仕事は，力の大き
さと，力の向きに動いた距離の積で表される。加えた力の向きと，実
際に動いた方向が異なる場合は，動いた方向の力の大きさを考える必
要がある。今回の場合，力は水平方向と鉛直方向にそれぞれ分力をも
っており，物体を水平方向に20cm(＝0.20m)動かしたのは，水平分力で
ある。これより，求める仕事の大きさは，20cos30°×0.20≒3.4〔J〕で
ある。ただし，$\sqrt{3}$≒1.7とした。鉛直方向については，物体は動いて
いないため，仕事の大きさは0である。　　(4)　(解答例)　ねじを回す
仕事は，ねじが回った外周の距離に，ねじの回転方向にかけた力の大
きさを乗じて得られる。ねじを直に回そうとすると，回転の中心(回転
軸)から力をかける点までの距離が短いために，ねじを回す仕事を得よ
うとすると，大きい力が必要になってしまう。そこで，ドライバーを

用いると，力をかける点はドライバーの柄の外周部分になる。仕事の原理より，ねじを回すのに必要な仕事は変わらないので，中心からドライバーの柄の外周部分までの距離が長くなる分，かける力は小さくて済むことになる。

〈解説〉(1) 学習指導要領(平成29年告示)では，第1分野 2 内容 「(5) 運動とエネルギー (ウ)力学的エネルギー」に，「衝突の実験を行い，物体のもつ力学的エネルギーは物体が他の物体になしうる仕事で測れることを理解すること」「力学的エネルギーに関する実験を行い，運動エネルギーと位置エネルギーが相互に移り変わることを見いだして理解するとともに，力学的エネルギーの総量が保存されることを理解すること」が示されている。公式解答では，衝突実験，仕事等のキーワードを主な観点として，相対的に評価するとしている。

(2) ① 滑車を通っているひもの張力をT，重力加速度をgとする。力のつり合いは，Cに着目すると$M_Cg=T$，Bに着目すると$M_Bg=4T$，Aに着目すると$M_Ag=2T$となる。したがって，$M_A：M_B：M_C＝2：4：1$ ② 下の滑車を通っているひもの張力をS，滑車をつるすひもの張力をS'とする。Dの重さは20Nであるから，Dにおける力のつり合いより，$2S+S'=20$…①。また，右下滑車について，$2S-S'=0$…②。①，②より，$S=5$〔N〕 1秒あたり0.1m引いていることから，求める仕事率は，$5×0.1=0.5$〔W〕 (3) 公式解答では，水平方向と垂直方向の分力，物体が動く方向に触れ，仕事の大きさの数値を示して適切に説明しているかを主な観点として評価するとしている。 (4) 公式解答では，力，距離等のキーワードを主な観点として，相対的に評価するとしている。

【6】(1) a 元素 b 元素記号 (2) ① 原子の数…4個 原子の配位数…12 ② 直径…$2.86×10^{-8}$〔cm〕 式…$4.06×10^{-8}×1.41÷2$ (3) (解答例) 気体反応の法則によると，同温・同圧のもとで，水素2体積と酸素1体積が反応して2体積の水が生成する。ドルトンの考えでは，単体はすべて単原子でできていることになるため，

これを説明するには，酸素原子が2つに分割されなければならず，矛盾が生じる。アボガドロの法則に基づき，気体が分子からできているとすれば，気体反応の法則について矛盾なく説明することができる。

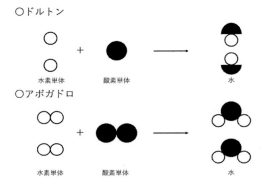

○ドルトン

水素単体　＋　酸素単体　→　水

○アボガドロ

水素単体　＋　酸素単体　→　水

(4)　（解答例）　水100mLと水100mLを混合すると合計200mLとなることは明らかであるが，水100mLとエタノール100mLを実際に混合してみると，合計は200mLよりも少なくなる。ビー玉を例に考えてみると，同じ大きさのビー玉を100mLずつ混ぜると200mLとなり，大きさの異なるビー玉100mLずつを混ぜると，大きなビー玉の隙間に小さなビー玉が入り込み，200mLより減っていることに気づくはずである。水とエタノールの場合にも同じようなことが起こっていると考えられ，物質は非常に小さな粒子，つまり，原子からできていると考えるとうまく説明できる。ただし，水やエタノールの粒は，原子を組み合わせてできる分子という粒からできていることに注意する。物質を構成する原子の種類が異なると，同体積であっても質量が異なることを電子天秤などで確かめ，原子は質量をもっていることを示す。

〈解説〉(1)　学習指導要領解説(平成29年7月)では，元素記号として，H，He，C，N，O，S，Cl，Na，Mg，Al，Si，K，Ca，Fe，Cu，Zn，Ag，Ba，Auなど，その後の学習でよく使用するものを取り上げることが示されている。　(2)　①　単位格子中に含まれる原子の数は，$\frac{1}{8} \times 8 + \frac{1}{2} \times 6 = 4$〔個〕である。配位数については，図の単位格子を2つ並べて

中央の1個の原子に着目すると考えやすい。　②　単位格子の対角線の長さ$\sqrt{2}\,L$が，(金属Xの原子の直径)×2の長さに等しいとして式を立てる。　(3)　公式解答では，気体反応の法則を原子説では説明できない理由について，アボガドロの法則に基づきモデル図を示しながら説明しているかを主な観点として，相対的に評価するとしている。

(4)　公式解答では，身の回りの物を用いて原子が質量をもった小さな粒であることを説明しているかを主な観点として，相対的に評価するとしている。

【7】(1)　ウ，オ　　(2)　(解答例)　次の図のように，塩酸や硫酸をリトマス紙の中央にしみこませ，電圧をかけてリトマス紙の色の変化を観察する実験を行う。青色リトマス紙の陰極側が赤色に変わることを示し，リトマス紙の色の変化と水素イオンとの関係を見いださせる。

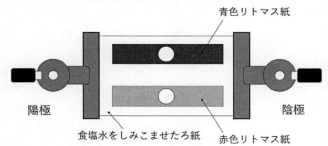

(3)　(解答例)　液体をとる手順…1　親指でゴムキャップを押して空気を出し，そのまま先を液体につける。　　2　親指を静かにゆるめて液体を2cm³よりも少し多めに吸いとり，そのまま先を液体からとり出す。　　3　先を容器の内側につけて，ゴムキャップを押して液を出し，2cm³の目盛りに液面を合わせる。　　注意すること…1　親指と人差し指でゴムキャップをはさみ,,残りの指でガラスの部分をもつ。ゴムキャップだけをもってはいけない。　　2　液体を入れたまま，横にしてはいけない。　　3　目盛りに液面を合わせるときは，目線を液面と水平にして横から見る。　　(4)　0.0400mol/L

(5)　(解答例)　弱酸＋強塩基の中和滴定であるため，中和点は塩基性側に存在する。そのため，塩基性領域に変色域をもつフェノールフタレインを用いる。

〈解説〉(1)　NH_3，$Al(OH)_3$，$Cu(OH)_2$は水溶液中で溶質のほとんどが電離しない弱塩基である。　(2)　公式解答では，実験の様子が分かる図を示し，中学生の疑問を解決するために示す現象を説明しているかを主な観点として，相対的に評価するとしている。　(3)　公式解答では，液体を正確にはかりとることやピペットの扱い方について適切に説明しているかを主な観点として，相対的に評価するとしている。

(4)　求める水酸化ナトリウム水溶液の濃度をx〔mol/L〕とすると，中和反応の量的関係，$2 \times 0.0500 \times \dfrac{10.0}{1000} = 1 \times x \times \dfrac{25.0}{1000}$より，$x = 0.0400$〔mol/L〕となる。　(5)　メチルオレンジの変色域はpH＝3.1～4.4，フェノールフタレインの変色域はpH＝8.0～9.8である。公式解答では，中和点，変色域等のキーワードを主な観点として，相対的に評価するとしている。

【8】(1)　(解答例)　生物は，水及び空気を通して周囲の環境と関わって生きていること。生物の間には，食う食われるという関係があること。

(2)

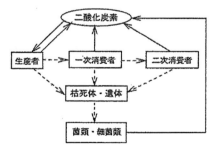

(3)　X　窒素　　Y　窒素化合物　　(4)　(解答例)　調査対象の地域に一定面積の区画を複数作り，それぞれの区画で個体数を数えることで，地域全体の個体数を求める方法である。　　(5)　(解答例)　本来の地域から別の地域に運ばれて定着した外来生物のうち，生態系や人

の生命・身体，農林水産業へ被害を及ぼす，または及ぼす可能性のあるものを特定外来生物といい，法律による規制の対象となっている。

(6)　(解答例)　用意するもの…画用紙1枚，ふるい(網目が細かいもの)，コップ，キッチンペーパー，白熱球を取り付けた電気スタンド

作成方法…キッチンペーパーに水を含ませ，コップの中へ入れる。画用紙を丸めて漏斗を作り，コップへ取り付け，漏斗の上にふるいをのせる。漏斗の真上に白熱球がくるように電気スタンドを取り付ける。

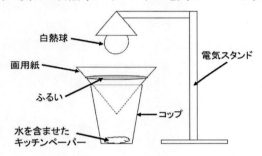

白熱球
画用紙
ふるい
水を含ませた
キッチンペーパー
電気スタンド
コップ

〈解説〉(1)　学習指導要領解説(平成29年7月)の「第2分野　(7)　自然と人間　㋐　自然界のつり合いについて」に詳細が示されている。公式解答では，環境等及び食う食われる等のキーワードを主な観点として，相対的に評価するとしている。　(2)　無機物である二酸化炭素は呼吸によって大気中に放出される。呼吸は，生産者，一次消費者，二次消費者，菌類・細菌類のすべてが行う。生産者が枯死する場合や，菌類・細菌類が枯死体・遺体を分解する場合に有機物の移動が起こる。(3)　このような根粒菌のはたらきを窒素固定という。植物は，根粒菌によるはたらきによって，窒素を体内に取り込んでいる。　(4)　植物などの動かない生物の個体群の大きさを調査するときに適している方法である。公式解答では，区画，個体数等のキーワードを主な観点として，相対的に評価するとしている。　(5)　特定外来生物の飼育や輸入などは，「特定外来生物による生態系等に係る被害の防止に関する法律」(外来生物法)によって規制されている。公式解答では，被害，規制等のキーワードを主な観点として，相対的に評価するとしている。

（6）　白熱球の熱で土壌表面の温度を上げるため，LED球は不適当である。また，画用紙が燃えないように注意が必要であり，代替品として市販の漏斗を使ってもよい。ふるいは網の目が粗いと，土壌がふるいを容易に通過してしまうため適さない。公式解答では，身の回りのものを用いて，土壌動物を採集できる装置の図を示し，用いたものの名称を示しているかを主な観点として，相対的に評価するとしている。

【9】(1)　平滑筋，心筋　　(2)　①　サルコメア(筋節)　　②　滑り運動　③　明帯…短くなる　　暗帯…変わらない　　(3)　X　(解答例)　解剖ばさみで指などを切らないようにする。　　Y　(解答例)　手をきれいに洗い終えるまで，他のものに触れない。　　(4)　(解答例)　次の図のようなモデルにおいて，腕を曲げたときに上側の筋肉(屈筋)が収縮し下側の筋肉(伸筋)が弛緩していること，腕を伸ばしたときに屈筋が弛緩し伸筋が収縮していることを確認させ，ヒトの腕の曲げ伸ばしには2種類の筋肉が互いに対になって運動することを捉えさせる。

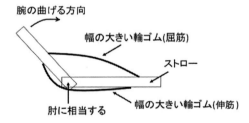

腕の曲げる方向

幅の大きい輪ゴム(屈筋)

ストロー

肘に相当する

幅の大きい輪ゴム(伸筋)

〈解説〉(1)　骨格筋は運動神経の支配をうける随意筋である。心筋や平滑筋のような自律神経の支配をうける筋肉は不随意筋と呼ばれる。(2)　ミオシンフィラメントはアクチンフィラメントより光の透過率が低いため暗く見える。暗帯はミオシンフィラメントの長さである。筋収縮が起こると，アクチンフィラメントはミオシンフィラメントの中心にたぐり寄せられるように移動するため，明帯は短くなる。(3)　X　手羽先の脂で手が滑りやすくなるため，刃物の扱いには十分注意するよう指導する。解剖ばさみの他に，カッターナイフを使う方法もある。　Y　食中毒の原因となる細菌類が手に付着している可能

性があり，周囲のものに触れることによる細菌類の拡大を防ぐ。公式解答では，Xは安全面における注意点を示しているかを，Yは衛生面における注意点を示しているかを主な観点として，相対的に評価するとしている。　(4)　ミラクルロケットというナイロン製チューブが市販されており，筋肉のモデルとしてしばしば用いられることがある。公式解答では，骨と筋肉の模型の図を示し，生徒に捉えさせることを記述しているかを主な観点として，相対的に評価するとしている。

【10】(1)　①　(解答例)　透明半球の中心Oとサインペンの先を結んだ延長線上に太陽があることになり，固定された観測地点Oから見たときの太陽の方位と高度が定まるから。(図は略)　②　74°　(2)　極夜

(3)　(解答例)　強い磁場が内部からの対流運動を妨げ，内部からの高温のガス(エネルギー)が運ばれにくくなっているため。　(4)　名称…フラウンホーファー線　理由…(解答例)　太陽表面付近の物質が，種類によって特定の波長の光を吸収するため。　(5)　3.5×10^2〔W/m²〕

〈解説〉(1)　①　太陽の動きを記録するためには，固定した観測地点からの方位と高度が必要である。図では，透明半球の底に描いたサインペンのかげの先と太陽光を表す直線が点Oで重なるように表し，方位と高度を示す。公式解答では，透明半球の中心から太陽を捉えることが分かる図を示し，太陽の位置を記録する説明をしているかを主な観点として，相対的に評価するとしている。　②　∠SOAが南中高度である。弧の長さは中心角に比例するので，求める角度をθ°とすると，$\theta : 180 = 14.8 : 36.0$　∴$\theta = 74$〔°〕。　(2)　極夜とは，日中でも薄明か，太陽が沈んだ状態が続く現象のことをいう。厳密には太陽の光が当たる限界緯度である66.6度を超える南極圏や北極圏で起こる現象のことをいう。対義語は白夜で，真夜中になっても薄明になっているか，太陽が沈まない現象のことをいう。これらは，地軸が地球の公転面に垂直な方向に対して約23.4度傾いているために起こる現象である。(3)　黒点は磁束管が浮力によって浮き上がり，光球面を横切る際にで

きる磁場構造と考えられている。光球面に浮き上がった磁束管の断面の磁場はほぼ光球面に垂直なので，光球のプラズマは上下方向には動けるが，磁場を横切る向きには動きにくい。そのため，対流で運ばれる熱エネルギーが減少し，周囲の光球よりも低温になると考えられている。なお，公式解答の採点基準には磁場，エネルギー等をキーワードとすることが記されているが，エネルギーに関しては相当する記述があれば問題はない。太陽の内部構造を意識して，「対流」(が妨げられること)もキーワードとなると思われる。　(4)　原子がそれぞれ固有の波長の光を放射・吸収するのは，原子のエネルギー準位間のエネルギー差によって，放射・吸収される光の波長が決まっているからである(振動数条件という)。フラウンホーファー線を観察すれば，太陽をはじめ他の恒星でも，その恒星の構成元素が解析できるのである。公式解答では，理由は波長，吸収等のキーワードを主な観点として，相対的に評価するとしている。　(5)　地球の半径をR〔m〕とする。地球の断面積はπR^2，地球表面が1秒間に受ける太陽放射エネルギーは(太陽定数)×(地球の断面積)$=1.4\times10^3\times\pi R^2$，地球の表面積は$4\pi R^2$である。したがって，求めるエネルギーは，$1.4\times10^3\times\dfrac{\pi R^2}{4\pi R^2}=1.4\times10^3\times\dfrac{1}{4}=3.5\times10^2$〔W/m²〕

【11】(1)　小学校第4学年…エ　　小学校第5学年…ア

(2)　(解答例)　地面にしみ込んだりどこかに流れ出したり

(3)　(解答例)　湿度が100％よりも低い場合，球部を包んだガーゼに含まれている水が蒸発するときに熱をうばうので，周囲の気温以下に球部が冷やされるから。　　(4)　10^4〔kg〕　　(5)　可視画像…(解答例)太陽光を強く反射する密度が高い厚い雲ほど白く写る。　　赤外画像…(解答例)　雲頂高度が高くて温度が低い雲ほど白く写る。

〈解説〉(1)　ア　小学校第5学年で，雲の量や動きが天気の変化と関係することや映像などの気象情報を用いて天気の変化が予測できることについて学習している。　エ　小学校第4学年で，天気によって1日の気温の変化の仕方に違いがあることについて学習している。　イ，ウ，

オは中学校の学習内容である。 (2) 降水量の観測には，転倒ます型雨量計が使用されている。降水が雪の場合は，電熱ヒーターで融かして水に変えて同様に計測する。降水量の計測では，蒸発などの補正は行っていない。公式解答では，流れる，しみ込む等のキーワードを主な観点として，相対的に評価するとしている。 (3) 空気が乾燥しているほど，水分が蒸発して熱が多くうばわれるので，湿球の示度は低くなる。よって，乾球と湿球の示度の差が大きくなるほど，湿度は低いと考えられる。空気中の水蒸気が飽和状態である場合は乾球の示度と一致する。公式解答では，蒸発，熱等のキーワードを主な観点として，相対的に評価するとしている。 (4) 空気柱の全質量をm〔kg〕とすると，この空気柱にはたらく重力の大きさは，$9.8 \times m$〔N〕である。この力が1m^2の地表面を押すので，地表の気圧は，$9.8 \times \dfrac{m}{1} = 9.8m$〔$\text{N/m}^2 = \text{Pa}$〕となる。接頭語h(ヘクト)は$10^2$倍を表すので，$9.8m = 980 \times 10^2$ ∴$m = 1.0 \times 10^4$〔kg〕 なお，重力加速度が有効数字2桁になっているので，答えも有効数字2桁にすることが望ましい。

(5) 可視画像(観測波長は$0.55 \sim 0.90 \mu\text{m}$帯)は，人間の眼で見える光の波長帯におおむね一致しており，太陽光が雲頂や地表で反射された光を観測している。雲ではないが，地表面の雪氷域や海上の海氷域も白く写りやすい。赤外画像(観測波長は$6.2 \mu\text{m}$帯)は，温度が高いほど赤外線が強く放射される性質を利用し，温度が低いほど相対的に白く写るようになっている。そのため，雲頂高度が高い積乱雲のような背の高い雲や，巻雲のような上層雲が白く写る。公式解答では，可視画像は密度等のキーワードを，赤外画像は上層等のキーワードを主な観点として，相対的に評価するとしている。

高　校　理　科

【共通問題】

【１】(1)　ア　等速直線　　イ　鉛直投げ上げ　　(2)　$v_x \cdots v_0\cos\theta$
$v_y \cdots v_0\sin\theta - gt$　　(3)　$x \cdots v_0\cos\theta \cdot t$　　$y \cdots v_0\sin\theta \cdot t - \dfrac{1}{2}gt^2$
(4)　時刻$\cdots \dfrac{v_0\sin\theta}{g}$　　高さ$\cdots \dfrac{v_0^2\sin^2\theta}{2g}$　　(5)　$\dfrac{v_0\sin2\theta}{g}$

〈解説〉(1)　解答参照　　(2)(3)　y軸方向には，下向きに重力加速度を受けることに注意して，等加速度直線運動の式を利用するとよい。
(4)　求める時刻をt_0とすると，y軸方向の速度について，$v_0\sin\theta - gt_0 = 0$　$\therefore t_0 = \dfrac{v_0\sin\theta}{g}$　　これをy軸方向の変位に代入すると，高さは
$v_0\sin\theta \cdot \dfrac{v_0\sin\theta}{g} - \dfrac{1}{2}g\left(\dfrac{v_0\sin\theta}{g}\right)^2 = \dfrac{v_0^2\sin^2\theta}{2g}$となる。　　(5)　地点Aから地点Cへ至るまでの時間をt'とすると，y軸方向の変位が0であることから，$v_0\sin\theta \cdot t' - \dfrac{1}{2}gt'^2 = 0$　$t' \neq 0$の条件でこれを解くと，$t' = \dfrac{2v_0\sin\theta}{g}$これを$x$軸方向の変位に代入すると，$v_0\cos\theta \cdot \dfrac{2v_0\sin\theta}{g} = \dfrac{v_0^2\sin2\theta}{g}$となる。

【２】(1)　F　　(2)　総称$\cdots$貴ガス　　性質$\cdots$　(解答例)　貴ガスは化学的に安定であり，単原子分子として存在し，他の元素とはほとんど反応しない。　　(3)　(解答例)　遷移元素は，最外殻電子が1〜2個であり，原子番号が増加しても価電子の数はほとんど変わらないから。
(4)　①　イオン結合　　②　(解答例)　金属では自由電子の移動によって電気や熱エネルギーが運ばれるため，電気や熱の伝導性が大きい。
③　性質の違い$\cdots$　(解答例)　分子結晶は，比較的軟らかく融点は低い。一方，共有結合の結晶は，一般に硬く極めて高い融点をもつ。
結合の違い$\cdots$　(解答例)　分子結晶はファンデルワールス力しかはたらいておらず，分子間力が弱いのに対し，共有結合の結晶では，強い共有結合がはたらく。

〈解説〉(1)　貴ガスの原子は他の原子とほとんど結合しないので，貴ガ

スの電気陰性度は求められていない。同一周期では，原子番号が大きくなるにつれて電気陰性度は増加し，同族では原子番号が大きくなるにつれて電気陰性度は小さくなる。よって，ハロゲン原子の中では，原子半径の小さいFが最大値を示す。　(2)　貴ガスの電子配置は，すべて閉殻またはオクテットの構造をとっているため，化学的に安定となる。　(3)　遷移元素では，原子番号が増加しても最外殻ではなく，その1つ内側のd軌道へ電子が配置されていくことによる。

(4)　①　解答参照　②　金属は電子を放出し，陽イオンになりやすい性質があり，この自由に原子間を動き回れる電子を自由電子という。③　分子結晶は，ファンデルワールス力という弱い引力によって形成されているため，軟らかく融点は低い。一方，共有結合の結晶は，原子間の共有結合が切れにくいため，一般に硬く，極めて高い融点をもつ。

【3】(1)　核酸…　(解答例)　生命活動の維持を行うはたらきがある。例えば，遺伝情報として生物の増殖に使われたり，タンパク質合成の設計図として使われたりする。　　タンパク質…　(解答例)　細胞構造をつくる基本の物質として使われるだけでなく，細胞間の情報伝達や，恒常性の維持にも関与する。　(2)　①　(解答例)　細胞膜は細胞質の最も外側にある1枚の生体膜であり，リン脂質の親水部が外側に，疎水部は内側に向かい合い配列するリン脂質二重層にタンパク質がモザイク状に存在する。リン脂質には流動性があるため，細胞膜上のタンパク質も流動する。　②　(解答例)　酸素を用いて有機物を分解する呼吸を行い生命活動に必要なATPを産生する細胞小器官である。③　種子植物の根や地下茎など，細胞分裂を停止した分裂組織の細胞内に存在する。　④　名称…中心体　構造…　(解答例)　2つの中心粒とその周辺部からなる構造である。中心粒は3つの微小管を1組単位として，9組が円筒状に並んでいる。　　(3)　(解答例)　原核生物の細胞には核膜が存在せず，DNAは細胞基質中に核様体として偏在する。

〈解説〉(1)　なお，生命活動に関与する核酸はDNAとRNAの2種類がある。

DNAは主に生物体の遺伝物質としてはたらき，RNAは主にタンパク質を合成するための設計図とはたらくほか，リボソームの構成要素となったり，触媒として使われたりする。　(2)　①　リン脂質二重層と流動モザイクモデルを中心に説明するとよいだろう。　②　ミトコンドリアは異化の一つである(好気)呼吸を行うことを中心に述べるとよいだろう。　③　白色体は色素を含まない色素体の一種である。白色体のうち，デンプン粒を合成して貯蔵しているものをアミロプラストという。　④　解答参照　(3)　解答参照

【4】(1)　褶曲　　(2)　地層累重の法則　　(3)　(解答例)　水平方向の圧縮する力に対し，その力を逃がすために破断面ができて，片方が斜め下へ，もう一方が相手にのしかかるように斜め上へ動いてできる断層である。　　(4)　①　(解答例)　AとBが不整合であり，基底礫岩が見られることから，Aは陸上で風化・侵食作用を受けた後に，沈降して海底となり，その上に礫が堆積して礫岩が形成された。

②　(解答例)　粒子の種類(泥，砂，礫，火山灰，軽石など)，粒子の大きさや形状(丸いか角ばっているか)，色などを観察する。

(5)　(解答例)　野外観察では，観察予定の場所が崖崩れや落石などの心配がなく安全であることを確認するとともに，斜面や水辺での転倒や転落，虫刺されや草木によるかぶれ，交通事故などが起こらないように注意する。観察当日の天候にも注意して，不慮の事故の発生を防ぐ。緊急事態の発生に備えて，連絡先，避難場所，病院なども調べておく。

〈解説〉(1)　地層や岩盤に大きな圧縮の力がゆっくりと比較的長い時間加わると，破断することなく徐々に折れ曲がっていく。この変形を褶曲という。　　(2)　デンマークの地質学者であるニコラウス・ステノが1669年に提唱した。　　(3)　なお，正断層は水平方向に引っ張る力がかかり，地下に斜めに入った破断面を境に，片方が他方の上をすべり落ちるような方向に動いてできた断層である。　　(4)　①　長い時間堆積が中断したり，地層の一部が侵食作用を受けたりして，地層中に不連

続な部分が認められる場合の地層の関係を不整合という。不整合面の直上には，下位の地層が風化・侵食作用を受けてできた礫が含まれることが多く，これを基底礫岩という。　②　裸眼では岩石種と色と粒(火山岩の場合は斑晶鉱物)ぐらいしか判別できない。ルーペを使用すれば，かなりのことがわかる。別な露頭で採取した見かけのよく似た砂岩でも，ルーペで見れば，円磨度や淘汰度の違い，あるいは特徴鉱物の有無などがわかり，同一か否かの判定ができる。そのため，対比を誤ることも少なくなり，鍵層を新たに発見することもある。

(5)　事故防止のためのあらゆる注意・準備が必要である。生徒は用具の使用に慣れていないことから，ハンマーで岩石を割るときに防護眼鏡を使用する，ルーペで太陽を見たり光を集めたりしない等，一見当たり前のことでも生徒に丁寧に説明することも必要である。

【物理】

【1】(1)　①　$2\pi\sqrt{\dfrac{m}{k}}$　②　$a\sqrt{\dfrac{k}{m}}$　③　$\dfrac{1}{\sqrt{2}}$〔倍〕

(2)　①　$\dfrac{3}{4}l$　②　(解答例)　求める速度をvとすると，運動量保存則より，$mv_0=mv+3mv=4mv$　∴　$v=\dfrac{1}{4}v_0$　③　(解答例)　重心でばねを左右に分けて考えると，A側，B側のばね定数はそれぞれ$\dfrac{4k}{3}$，$4k$である。重心から見ると，小球Aも小球Bも単振動を行い，求める時刻tは単振動の$\dfrac{1}{4}$周期にあたる。よって，A側について考えると，

$t=\dfrac{1}{4}\times2\pi\sqrt{\dfrac{m}{4k/3}}=\dfrac{1}{4}\pi\sqrt{\dfrac{3m}{k}}$　④　(解答例)　角振動数は$\sqrt{\dfrac{4k}{3m}}$である。一方，単振動において，振動中心の速度V，振幅X，角振動数ωの間には，$V=X\omega$の関係が成り立つので，$X=\dfrac{V}{\omega}$である。このことを用いると，重心(②より，速さは$\dfrac{v_0}{4}$で不変)から見た振幅は，A側が$\dfrac{3v_0}{4}\sqrt{\dfrac{3m}{4k}}$，B側が$\dfrac{v_0}{4}\sqrt{\dfrac{3m}{4k}}$である。したがって，ばねが最も縮んだ

ときのばねの長さは，$l-\dfrac{3v_0}{4}\sqrt{\dfrac{3m}{4k}}-\dfrac{v_0}{4}\sqrt{\dfrac{3m}{4k}}=l-\dfrac{1}{2}v_0\sqrt{\dfrac{3m}{k}}$

⑤　(解答例)　小球Bが運動を始めたとき，重心に対するBの相対速度は負方向に$\dfrac{v_0}{4}$である。ばねが自然長に戻ったときは，Bの相対速度は正方向に$\dfrac{v_0}{4}$になるから，求める速度は正方向に，$\dfrac{v_0}{4}+\dfrac{v_0}{4}=\dfrac{1}{2}v_0$

⑥　$x=-\dfrac{1}{8}v_0\sqrt{\dfrac{3m}{k}}\sin\sqrt{\dfrac{4k}{3m}}t+l+\dfrac{1}{4}v_0t$

〈解説〉(1)　①　小球の加速度をα，変位をxとしたときの運動方程式は，$m\alpha=-kx$である。これより，$\alpha=-\dfrac{k}{m}x$となることから，角振動数は，$\omega=\sqrt{\dfrac{k}{m}}$となる。よって，求める周期は，$2\pi\sqrt{\dfrac{m}{k}}$となる。

②　求める速さの最大値をvとすると，力学的エネルギー保存則より，$\dfrac{1}{2}mv^2=\dfrac{1}{2}ka^2$　$\therefore$　$v=a\sqrt{\dfrac{k}{m}}$　③　一定の力に対するばねののびは，ばねの長さに比例するから，ばねの長さを半分にすると，ばねののびも半分になる。一方，(弾性力)＝(ばね定数)×(ばねののび)であるから，ばねの長さを半分にすると，ばね定数は2倍になる。これより，求める周期は$2\pi\sqrt{\dfrac{m}{2k}}$となり，はじめの実験の$\dfrac{1}{\sqrt{2}}$倍となる。

(2)　①　重心の位置は，小球Aと小球Bを結ぶ線分を，小球Aと小球Bの質量の逆比，すなわち3：1に内分した点であるから，求める位置は，$\dfrac{3}{4}l$となる。　②　解答参照。　③　解答参照。　④　解答参照。

⑤　解答参照。　⑥　重心から見たとき，Bの振幅をdとすると，$\dfrac{1}{2}\cdot 3m\left(\dfrac{v_0}{4}\right)^2=\dfrac{1}{2}\cdot 4kd^2$　$\therefore$　$d=\dfrac{v_0}{8}\sqrt{\dfrac{3m}{k}}$　重心に対する運動と，重心の変位を考えて，$x=-\dfrac{1}{8}v_0\sqrt{\dfrac{3m}{k}}\sin\sqrt{\dfrac{4k}{3m}}t+l+\dfrac{1}{4}v_0t$

【2】(1) (解答例) 求める圧力をp_0とすると，状態方程式より，$p_0 V_0 = nRT_0$ ∴ $p_0 = \dfrac{nRT_0}{V_0}$ (2) (解答例) 求める絶対温度と圧力をそれぞれT_B，p_Bとする。単原子分子理想気体の定積モル比熱は$\dfrac{3R}{2}$であるから，$Q = n \cdot \dfrac{3R}{2}(T_B - T_0)$ ∴ $T_B = T_0 + \dfrac{2Q}{3nR}$ ボイル・シャルルの法則より，$\dfrac{p_0 V_0}{T_0} = \dfrac{p_B V_0}{T_B}$ ∴ $p_B = \dfrac{p_0 T_B}{T_0} = \dfrac{nRT_B}{V_0} = \dfrac{nRT_0}{V_0} + \dfrac{2Q}{3V_0}$

(3) (解答例) $p-V$図の面積を考えて，求める仕事は，$p_B(2V_0 - V_0) = nRT_0 + \dfrac{2Q}{3}$ (4) (解答例) シャルルの法則より，状態Cでの絶対温度は$2T_B$である。一方，条件より，状態Dでの温度はT_Bである。断熱変化であることから，求める仕事は気体の内部エネルギーの減少分に等しく，$\dfrac{3}{2}nR(2T_B - T_B) = \dfrac{3}{2}nRT_B = Q + \dfrac{3}{2}nRT_0$ (5) (解答例) 単原子分子理想気体の定圧モル比熱は$\dfrac{5R}{2}$であるから，求める熱量は，

$n\left(\dfrac{5R}{2}\right)(T_B - T_0) = \dfrac{5}{3}Q$ (6) (解答例) 状態Dの体積をV_Dとする。$pV^{\frac{5}{3}} = $(一定)の式を，状態方程式を利用して書き換えると，$TV^{\frac{5}{3}} = $(一定)となるから，状態Cと状態Dを比較して，$2T_B(2V_0)^{\frac{2}{3}} = T_B V_D^{\frac{2}{3}}$ したがって，$V_D = 2^{\frac{3}{2}} \cdot 2V_0 = 4\sqrt{2}\, V_0$ よって，$4\sqrt{2} = 2^{\frac{5}{2}}$〔倍〕

(7) (解答例) D→Aで気体がされる仕事は，$p_0(4\sqrt{2} - 1)V_0 = (2^{\frac{5}{2}} - 1)nRT_0$である。一方，B→Cで気体が吸収する熱量は，$nRT_0 + \dfrac{2Q}{3} + \dfrac{3}{2}nR(2T_B - T_B)$である。1サイクルで気体が吸収する熱量と放出する熱量の差が，1サイクルで気体がする正味の仕事と等しいことから，$Q + \left\{nRT_0 + \dfrac{2Q}{3} + \dfrac{3}{2}nR(2T_B - T_B)\right\} - \dfrac{5Q}{3} = \left(nRT_0 + \dfrac{2Q}{3}\right) + \left\{\dfrac{3}{2}nRT_0 + Q\right\} - (2^{\frac{5}{2}} - 1)nRT_0$ (4)の解$\dfrac{3}{2}nR(2T_B - T_B) = \dfrac{3}{2}nRT_0 + Q$を用いて，これを整理

すると，$\dfrac{2Q}{3}=(2^{\frac{5}{2}}-1)nRT_0$　∴　$Q=\dfrac{3}{2}(2^{\frac{5}{2}}-1)nRT_0$

〈解説〉(1)〜(7)　解答参照。

【3】(1)　(解答例)　①　X線スペクトルの波長が最短になるのは，電子のエネルギーがすべてX線のエネルギーになったときであるから，$eV=\dfrac{hc}{\lambda_0}$　∴　$\lambda_0=\dfrac{hc}{eV}$　②　(解答例)　外部から高速の電子が衝突することにより，金属を構成する金属原子において，エネルギー準位の低い電子がはじき出され，エネルギー準位の高い電子がエネルギー準位の低い状態に移ることで，エネルギーが解放される。エネルギー準位が飛び飛びの値をもつことから，このエネルギーは特定の値をとり，それが電磁波の形で伝わるため，固有X線が特定の波長をもつ。
③　(解答例)　加速電圧が2倍になっているので，最短波長は半分になる。よって，グラフは$\dfrac{\lambda_0}{2}$から始まるグラフとなっている。加速電圧が大きいことから，X線の強度も全体的に大きくなるが，固有X線は変わらない。したがって，概形は次の図のようになる。

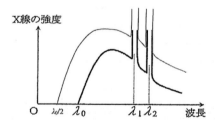

(2)　①　(解答例)　光がガラス棒に入射したときの屈折角をαとすると，ガラス棒に入った光は，円筒状ガラスとの境界に，入射角$90°-\alpha$で入射する。これを利用すると，空気からガラス棒へ入射する際について，$\dfrac{\sin\theta}{\sin\alpha}=\dfrac{\sin\theta}{n_1}$　ガラス棒から円筒状ガラスへ入射する際に，$90°-\alpha$が臨界角となる条件は，$\sin(90°-\alpha)=\cos\alpha=\dfrac{n_2}{n_1}$　両辺2乗して整理すると，$1-\sin^2\alpha=\dfrac{n_2^2}{n_1^2}$　$\sin\alpha>0$より，$\sin\alpha=\sqrt{1-\dfrac{n_2^2}{n_1^2}}$　全反射する条件は，$90°-\alpha$が臨界角よりも大きくなること，すなわち

$\sin \alpha < \sqrt{1-\dfrac{n_2{}^2}{n_1{}^2}}$ である。したがって，$\dfrac{\sin \theta}{n_1} < \sqrt{1-\dfrac{n_2{}^2}{n_1{}^2}}$

$\therefore\quad \sin \theta < \sqrt{n_1{}^2 - n_2{}^2}$

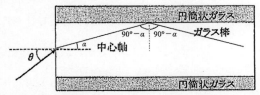

② （解答例） 実際の光ファイバーは，コア(ガラス棒)の内部において，中心軸に近いほど屈折率が高く，中心軸から離れるほど屈折率が低くなるように設計されている。

〈解説〉(1)　①〜③，(2)　①，②　解答参照。

【4】(1)　①

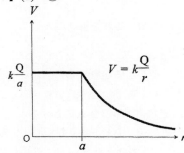

②

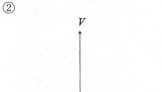

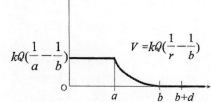

③　(解答例)　金属球Aと金属球Bの電位差Vは，$V=kQ\left(\dfrac{1}{a}-\dfrac{1}{b}\right)=$

$kQ\dfrac{b-a}{ab}$　$Q=CV$より，$C=\dfrac{Q}{V}=\dfrac{ab}{k(b-a)}$　　(2)　①　電界の強さ

$\cdots\sqrt{\dfrac{5}{2}}\dfrac{kQ}{a^2}$　　電位$\cdots\dfrac{\sqrt{2}\,kQ}{a}$　　②　(解答例)　電位は，無限遠から

$+1C$の電荷を運んでくる仕事の量に相当するから，①の結果を用いて，

$W=\dfrac{\sqrt{2}\,kQq}{a}$　これがすべて運動エネルギーに変わると考えて，求め

る速さをvとすると，　$\dfrac{1}{2}mv^2=\dfrac{\sqrt{2}\,kQq}{a}$　$\therefore$　$v=\sqrt{\dfrac{2\sqrt{2}\,kQq}{ma}}$

③　(解答例)　$+3Q$，$-Q$の電荷がつくる電界の向きと大きさを考えあ

わせると，$x<-a$の範囲に限られる。合成電界を求めると，$\dfrac{kQ}{(-a-x)^2}$

$-\dfrac{3kQ}{(a-x)^2}=0$　分母をはらって，

$3(a+x)^2=(a-x)^2$　整理して，$x^2+4ax+a^2=0$　これを解いて，

$x<-a$の条件をつけると，$x=-(2+\sqrt{3}\,)a$

〈解説〉(1)　①　金属球内の電場が0であることに注意する。　②　$0\leqq$
$r\leqq a$，$b\leqq r\leqq b+d$では，電位は変化しない。また，金属球Aに$+Q$，金
属球Bに$-Q$の電荷が帯電しており，その和が0になることから，$r>$
$b+d$で電場が0となる。したがって，無限遠から$r=b+d$まで電荷を動
かす仕事は0である。また，$a<r<b$においては，金属球Aに帯電して
いる$+Q$の電荷に逆らって，$r=b$から中心に向かって$+1C$の電荷を動
かす仕事が電位差になり，その値は，$kQ\left(\dfrac{1}{r}-\dfrac{1}{b}\right)$となる。

③　解答参照。　(2)　①　点Aの$+3Q$の電荷が点Cにつくる電界の大
きさは$\dfrac{3kQ}{2a^2}$，電位は$\dfrac{3kQ}{\sqrt{2}\,a}$となる。点Bの$-Q$の電荷が点Cにつくる電

界の大きさは$\dfrac{kQ}{2a^2}$，電位は$-\dfrac{kQ}{\sqrt{2}\,a}$となる。これらの電界は直角である
ことから，三平方の定理を適用して，求める合成電界の大きさ
は，$\sqrt{\dfrac{5}{2}}\dfrac{kQ}{a^2}$となる。一方，電位は，$\dfrac{3kQ}{\sqrt{2}\,a}-\dfrac{kQ}{\sqrt{2}\,a}=\dfrac{\sqrt{2}\,kQ}{a}$

②，③　解答参照。

【化学】

【1】(1)　a　中学校理科　　b　仮説の設定　　c　計画　　d　検証
e　分析・解釈　　f　興味・関心　　(2)　①　(解答例)　少量の高分
子化合物の水溶液では質量モル濃度が小さくなり，水のモル凝固点降
下が小さすぎて測定できないため，浸透圧を測定するほうが適してい
る。凝固点降下によって測定する場合，ポリビニルアルコール1.0gを
100gの水に溶かした水溶液は質量モル濃度1.0×10^{-4}mol/kgであり，凝
固点降下$\Delta t = 1.85 \times 10^{-4}$〔K〕である。これに対して，浸透圧による
測定では，ポリビニルアルコール1.0gを溶かして100mLとした溶液で
は，モル濃度1.0×10^{-4}mol/Lなので，液面差$h = 2.5$〔cm〕である。
②　(解答例)　冷却曲線例は次の図の通り。Aの状態にあった希薄溶液
を冷却し，過冷却によってCの温度まで下がって凝結が始まり，Dの温
度まで上がり，さらにE…と続いていく。図におけるD-Eの直線を延
長してA-Cの曲線と交わる点がBであり，Bのy座標(温度軸における
座標)が凝固点である。A-C間は液体であり，C-E間は液体と固体が
混在している。Eを過ぎるとすべて固体となり，状態変化に使われる
熱がなくなるので温度の低下が大きくなる。

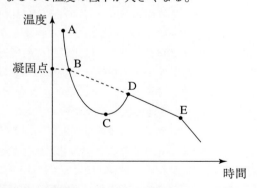

③　(解答例)　酢酸はベンゼン溶液において二量体として存在する割
合が大きく，溶液中で作用する質量モル濃度が半分になるため。

(3)　(解答例)　定比例の法則はプルーストによって発見された。ある化合物に含まれる成分元素の質量比は製法を問わず，常に一定であることを示す。例えば，二酸化炭素は炭素を燃焼させて生成しても，動物の呼吸によって生成しても炭素と酸素の質量比は3：8である。倍数比例の法則はドルトンによって発見され，2種類の元素AとBが化合していくつかの異なる化合物をつくるとき，AとBの間には簡単な整数比が成り立つことを示す。例えば，一酸化炭素と二酸化炭素は，ともに炭素原子と酸素原子からなり，それぞれに含まれる酸素の質量比は1：2となる。　　　(4)　(解答例)　臭化カリウムの水溶液に塩素を加えると，$2KBr + Cl_2 \rightarrow 2KCl + Br_2$となり，塩化カリウムと臭素が生成する。ここでは$Cl$は還元され，$Br^-$は酸化されているので，$Cl$の酸化作用のほうが強いといえる。

〈解説〉(1)　なお，今後は平成30年改訂の学習指導要領から出題されると思われるので，そちらを学習すること。改訂後の学習指導要領では各教科の取扱いについて，「知識及び技能」「思考力・判断力・表現力等」「科学的に探究するために必要な資質・能力の育成」の各観点から述べられていることを踏まえて学習するとよい。　　　(2)　①　浸透圧をΠとすると，$\Pi = cRT$が成立するので，問題条件では$\Pi = 249$〔Pa〕程度であると算出される。浸透圧によって液面差h〔cm〕が生じるとき，溶液柱が示す圧力は，溶液の高さhと溶液の密度dに比例することから，$\Pi = h \times d \times 1.013 \times 10^5 / (13.6 \times 76)$が成立する。よって，$h = 2.5$〔cm〕となる。これを実験で測定することは比較的容易であるといえるが，凝固点降下による温度差1.85×10^{-4}Kを測定することは，非常に高い精度の実験を求められることになり，誤差が大きくなりやすい。②　はじめAの温度にあった希薄溶液を徐々に冷やすとき，凝固点に達しても結晶の核となる物質ができるまでは温度が下がり続ける。ある温度(C)で結晶核ができると液体から固体への状態変化が始まり，熱が放出されるので温度が上がる。希薄溶液においてはD−E間は溶媒が凝固し，溶液濃度が高くなるので，凝固点降下が起こり，温度が下がり続けるため，純物質を冷却したときと異なり，D−E間も傾きをもつ。

③　酢酸のもつカルボキシ基は，次のように水素結合して二量体を形成する。

$$\text{H}_3\text{C}-\text{C}\overset{\displaystyle \diagup \text{O} \cdots \text{HO} \diagdown}{\underset{\displaystyle \diagdown \text{OH} \cdots \text{O} \diagup}{}}\text{C}-\text{CH}_3$$

水溶液中では多量に存在する水分子がカルボキシ基と水素結合するため，酢酸分子同士が二量体を形成する割合は低いが，ベンゼン溶液中では水分子がないため，二量体を形成する酢酸の割合が著しく増加する。　(3)　定比例の法則は1種類の化合物に含まれる成分元素の比例関係についての法則であり，倍数比例の法則は2種類以上の化合物において，それぞれに共通した元素を比較した場合の法則である。

(4)　ハロゲン元素は周期表の上にあるものほど酸化力が強い。これは，原子核と電子軌道の距離が近く，電子が強く引き寄せられるからである。

【2】Ⅰ (1)　ア　Fe_3O_4　イ　Pt　触媒のはたらき…　(解答例) 反応が始まるために必要な活性化エネルギーを小さくし，結果として反応速度を上げる。　(2)　解答略　(3)　(解答例)　オストワルト法による硝酸の生成は$NH_3 + 2O_2 \rightarrow HNO_3 + H_2O$であり，このとき，1molのアンモニアから1molの硝酸が生じることがわかる。反応に使用するのは15kgのアンモニアなので，生成する硝酸をx〔kg〕とすると，$\dfrac{15}{17}$：$\dfrac{x}{63}=1：1$より，$x=55.5\cdots \fallingdotseq 56$〔kg〕となる。　Ⅱ (4)　ア　ボーキサイト　イ　氷晶石　ウ　ジュラルミン　エ　負

(5)　(解答例)　両性とは，酸とも塩基とも反応する元素の性質であり，アルミニウムの場合，次のような反応が起こりうる。酸との反応：$2Al + 6HCl \rightarrow 2AlCl_3 + 3H_2\uparrow$　塩基との反応：$2Al + 2NaOH + 6H_2O \rightarrow 2Na[Al(OH)_4] + 3H_2\uparrow$　(6)　(解答例)　トタンは，鉄に亜鉛をめっきしたものであり，屋根などに利用される。イオン化傾向を考えると，亜鉛が鉄よりも酸化しやすいため，傷がついても露出した鉄より亜鉛が先に酸化することで鉄の腐食を防ぐ。ブリキは，鉄にスズをめっき

したものであり，缶詰などに利用される。同様にイオン化傾向を考えるとスズは腐食しにくく，人体に影響が少ないこと等が理由であり，また鉄の露出を防ぐことで中身の変質を防ぐ。

〈解説〉 I　(1)　ハーバー・ボッシュ法はアンモニアの工業的製法として有名なので，反応式とともにおさえておきたい。触媒の作用は，生成物の量を増やすことではなく，反応を起こすために必要なエネルギーを小さくすることである。　(2)　実験装置は次の図のようになる。注意点として，アンモニアの発生と同時に水が生じるので，加熱試験管の底部を少し上げておくことで加熱部に水が流れ込まないようにする。また，ソーダ石灰など塩基性の乾燥材を用いてアンモニアと水を分離する。さらに，アンモニアは水に溶けやすく，空気よりも軽い気体なので上方置換法によって収集する等があげられる。生成しているアンモニアは塩基性気体なので，乾燥材にP_4O_{10}のような酸性のものを使用すると反応してしまう。また，塩化カルシウムは中性乾燥剤だが，アンモニアとは反応してしまうので適切ではない。

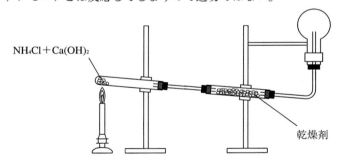

(3)　オストワルト法では，アンモニアから一酸化窒素を生成する反応(①：$4NH_3+5O_2 \rightarrow 4NO+6H_2O$)，一酸化窒素から二酸化窒素を生成する反応(②：$2NO+O_2 \rightarrow 2NO_2$)，二酸化窒素から硝酸を生成する反応(③：$3NO_2+H_2O \rightarrow 2HNO_3+NO$)を起こすことになる。ここで，①＋②×3＋③×2を行うことにより，解答の式を導出できる。

II　(4)　アルミニウムを生成する手法の多くがこの方法を用いたものである。アルミニウムは電気分解で多量の電気を消費するため，電気

の缶詰と呼ばれることもある。　(5)　アルミニウムの場合は，アルミニウムの酸化物，水酸化物も両性を示し，$Al_2O_3 + 6HCl \rightarrow 2AlCl_3 + 3H_2O$，$Al_2O_3 + 2NaOH + 3H_2O \rightarrow 2Na[Al(OH)_4]$，$Al(OH)_3 + 3HCl \rightarrow AlCl_3 + 3H_2O$，$Al(OH)_3 + NaOH \rightarrow Na[Al(OH)_4]$といった反応が行われる。
(6)　トタンについて，鉄よりも酸化しやすい亜鉛をめっきすることで，鉄の酸化をしにくくするというのは直感的には理解しづらいかもしれないが，これは亜鉛が酸化することで被膜ができ，鉄の露出をおさえると考えると納得しやすい。つまり，屋根など自然に傷がつくことを前提とした箇所は，トタンが有用である。

【3】Ⅰ　(1)　(解答例)　160〜170℃で反応させると1分子内で脱水が起こり，エチレンが生成し，130〜140℃で反応させると2分子間で脱水が起こり，ジエチルエーテルが生成する。　(2)　(解答例)　次の図のような反応が起こり，2－メチル－2－ブテン(図中の下の生成物)と2－メチル－1－ブテン(上の生成物)が生成する。ザイツェフの法則によるとアルキル基の多い方がより安定で多く生成されるので，2－メチル－2－ブテンが主生成物となる。

(3)　(解答例)　反応式は，$CH_3COOH + CH_3CH_2OH \rightarrow CH_3COOCH_2CH_3 + H_2O$であり，平衡定数は$K = \dfrac{[CH_3COOCH_2CH_3][H_2O]}{[CH_3COOH][CH_3CH_2OH]} = 4.0$である。ここで，反応によって生じる水の物質量を$x$〔mol〕として，反応前後における酢酸，エタノール，酢酸エチル，水の物質量を表にする。

	酢酸	エタノール	酢酸エチル	水
反応前〔mol〕	2	2	10	0
変化量〔mol〕	$-x$	$-x$	$+x$	$+x$
反応後〔mol〕	$2-x$	$2-x$	$10+x$	x

反応後の値を平衡定数$K=4.0$の式に代入すると，$\dfrac{x(10+x)}{(2-x)^2}=4.0$

$0<x<2$より，$x=\dfrac{2}{3}\fallingdotseq 0.67$〔mol〕となる。

(4)　図1では，グリニャール試薬がケトンのカルボニル炭素と反応することで第三級アルコールを生成している。　　　Ⅱ　(5)　マルトース

(6)　(解答例)　アミロースは，α-グルコースの1位の炭素原子と4位の炭素原子がグリコシド結合することでつくられる鎖状構造であるが，アミロペクチンは，これに加えてα-グルコースの1位の炭素原子と6位の炭素原子がグリコシド結合をすることで枝分かれした構造をもつ。

(7)　(解答例)　グルコースは水溶液中で，次の図のようなα型，アルデヒド型(鎖状構造)，β型の3種類が平衡状態で存在している。このうち，鎖状構造は1位の炭素原子がアルデヒド基(ホルミル基)になっており，この部分が還元性を示すので，水溶液中においてはグルコース分子として還元性をもつ。

α型　　　　　アルデヒド型　　　　　β型

〈解説〉Ⅰ　(1)　分子内脱水反応の反応式は，$CH_3CH_2OH \rightarrow CH_2=CH_2 + H_2O$であり，分子間脱水反応の反応式は，$2CH_3CH_2OH \rightarrow CH_3CH_2OCH_2CH_3 + H_2O$である。　(2)　アルキル基が多い方が電子軌道の重なりが大きくなり，非局在化が起こりやすくなるので安定化する。(3)　化学反応式を書くと，すべての物質が1：1で反応していることがわかる。これより，反応によって生じる水の物質量をxとしたとき，反応後のそれぞれの物質量をxで表すことができる。この反応は平衡に達

しているので，反応後の物質量を平衡定数の式にあてはめることで，xについての方程式を立てることができる。また，反応で生成する水の物質量をxとしているので，$0<x$となり，反応後の酢酸やエタノールの物質量は負にならないので，$x<2$である。　(4)　グリニャール試薬は，アルデヒドのカルボニル炭素と反応すれば第二級アルコールが生成し，ケトンのカルボニル炭素と反応すれば第三級アルコールが生成する。通常，炭素原子は正に帯電することが多いが，グリニャール試薬ではより正に帯電しやすい金属原子が隣接するため，基質Rの部分が負電荷を帯びている。カルボニル炭素は電気陰性度の大きな酸素原子と結合しており正に帯電しやすいので，基質Rとの間に結合を生成する。　Ⅱ　(5)　マルトースは，α-グルコース2分子が脱水縮合した構造をもつ。α-グルコースとβ-フルクトースが脱水縮合したスクロース，グルコースとガラクトースが脱水縮合したラクトースなどもあわせておさえておきたい。　(6)　デンプンは，アミロースとアミロペクチンが直鎖上に結合したアミロースと，そこから枝分かれしてアミロースを包み込むアミロペクチンによって構成される。　(7)　アルデヒド型がもつ－CHO(ホルミル基)が酸化されてカルボキシ基になりやすいので，このときに相手を還元するはたらきを示す。

【生物】

【1】① 22%　② 15%

〈解説〉① 2本鎖DNAの塩基の割合は，G…27%，C…27%，A…23%，T…23%である。ここで，1本鎖DNAの塩基の個数が100個と仮定すると，2本鎖DNAの塩基の個数は，G…54個，C…54個，A…46個，T…46個となる。また，問題文より一方の鎖に含まれているAの個数は24個と考えられるので，もう一方の鎖に含まれているTの個数は24個，2本鎖DNAに含まれるTは46個なので，46－24＝22〔個〕がもう一方の鎖に含まれるAの数となる。よって，22%と考えられる。　② 39時間のうちM期の細胞は2.6%なので，M期の時間は39×0.026＝1.014〔時間〕となる。コルヒチン処理によって，M期の細胞は細胞周期をここ

で停止するため，コルヒチンの処理時間に比例してその細胞数は増加する。コルヒチン処理後に増加するM期の細胞の割合は，$2.6 \times (5/1.014) = 12.8$〔％〕であるから，検出されるM期の細胞の割合は合わせて，$2.6 + 12.8 = 15.4 \fallingdotseq 15$〔％〕になると考えられる。

【２】(解答例)　骨格筋の細胞表面にはインスリン受容体やアドレナリン受容体がある一方，グルカゴン受容体はないため，グルカゴンは骨格筋に対して作用しない。

〈解説〉ホルモンは，細胞表面あるいは細胞内に存在する受容体と結合することで，その作用を発現する。あるホルモンに特異的に結合する受容体がなければ，細胞・組織においてそのホルモンの調節を受けることができない。

【３】(解答例)　仮説…発電器官で発生させる発電の頻度を変化させることで干渉の回避を行っている。　実験方法…はじめに2匹の魚類をそれぞれ1匹ずつ別の水槽へ入れ，発電の頻度を調べる。次にこれら魚類を1つの水槽にまとめて，魚類の発電の頻度をそれぞれ調べる。予想される結果…1匹のときと2匹のときで発電の頻度が異なる。

〈解説〉一説には2匹の魚類間で発電周波数を調節することで，互いに同じ発電周波数を発生することを避けているといわれている。

【４】①　(解答例)　対照実験として，基本培地のみでの結果を収集していない点。　②　(解答例)　結果の違いが明らかなところを中心に考察すること。　③　(解答例)　無機要素の濃度と発芽率・花粉管の長さの関係性はどのようになっているのかを考察させ，無機要素の組合せによってこれらの結果はどのように変化するのかについて実験を行わせる。

〈解説〉①　無機要素の「発芽率・花粉管の伸長に影響を与える要因」について知るためには，対照実験として無機要素を除いた系での実験を行う必要がある。　②　実験結果に多少の誤差が含まれるため，結果

が明らかな部分を探し，確実に言えることに着目させるとよい。

③　濃度についての議論を行うことや，無機要素の組合せを変えることでの影響を考えさせるとよい。また，市販の植物栄養剤などの成分と比較し，実験で扱った無機要素との関係性を導き出すことも考えられる。

【5】①　(解答例)　肝外組織にて，二酸化炭素と水に分解され，体外へ排出される。　②　42%

〈解説〉①　呼吸や汗・尿などの排出経路がある。　②　ハーディー・ワインベルグの法則とは任意交配集団では次世代の遺伝子頻度は変化しないというもので，この法則が成立する要件として，任意交配をする大きな集団であること，個体間で生存や繁殖力に差がないこと等があげられる。問題より低活性型は高活性型より優位であり，低活性型の遺伝子頻度をp，高活性型の遺伝子頻度をqとすると，$p=0.24$，$q=0.76$となる。低活性型の遺伝子型をAA，Aa，高活性型の遺伝子型をaaとすると，集団Xでは，$p^2AA+2pqAa+q^2aa$ $(p+q=1)$と表すことができる。したがって，$p^2+2pq=0.4224 \fallingdotseq 42$〔%〕となる。

【6】①　a　一重　　b　リボソーム　　②　(解答例)　シス面の槽にある積み荷タンパク質が小胞によってトランス面の槽へと輸送されていくのではなく，シス面の槽が積み荷タンパク質を保持しながらトランス側の槽成熟することで積み荷タンパク質を輸送する。

〈解説〉①　ゴルジ体は，一重の膜からなる扁平な袋状の層が重なった層構造をもっている。小胞体で合成されたタンパク質の修飾はゴルジ体で行われる。　②　ゴルジ体の積み荷タンパク質の輸送方法については，ゴルジ体の槽が安定な区画であるとして，この槽の間を小胞が移動することで積み荷タンパク質が輸送されるという「小胞輸送モデル」と，シス側の槽が積み荷タンパク質を保持しながらトランス側の槽へと成熟していく「槽成熟モデル」の2つが考えられていた。実験において，シス面の膜は時間経過と共にトランス面の膜へと変化していた

ことから，槽成熟モデルがゴルジ体の積み荷タンパク質の輸送方法であると考えられる。

【7】① a　色素　　b　側線　　e　体節　　f　側板　　②　(解答例)　動物食性動物が増加することで，被食者は捕食者の発達した口器から身を守る必要があったため。　　③　(解答例)　特定の細胞のみ緑色蛍光を発するように遺伝子を改変した生物胚から一部組織を取り出して別の胚に移植する細胞・組織移植法。

〈解説〉①　心臓の他に血球や内臓筋なども中胚葉性由来である。
②　先カンブリア時代のエディアカラ生物群のからだは軟らかく扁平であごがないものが多い。一方，カンブリア紀の大爆発によって，発達した口器や硬い組織をもつものが出現したことから，この時代に被食者－捕食者の関係が現れたと考えられる。　　③　本問の場合は，骨細胞だけが緑色蛍光を発する遺伝子改変メダカの胚から取り出した組織を別の胚に移植することで，メダカのウロコやヒレがどの胚に由来するかを解析する。

【8】①　活性部位　　②　(解答例)　実験の手順…酵素と阻害物質の混合液を透析膜内へ入れ十分に透析し，透析膜内液と透析膜外液の酵素反応を調べる。　　予想される結果…透析膜内液は補酵素存在下で酵素作用を示し，ここに透析膜外液を加えると酵素作用は阻害されることが予想される。

〈解説〉①　非競争的阻害において，活性部位と異なる場所はアロステリック部位と呼ばれる。　　②　阻害物質は低分子の小さな有機物なので，透析膜を移動することができる。

【9】(解答例)　共通点…電子の移動によるH^+濃度勾配の形成とATP合成の仕組み

ATP合成酵素がH^+を受動輸送したときに，ATPを合成する。

相違点…電子供与体と電子受容体の種類

	電子供与体	還元力の関係	電子受容体
呼吸	NADH，$FADH_2$	＞	O_2
化学合成	NH_4^+など	＞	O_2
光合成	H_2O	＜	NADP

電子供与体と電子受容体の還元力の関係は，呼吸・化学合成で共通し，光合成と異なる。

〈解説〉 共通するのは，電子伝達系によってH^+の濃度勾配をつくることである。一方，どのように電子伝達系からH^+の濃度勾配をつくりだすかということが相違点となり，電子供与体と電子受容体が呼吸，化学合成，光合成で異なることを簡潔に述べればよい。

【10】① (解答例) ・生育が容易であること。 ・1世代の期間が短いこと。 ・染色体が少なく，ゲノム解析が容易なこと。
② b ホメオティック遺伝子 c ABCモデル ③ (解答例) 発問…Aが欠損したとき，Bが欠損したとき，Cが欠損したとき，それぞれにおいてどのような花の構造となるか。 解答…Aが欠損した場合はおしべとめしべのみからなる構造，Bが欠損した場合はがくとめしべのみからなる構造，Cが欠損した場合はがくと花弁のみからなる構造となる。

〈解説〉① シロイヌナズナの1世代の期間は1〜2か月と短いので，交配実験に適している。なお，実験にショウジョウバエもよく使われるが，理由としてショウジョウバエは核相が$2n＝8$である等があげられる。

②　植物にもホメオティック遺伝子が存在することの良い題材である。　③　まとめとしてABCモデルの図を示してもよいだろう。

【11】①　縄張り　　②　(解答例)　縄張りを維持するコストが，縄張りから得られる利益を上回るため。　　③　(解答例)　標識再捕法で調査するとよい。例えば，捕獲したある魚類M匹に標識をつけ元に戻し，数日後に任意の魚類n匹を捕獲する。この中に含まれている標識された個体m匹とすると，沼に生息するある魚類の個体数は，$N = M \times (n/m)$で求めることができる。

〈解説〉②　アユの生息密度が高いとアユの縄張りに他の個体が侵入する頻度が高くなる。　　③　動き回る個体に関しては，標識再捕法が適している。

【12】①　(解答例)　発育段階3〜6において，特に捕食されやすい。
②　(解答例)

	初期死亡率	産卵数	子に対する親の保護
晩死型	低い	少ない	強い
平均型	一定	中間	中間
早死型	高い	多い	弱い

晩死型の子に対する親の保護が強いのに対して，早死型のそれは弱いというのが大きな特徴である。

〈解説〉①　例えばアメリカシロヒトリのような昆虫は，4〜6発育段階でクモや鳥に捕食される。　　②　一般的に晩死型は社会性昆虫や哺乳類，早死型は魚類・無脊椎動物など，平均型はは虫類，小型の鳥類や哺乳類などが該当する。

【13】①　(解答例)　・類人猿では眼窩上隆起が発達していたのに対して，人類では低くなった。　　・縦に細長かった類人猿の骨盤は，人類で横に大きく広がった。　　・類人猿では斜めに開いていた大後頭孔は人類では鉛直方向に開いた。　　②　(解答例)　・ミトコンドリア

300

DNAは母系遺伝することから，母親のみをたどればよいため。

・ミトコンドリアDNAは通常のDNAよりも塩基置換のスピードが速く，種間のミトコンドリアDNAの違いが明らかで比較しやすいため。

・一つの細胞に数千のミトコンドリアDNAが含まれており，抽出が比較的容易であるため。

〈解説〉① 他に，直立二足歩行によって，人類の上腕は短くなった。自由になった手によって，道具や火を利用できるようになり，柔らかい食物を得られるようになったので，あごが退化した等が考えられる。② 解答例のような理由でミトコンドリアDNAが進化過程の解明に有利であるとして，広く研究に利用されている。

【14】① （解答例） iPS細胞では，すべての遺伝子が発現する可能性があるのに対して，皮膚の細胞では，一部の遺伝子は発現抑制されており，特定の遺伝子発現しか行われない。 ② （解答例） iPS細胞から新たな個体を生み出す技術が現れることから，生命倫理についての課題があげられる。

〈解説〉① 分化した体細胞の遺伝子を初期化することで，すべての遺伝子が発現できるようになる。このように調整された一部の細胞はiPS細胞として使用されることがある。 ② iPS細胞はES細胞「胚盤胞から取り出す」という倫理面の問題をクリアしたように思えたが，理論上，iPS細胞からクローンを作製できることから，この扱いについても考えなければならない。

【15】① （解答例） アサガオのような短日植物を3個体(A～C)用意し，AとCは限界暗期以上かつ同じ長さの連続した暗期を与え，Cにのみ数十分ほど光中断を行う。Bは限界暗期間以下の連続した暗期を与える。その結果，Aのみ花芽形成することを確認する。このとき，短日植物A～Cの明期と暗期を経過時間と共にグラフ化する。

② （解答例） 秋まきコムギの花芽形成を促進するFT遺伝子が，別の遺伝子によって抑制されている。春化処理によって，別の遺伝子の発

現抑制が行われるため，花芽形成を促進する遺伝子の発現が抑制され
なくなるため，花芽形成する。

〈解説〉①　長日植物を使って同様の考えで実験してもよい。　②　花芽
形成を促進する物質はフロリゲンと総称され，例えば，シロイヌナズ
ナではFT，イネではHd3aというタンパク質である。本問において，花
芽形成を促進する遺伝子のことをフロリゲン遺伝子と設定してもよ
い。解答では知識に頼るところがあり難易度が上がるが，単に「春化
処理によって，FT遺伝子が発現するから」という解答でもよいだろう。

2019年度 実施問題

中 学 理 科

【1】中学校学習指導要領(平成29年3月告示)第2章第4節理科について，次の(1)，(2)の問いに答えよ。

(1) 次は，第1分野の目標を示したものである。

---

1 目標

物質やエネルギーに関する事物・現象を科学的に探究するために必要な資質・能力を次のとおり育成することを目指す。

(1) 物質やエネルギーに関する事物・現象についての観察，実験などを行い，身近な物理現象，電流とその利用，運動とエネルギー，身の回りの物質，化学変化と原子・分子，化学変化とイオンなどについて理解するとともに，_a科学技術の発展と人間生活との関わりについて認識を深めるようにする。また，それらを科学的に探究するために必要な観察，実験などに関する基本的な技能を身に付けるようにする。

(2) 物質やエネルギーに関する事物・現象に関わり，それらの中に問題を見いだし(X)をもって観察，実験などを行い，その結果を分析して解釈し表現するなど，科学的に探究する活動を通して，_b規則性を見いだしたり課題を解決したりする力を養う。

(3) 物質やエネルギーに関する事物・現象に進んで関わり，科学的に探究しようとする(Y)を養うとともに，自然を(Z)に見ることができるようにする。

---

①　文中の(X)～(Z)に当てはまる語句をそれぞれ書け。

②　下線部aのようにするために，科学技術の発展と人間生活とのどのような関わりを取り上げればよいか。中学校学習指導要領解説理科編(平成29年7月文部科学省)に示されている内容に基づいて，2つ書け。

③　第1分野では，下線部bを見いだしやすい。これは，第1分野にどのような特徴があるためか。中学校学習指導要領解説理科編(平成29年7月文部科学省)に示されている内容に基づいて書け。

(2)　次のア～シのうち，中学校学習指導要領(平成29年3月告示)第2章第4節理科において，中学校第1学年で取り扱う内容として示されているものはどれか，4つ選んで記号を書け。

ア　光と音　　　　　　　　　イ　太陽系と恒星
ウ　生物と細胞　　　　　　　エ　自然の恵みと気象災害
オ　化学変化　　　　　　　　カ　状態変化
キ　力学的エネルギー　　　　ク　遺伝の規則性と遺伝子
ケ　電流と磁界　　　　　　　コ　物質の成り立ち
サ　生物の観察と分類の仕方　シ　地層の重なりと過去の様子

(☆☆◎◎◎)

【2】観察，実験の指導について，次の(1)～(4)の問いに答えよ。

(1)　銅の質量と化合する酸素の質量の関係を調べる際，図1のように，銅の粉末をステンレス皿の中央に集めた状態で熱しようとした中学生がいた。

図1

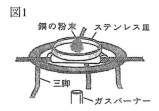

銅の粉末　ステンレス皿

三脚

ガスバーナー

①　図2は，ステンレス皿をのせている器具である。名称を書け。

図2

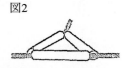

② 中学生に，銅の粉末を図1のような状態にして実験することが適切ではない理由を説明したい。どのような理由を説明すればよいか，書け。

(2) 図3のように，天体望遠鏡を用いて太陽の黒点を観察しようとしたところ，太陽の像が記録用紙の円より大きくなった。太陽の像を小さくするためには，どのような操作をすればよいか，書け。

図3

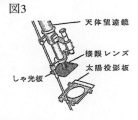

天体望遠鏡
接眼レンズ
太陽投影板
しゃ光板

(3) 「植物は主に葉の気孔で蒸散を行い，気孔は葉の裏側に多いこと」を明らかにするため，図4のように，葉の枚数と大きさが同じ枝A～Dを用意した。枝Aはこのままの状態とし，枝B～Dを枝Aとは異なる条件にして蒸散と吸水の関係を調べる実験を行いたい。このとき，枝B～Dはそれぞれどのような条件にして実験を行えばよいか，書け。

図4

(4) 中学生に，身の回りの物を用いた実験を通して大気圧を体感させ

たい。どのような現象を体感させればよいか。用いる物を示して，図と言葉でかけ。

(☆☆○○○)

【3】平成29年3月，秋田県出身の遠藤章氏が，医学に対して顕著な発見や貢献を行った者に与えられるガードナー国際賞を受賞した。遠藤章氏の受賞理由となった研究内容について，「遠藤章氏　ガードナー国際賞受賞」というタイトルで掲示物を作成し，中学生に理科の有用性を感じさせたい。掲示物の内容について，受賞理由となった物質の名称を示して簡潔にまとめ，書け。

(☆☆☆☆◎)

【4】電磁誘導について，次の(1)～(4)の問いに答えよ。
(1)　図1のようにコイルに棒磁石を近づけたり遠ざけたりしたところ，検流計の針が左右に振れた。

図1

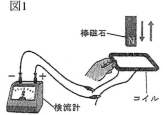

①　検流計の針が左右に振れる理由を，レンツの法則の内容に触れて書け。
②　電流がつくる磁界について，小学校第5学年ではどのようなことを学習するか。中学校学習指導要領解説理科編(平成29年7月文部科学省)に示されている内容に基づいて2つ書け。
(2)　図2は，150回巻き，断面積2.0×10^{-4} m²のコイルを模式的に表したものである。コイル内の磁束密度が図3のように変化したとき，コイルPQ間に生じる誘導起電力の大きさは何Vか，求めよ。ただし，磁束密度はコイル内では一様であるものとし，図2の矢印の向きを

正とする。

図2　　　　　図3

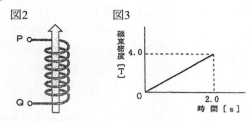

(3)　交流が送電に有利だといわれる理由を書け。

(4)　直流と交流の違いを中学生に視覚的に捉えさせたい。どのような
　　現象を示せばよいか，図と言葉でかけ。

(☆☆☆○○○)

【5】ばねを用いた実験について，次の(1)～(4)の問いに答えよ。

(1)　図1は，力の大きさとばねの伸びの関係について調べた中学生の
　　実験レポートの一部である。この生徒のレポートについて，測定値
　　の正しい処理の仕方を指導したい。どのような指導をすればよいか，
　　正しいグラフをかき加えよ。また，この生徒に助言する内容を，か
　　き加えたグラフが正しい処理の仕方といえる理由に触れて書け。

図1

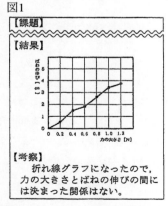

(2)　中学生に，質量と重さの違いについて説明したい。どのような説

明をすればよいか，書け。

(3)　ばね定数1.5N/mのばねがいくつかある。

①　図2のように，水平な床に置かれた質量200gの物体Pにばねを付けて，鉛直上向きに自然長から0.20m伸びるまで引いたところ，物体Pは静止したままであった。このとき物体Pが床から受けている垂直抗力の大きさは何Nか，求めよ。ただし，100gの物体に働く重力の大きさを1Nとする。

図2

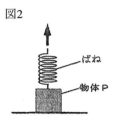

ばね
物体P

②　図3のように，2つのばねを直列につなぎ一端を固定し，鉛直下向きに引いた。2つのばねを1本とみなしたときの合成ばね定数は何N/mか，求めよ。

図3

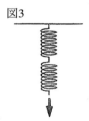

(4)　図4のように，一端を固定したばね定数20N/mのばねの他端に質量5.0kgの物体Qを取り付けた。次に，図5のように，ばねを0.50m引き伸ばして手をはなしたとき，物体Qは単振動した。ばねが自然長に戻ったときの物体の速さは何m/sか，求めよ。ただし，ばねの質量と物体Qに働く摩擦は考えないものとする。

図4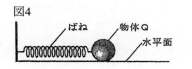

図5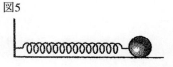

(☆☆☆○○○)

【6】3種類の白い粉末A，B，Cを用いて，中学生に次の実験1と実験2を行わせた。表1，表2は，実験1，実験2のそれぞれについて，1班と2班の結果をまとめたものである。ただし，白い粉末A，B，Cは，それぞれ食塩，グラニュー糖，デンプンのいずれかである。あとの(1)～(4)の問いに答えよ。

【実験1】図1のように，それぞれの粉末を入れた試験管に水を入れて，よく振り混ぜたときの溶ける様子を調べる。

図1

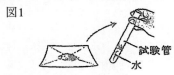

【実験2】図2のように，それぞれの粉末をアルミニウムはくの容器に入れて，弱火で熱したときの様子を調べる。

図2

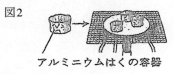

表1

	粉末A	粉末B	粉末C
1班の結果	溶けた	溶け残った	溶けた
2班の結果	溶け残った	溶け残った	溶けた

表2

	粉末A	粉末B	粉末C
1班の結果	変化なし	こげた	とけた後，こげた
2班の結果	変化なし	こげた	とけた後，こげた

(1)　この実験で，複数の種類の粉末を用いるのは，物質の性質について，どのようなことを見いださせるためか。中学校学習指導要領(平成29年3月告示)第1分野「身の回りの物質とその性質」に示されている内容に基づいて書け。

(2)　表1で，1班と2班の結果が異なっていたので，両班の生徒がその原因に気付くことができるよう，助言することにした。どのようなことを助言すればよいか，結果が異なったことについて考えられる原因を示して書け。

(3)　次の文は，実験1で食塩が水に溶ける様子について説明したものである。下線部のような現象を何というか，名称を書け。また，このような現象が起こる理由を書け。

> 食塩を水に入れると，Na^+とCl^-に電離する。$\underline{Na^+と Cl^-はそれぞれ水分子に囲まれて安定化され}$，水中に拡散する。

(4)　実験2で，こげた粉末を見た中学生に，「BとCは，強火にして更に熱すると，炭になるのですか。」と質問された。強火にして更に熱しても炭にはならない理由を書け。また，炭をつくる方法を書け。

(☆☆☆◎◎◎◎)

【7】水溶液について，次の(1)，(2)の問いに答えよ。

(1)　物が水に溶ける量について，小学校第5学年ではどのようなことを学習するか。中学校学習指導要領解説理科編(平成29年7月文部科学省)に示されている内容に基づいて2つ書け。

(2)　54.6gの硝酸カリウムを水に入れ，かき混ぜながら徐々に水温を上げたとき，60℃に達したところで全て溶けた。この水溶液を更に熱して水の一部を蒸発させた後，10℃まで冷やしたところ，46.9gが析出した。蒸発した水の質量は何gか，求めよ。ただし，硝酸カリウムの溶解度は10℃で22.0，60℃で109.2とする。

(☆☆☆◎◎◎◎)

【8】 電池について，次の(1)～(4)の問いに答えよ。

(1) 中学校学習指導要領(平成29年3月告示)第1分野「化学変化と電池」においては，電解質水溶液と2種類の金属などを用いた実験を行うことを通して学習する具体的な内容として，次の2つが挙げられている。[X]に当てはまる内容を，「エネルギー」という語句を用いて書け。

　　・電池の基本的な仕組みを理解すること

　　・[X]ことを知ること。

(2) 図1は，ボルタ電池を模式的に表したものである。ボルタ電池の正極活物質，負極活物質はそれぞれ何か，化学式又はイオン式で書け。

図1

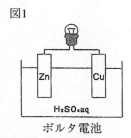

ボルタ電池

(3) 図2は，ダニエル電池を模式的に表したものである。図2を基に，この電池で電流が流れるときの仕組みを，図と言葉でかけ。

図2

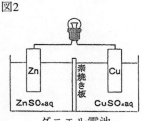

ダニエル電池

(4) 二次電池である鉛蓄電池の電池式は，(－)Pb｜H_2SO_4aq｜PbO_2(＋)で表される。この鉛蓄電池において，4Aの電流で2時間40分50秒の放電を行ったとき，正極及び負極の質量はそれぞれどれだけ増減す

るか求めよ。ただし，原子量を，H＝1，O＝16，S＝32，Pb＝207とし，ファラデー定数を9.65×10⁴C/molとする。

(☆☆☆◎◎◎◎)

【9】呼吸について，次の(1)〜(4)の問いに答えよ。

(1)　図は，呼吸によって合成されるATP(アデノシン三リン酸)の構造を模式的に表したものである。

図

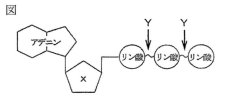

①　Xは何という物質か，書け。

②　多量のエネルギーが蓄えられているYのようなリン酸どうしの結合を何というか，書け。

(2)　呼吸は，解糖系，クエン酸回路，電子伝達系の3つの過程からなる。

①　解糖系の反応において，呼吸基質は何という有機物まで分解されるか，書け。

②　クエン酸回路の反応は，ミトコンドリアのどの部分で起こるか，書け。

③　電子伝達系について説明した次の文が正しくなるように，(A)，(B)に当てはまる語句の組合せを，下のア〜エから1つ選んで記号を書け。

> 電子伝達系は，(A)の強い物質から弱い物質に順次電子が伝達される(B)反応と，ATPの合成とを結びつけるシステムである。

ア　A：酸化力　　B：酸化還元

イ　A：酸化力　　B：リン酸化

　　ウ　A：還元力　　B：酸化還元

　　エ　A：還元力　　B：リン酸化

(3)　呼吸によって，グルコースのもつ化学エネルギーのうち，ATPの
　　エネルギーに移し替えることのできる割合は何％か，四捨五入して
　　小数第1位まで求めよ。ただし，グルコースが完全に酸化・分解さ
　　れるときに減少するエネルギーは2870kJ/molとする。また，グルコ
　　ースの酸化・分解によって生じるエネルギーからATPの合成に用い
　　られるエネルギーを差し引くと，1711kJ/molのエネルギーが減少す
　　るものとする。

(4)　身の回りの物を使ってヒトの肺の模型を作り，横隔膜によって肺
　　が膨らんだり縮んだりすることを，中学生に説明したい。どのよう
　　な模型を作り，どのような現象を示して説明すればよいか，図と言
　　葉でかけ。

(☆☆☆◎◎◎)

【10】生物の進化について，次の(1)～(5)の問いに答えよ。

(1)　示準化石となる生物について説明した次の文が正しくなるよう
　　に，（　A　）～（　D　）に当てはまる語句の組合せを，下のア～エか
　　ら1つ選んで記号を書け。

> 　　示準化石となる生物の例として，古生代の（　A　）紀に繁栄
> した（　B　）動物門に属する三葉虫や，中生代の（　C　）紀に繁
> 栄した（　D　）動物門に属するアンモナイトがある。

　　ア　A：オルドビス　　B：節足　　C：ジュラ　　　D：軟体

　　イ　A：オルドビス　　B：軟体　　C：ジュラ　　　D：節足

　　ウ　A：ジュラ　　　　B：節足　　C：オルドビス　D：軟体

　　エ　A：ジュラ　　　　B：軟体　　C：オルドビス　D：節足

(2)　現在，生物は，次の語群にある階級を用いて分類されており，図
　　は基本となる単位である「種」から順に上位の階級まで示したもの
　　である。図が正しくなるように，語群から語句を1つずつ選んで下

313

の(　　)内にそれぞれ書け。

語群〔　門　　属　　ドメイン　　科　　綱　　目　　界　〕

図

(3)　ブタとイノシシが同種である理由を，生物学的種の概念を踏まえて，書け。

(4)　中学生に「相同器官，相似器官とは何ですか。」と質問された。この中学生に，相同器官と相似器官について，それぞれ具体例を挙げて説明したい。どのような説明をすればよいか，書け。

(5)　中学校学習指導要領(平成29年3月告示)第2分野「生物の種類の多様性と進化」の学習において，進化の証拠とされる事柄の教材として始祖鳥を取り上げたい。始祖鳥のどのような特徴が進化の証拠とされるか，始祖鳥の体のつくりに触れて書け。

(☆☆☆◎◎◎◎)

【11】図は，月の見え方を指導した際に用いた板書の一部であり，北極点の真上から地球を見たときの，地球と月の位置関係を模式的に表したものである。あとの(1)～(3)の問いに答えよ。

図

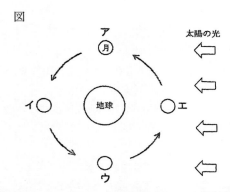

ア 月

太陽の光

イ ○   地球   ○ エ

ウ ○

(1) 小学校理科において，月について学習するのは第何学年か，次の
ア〜エから全て選んで記号を書け。

ア 第3学年　イ 第4学年　ウ 第5学年　エ 第6学年

(2) 図で，日食と月食のとき，月はどの位置にあるか，ア〜エからそ
れぞれ1つずつ選んで記号を書け。また，日食と月食について説明
した次の文には誤りがある。誤りは文中の下線部a〜dのどれか，1
つ選んで記号を書き，選んだものを正しい語句に書き直せ。

> 　日食や月食は，太陽と地球と月の位置関係により，太陽の
> 光がさえぎられてできたかげに入ることで起こる。a太陽が
> b月のかげに入ると日食，c月がd地球のかげに入ると月食にな
> る。

(3) 平面的な図を見ただけでは，地球から見える月の形を捉えられな
い中学生がいた。この中学生に，地球と月の位置関係によって月の
形が違って見えることを捉えさせるために，身の回りにある物を用
いてモデル実験を行わせたい。どのような物を用いて，どのような
手順で実験を行わせればよいか，図と言葉でかけ。

(☆☆☆◎◎◎)

【12】雲について，次の(1)〜(4)の問いに答えよ。

(1) 次のア〜カのうち，中層雲に分類されるものはどれか，3つ選ん

で記号を書け。

ア 高積雲　　イ 巻積雲　　　ウ 層積雲　　　エ 乱層雲

オ 高層雲　　カ 巻層雲

(2) 大気の安定性が次のi, iiのようになる条件を，それぞれ書け。

i 絶対不安定　　ii 絶対安定

(3) 中学校学習指導要領(平成29年3月告示)第2分野「霧や雲の発生」の学習において，自然界における水の循環について，指導することにした。

① 指導に当たり，どのような自然現象を例示すればよいか。中学校学習指導要領解説理科編(平成29年7月文部科学省)に示されている内容に基づいて書け。

② 自然界における水の循環は，何のエネルギーによって引き起こされるか。中学校学習指導要領解説理科編(平成29年7月文部科学省)に示されている内容に基づいて書け。

(4) 雲を観察した中学生に，「雲の底面が地上から同じ高さにそろっているのはなぜですか。」と質問された。この理由を，空気塊の温度と高度に触れて説明したい。次を黒板に見立て，図と言葉でかけ。

(☆☆☆☆◎◎◎)

【13】ある斜面について野外観察を計画した教師が，事前に実地踏査を行った。次の(1)～(4)の問いに答えよ。

(1) 野外観察の前に行う実地踏査では，どのようなことを確認することが重要か。中学校学習指導要領解説理科編(平成29年7月文部科学省)に示されている内容に基づいて書け。

(2) 図は，斜面で見られた地層の傾きについて，クリノメーターで測った結果を表した記号である。このときの走向と傾斜をそれぞれ書け。

図

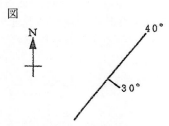

(3) 採取した花こう岩から黒雲母を取り出し，$^{40}K - ^{40}Ar$法で年代測定を行い質量分析計で分析したところ，もとの^{40}Kの87.5％が放射性崩壊して^{40}Arに変わっていたことがわかった。この花こう岩は何年前にできたものか，求めよ。ただし，^{40}Kの半減期を1.25×10^9年とする。

(4) 斜面では，風化によって岩石が細かくなった砕屑物が見られた。中学生に物理的風化の仕組みを捉えさせるために，岩石を短時間で風化させる実験を行いたい。どのような実験を行えばよいか，方法を書け。

(☆☆☆☆◎◎◎)

高 校 理 科

【共通問題】

【1】高等学校学習指導要領(平成21年3月告示)「第2章　各学科に共通する各教科　第5節　理科　第3款　各科目にわたる指導計画の作成と内

容の取扱い」の一部を示したものである。下の(1)～(3)の問いに答えよ。

2　内容の取扱いに当たっては，次の事項に配慮するものとする。

(1)　各科目の指導に当たっては，観察，実験などの結果を分析し解釈して自らの考えを導き出し，それらを表現するなどの学習活動を充実すること。

(2)　生命を尊重し，_a自然環境の保全に寄与する態度の育成を図ること。また，環境問題や科学技術の進歩と人間生活にかかわる内容等については，持続可能な社会をつくることの重要性も踏まえながら，科学的な見地から取り扱うこと。

(3)　観察，実験，野外観察，調査などの指導に当たっては，関連する法規等に従い，事故防止について十分留意するとともに，_b使用薬品などの管理及び廃棄についても適切な措置を講ずること。

(4)　各科目の指導に当たっては，観察，実験の過程での情報の収集・検索，計測・制御，結果の集計・処理などにおいて，_cコンピュータや情報通信ネットワークなどを積極的かつ適切に活用すること。

---

(1)　下線部aのために留意すべきことはどのようなことか，書け。

(2)　下線部bについて，観察，実験で生じた廃棄物の処理は，生徒に環境への影響や環境保全の大切さを考えさせるよい機会となる。観察，実験後に次の①～③の廃液が生じた場合の処理について，生徒への指示をそれぞれ簡潔に書け。

①　酸やアルカリの廃液

②　重金属イオンを含む廃液

③　有機溶媒を含む廃液

(3)　下線部cについて，高等学校学習指導要領(平成21年3月告示)「第1章　総則　第5款　教育課程の編成・実施に当たって配慮すべき事項」には，「各教科・科目等の指導に当たっては，生徒が情報モラルを身に付け，コンピュータや情報通信ネットワークなどの情報手

段を適切かつ実践的，主体的に活用できるようにするための学習活動を充実するとともに，これらの情報手段に加え視聴覚教材や教育機器などの教材・教具の適切な活用を図ること。」と記載がある。視聴覚教材や教育機器などの教材・教具の適切な活用について配慮すべきことはどのようなことか，書け。

(☆☆☆◎◎◎)

【2】次の(1)～(2)の問いに答えよ。

(1) 次図のように，水平面上の点aに置かれた質量mの小物体Pを右方向に大きさv_0の初速度を与えて滑らせた。Pと水平面との間の動摩擦係数をμ，重力加速度の大きさをgとし，下の①～⑤に答えよ。

ただし，水平面はあらく，斜面はなめらかであるものとする。また，水平面と斜面はなめらかにつながっているものとする。

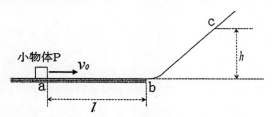

① 水平面上で小物体Pにはたらく動摩擦力の大きさを求めよ。

② 以下は，物理基礎の単元「物体の運動とエネルギー」の授業中における，あらい水平面上を滑る物体の動摩擦力の大きさについての生徒の発言である。生徒A～Dのうち，最も正しく答えているのは誰か，根拠を示して書け。

> 生徒A 「あらい水平面を滑る物体の初速度の大きさを2倍
> 　　　　にすると，動摩擦力の大きさは$\frac{1}{2}$倍になると思いま
> 　　　　す。」
> 生徒B 「物体とあらい水平面の接触する面積を2倍にすれ
> 　　　　ば，動摩擦力の大きさは2倍になると思います。」
> 生徒C 「あらい水平面を滑る物体の質量を2倍にすれば，
> 　　　　動摩擦力の大きさは2倍になると思います。」
> 生徒D 「あらい水平面と滑る物体の種類が同じ場合，物体
> 　　　　の質量を変えても動摩擦力の大きさは変わらないと
> 　　　　思います。」

③　あらい水平面と斜面との接点をbとする。点aと点bの距離がlの
 とき，小物体Pが点bでちょうど静止するときの初速度v_0の大きさ
を求めよ。

④　v_0が③で求めた値よりも大きい場合，点bを通過した小物体Pは
斜面を上昇し，ある点cで一瞬静止する。点cの水平面からの高さ
hを求めよ。

⑤　小物体Pが点aから点cまで移動する場合を考える。小物体Pの質
量を増したとき，Pが点aから点cまで移動する時間は質量を増す
前と比べてどうなるか。「長くなる」「短くなる」「変わらない」
の中から1つ選んで書け。ただし，初速度v_0は変えないものとす
る。

(2)　次の図は，ある時刻におけるx軸の正の向きに進む縦波を表した
もので，媒質のx軸方向の正の変位をy軸方向の正の変位として表し
たものである。この時刻において，あとの①〜③に該当する媒質の
位置は図のA〜Eのどれか，すべて選び，記号を書け。

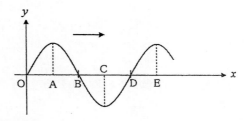

①　最も密な位置
②　媒質の速さが0である位置
③　媒質の速度が負の向きに最大である位置

(☆☆☆○○○)

【3】次の文章を読み，下の(1)～(3)の問いに答えよ。

　　　スウェーデンのアレーニウスは，酸とは水溶液中で電離して水素イオンH^+を生じる物質であり，塩基とは水溶液中で水酸化物イオンOH^-を生じる物質であると定義した。例えば，酸には塩酸や硫酸などがあり，塩基には水酸化ナトリウムや、アンモニアなどがある。

　　　水溶液の酸性や塩基性の強さを表すためにpH(水素イオン指数)という数値がよく用いられる。pHは水素イオン濃度の大小を示すもので，水溶液が中性のとき，pHは7であり，水溶液が酸性のときは，pHは7より（　ア　）。また，水溶液が塩基性のときは，pHは7より（　イ　）。

　　　酸と塩基が反応すると，酸のH^+と塩基のOH^-が反応して水になり，このとき酸と塩基の性質は互いに打ち消される。このような反応を、中和反応という。

(1)　文中の（　ア　），（　イ　）に適する語句を書け。

(2)　下線部aが水に溶けたときの化学反応式を書き，下線部aが塩基であることをブレンステッド・ローリーの定義を基に簡潔に説明せよ。

(3)　下線部bについて，濃度がわからない水酸化ナトリウム水溶液の濃度を求めるため0.100mol/Lのシュウ酸水溶液500mLを調製し中和滴定を行った。このシュウ酸水溶液10.0mLをホールピペットを用い

て正確にはかりとり，ビュレットに入れた水酸化ナトリウム水溶液を滴下したところ，シュウ酸水溶液10.0mLと中和反応した水酸化ナトリウム水溶液の体積は18.0mLであった。このとき，次の①～③に答えよ。

① 0.100mol/Lのシュウ酸水溶液500mLを調製するために必要なシュウ酸二水和物の質量〔g〕を求めよ。ただし，シュウ酸二水和物の式量は126とする。

② ホールピペットやビュレットが水で濡れている場合は，それぞれ使用する溶液で器具の内部を2～3回すすぐ必要がある。この操作が必要である理由を簡潔に書け。

③ 水酸化ナトリウム水溶液の濃度〔mol/L〕を求めよ。ただし，計算の過程も書け。

(☆☆◎◎◎)

【4】次の文章を読み，下の(1)～(3)の問いに答えよ。

　生産者である植物を基盤として，その地域に生息する動物や微生物などすべての生物のまとまりをバイオームという。_a植物の生育は気温と降水量の影響を強く受けるため，陸上では特徴ある相観をもったバイオームが成立する。

　日本では，南北方向にはっきりしたバイオームの水平分布がみられる。また，_b低地から標高が高くなるにつれて気温が下がるため，標高に沿った明瞭なバイオームの配列がみられる。これを_cバイオームの垂直分布という。このように，同じ緯度でも低地から高地にかけて標高差によるバイオームの変化がみられる。

(1) 下線部aについて，次の①～③のバイオームの型の名称と，それぞれのバイオームの特徴について書け。

① 樹木を中心とした場合

② 草本が密生した場合

③ 植生がまばらな場合

(2) 下線部bについて，一般に標高が100m増すごとにどのくらいずつ

322

気温は下がるか書け。

(3) 下線部cについて，次の文中の（　ア　），（　イ　）に適する語句を
書け。

　　秋田県民歌に「秀麗無比なる鳥海山よ」と称えられる鳥海山は，
山頂の標高が2,236mの東北地方第2の高峰であり，標高1,200m付近
まではブナ林等の（　ア　）樹林が見られる。鳥海山では標高1,200m
付近よりも高地には高木の生育が見られないため，この標高付近が
（　イ　）となる。

（☆☆◎◎◎）

【5】次の文章を読み，下の(1)～(3)の問いに答えよ。

　　自然界の様々な現象は，私たちに多くの恩恵を与えてくれる反面，
時には災害という形で私たちの生活を脅かすことがある。中でも_a火山
や_b地震の活動は，頻度は低くても大規模な災害につながる可能性があ
る。

　　災害が発生したときに，自らの身を守り，被害を軽減させるために
は，過去に起こった災害を知ることが重要である。そして，_c自分の住
む地域について，どこでどのような災害が起こり得るのか，事前に調
べる必要がある。

(1) 下線部aについて，次の文中の（　ア　）には適する数値を，
（　イ　）及び（　ウ　）には火山名を書け。

　　2003年の火山噴火予知連絡会の定義により「概ね過去（　ア　）年
以内に噴火した火山，および現在活発な噴気活動のある火山」を活
火山とよぶ。2018年5月現在，日本には111，秋田県には6つの活火
山がある。秋田県の活火山のうち，（　イ　）は平安時代(915年)に大
噴火し，その噴火に伴う火山泥流によって埋もれた当時の家屋が，
後に米代川流域で発見され，発掘調査が行われている。また，高山
植物の豊富な山として知られる（　ウ　）は1970年～71年にかけて噴
火し，山頂部の火口からは溶岩流がおよそ500m流下した。この火口
の周辺では現在も噴気活動があり，最近は火山性地震も観測される

など，今後も引き続き注意が必要な火山である。

(2)　下線部bについて，緊急地震速報によって地震の大きな揺れに備えることは，地震の被害を軽減するために有効である。ある地域で，震源から14km離れた地点の地震計が地震波の初動を検知し，その5.0秒後に緊急地震速報が発令されたとする。地震波のP波，S波の速さがそれぞれ7.0km/s，4.0km/sであったとき，震源から80km離れた地点では，緊急地震速報を受け取ってから大きな揺れ(主要動)がくるまで何秒の時間的余裕があるか，説明せよ。

(3)　下線部cについて，このような目的のために作成された地図のことを何というか，名称を書け。また，この地図を利用する際の留意点を簡潔に書け。

(☆☆☆◎◎◎)

【物理】

【1】次の各問いに答えよ。

(1)　図のように，水平面に固定された傾角 θ のなめらかな斜面の上端に，ばね定数 k の軽いばねの一端を固定し，他端に質量 m の小球Pを取り付けたところ，Pはある位置で静止した。斜面に沿って下向きに x 軸をとり，Pが静止している位置を原点Oとする。原点Oから斜面に沿って l だけPを引き下げ，時刻 $t=0$ に静かに放す。重力加速度の大きさを g とする。

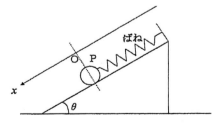

①　原点Oでのばねの自然長からの伸び d を求めよ。
②　Pの単振動の周期を求めよ。
③　Pの最大の速さを求めよ。

④ Pを放してから，初めて$x = -\dfrac{l}{2}$を通過する時刻を求めよ。ただし，計算の過程も書け。

⑤ Pが$x = \dfrac{l}{\sqrt{2}}$を通過する瞬間の速さを求めよ。ただし，計算の過程も書け。

(2) 外部との熱の出入りを断って，理想気体の体積を2倍に膨張させるのに，次の①，②の2通りの方法で行う。ただし，気体の比熱比をγ，気体定数をRとする。

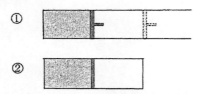

① 熱を通さないピストンのついた断熱容器内に体積V，絶対温度Tの理想気体nモルを閉じ込め，ピストンを引いて体積を2倍にした。気体の体積が2倍になったとき，気体の圧力と温度をそれぞれ求めよ。ただし，計算の過程も書け。

② 断熱容器内を熱を通さない障壁によってそれぞれ体積Vの2つの部屋に分ける。はじめに，左の部屋に絶対温度Tの理想気体nモルを入れ，右の部屋は真空にしておく。その後，瞬間的に障壁を取り去って，気体の体積を2倍にした。このときの気体の温度を求め，そう考える理由も書け。

(3) ドップラー効果について，次の各問いに答えよ。ただし，音源の振動数をf_0，音速をVとし，風は吹いていないものとする。

① 観測者が静止し，音源が観測者に向かって一定の速さv_sで近づいている場合，観測者が聞く音の振動数f_1の導出過程を，式を用いて説明せよ。

② 授業で①について生徒から，「音源が観測者に向かって速さv_sで動いているのだから，観測者が聞く音の速さは，音源が近づいてくる速さv_sを加えて$V + v_s$とするのが正しいのではないですか。」と質問があった。この質問に対して，どのように説明するか，書け。

③ ①の場合，音源が振動数f_0の音を時間t_0だけ出したとすると，観測者がこの音を聞く時間t_1をf_0，V，v_s，t_0の中から必要なものを用いて求めよ。ただし，計算の過程も書け。

④ 図のように，点Sの位置に静止している観測者の前を，列車が振動数f_0の警笛を鳴らしながら，音速Vの$\dfrac{1}{10}$倍の一定の速さで直線状のレールを左方から進んできた。列車が図中の$\theta = 60°$の地点で発した警笛を観測者が聞くときの振動数f_2を求めよ。ただし，計算の過程も書け。

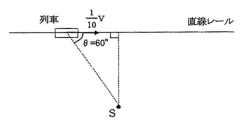

(4) ボーアの水素原子模型において，$+e$〔C〕の電荷をもつ原子核のまわりを質量m〔kg〕で$-e$〔C〕の電荷をもつ電子が静電気力を受けて半径r〔m〕の円軌道上を速さv〔m/s〕で等速円運動しているものとする。真空中のクーロンの法則の比例定数をk_0〔N・m²/C²〕，真空中の光の速さをc〔m/s〕，プランク定数をh〔J・s〕とする。

① 電子の運動方程式を書け。

② クーロン力の位置エネルギーの基準点を無限遠として，電子の運動エネルギーと位置エネルギーの和E〔J〕を，k_0，e，rを用いて求めよ。

③ 量子数をn（$=1$，2，3，$\cdots$）として量子条件を書け。

④ 電子がとり得る軌道半径r_n〔m〕をk_0，m，e，h，nを用いて求めよ。

⑤ ボーアの水素原子模型におけるエネルギー準位E_n〔J〕を，k_0，m，e，h，nを用いて求めよ。

(5) 生徒の科学的な思考力を育成していくためには，教師が教材研究や授業改善に積極的に取り組んでいくことが重要である。その際，

学習内容と日常生活との関連を図ることにより，より一層，生徒の興味・関心を引き出すことができる。身近な道具を使った実験を題材にした次の授業計画について，下の①～③の各問いに答えよ。

物理　単元「光の進み方(凹面鏡)」
　　　テーマ「スプーンに映る自分の顔を観察しよう」
○目標：スプーンの鏡面に映る自分の顔を観察し，凹面鏡がつくる像について説明できるようになる。
○方法：球面の内側を鏡面としたものを凹面鏡という。スプーンのへこんでいる内側も凹面鏡と見なせるものとする。　※ある生徒(A君)の実験の記録
　手順1　図1のように，スプーン(凹面鏡)の中心Mからスプーンの焦点距離の3倍だけ顔を離す。
　手順2　スプーンに映る自分の顔の見え方を確認するため，A君は左目を閉じて，ちょうど鼻の位置が中心M付近になるようにする。図2は，このときの正面から見たA君の顔を図にしたものである。
　手順3　この状態でA君は自分の顔がどのように見えたか，観察して記録する。

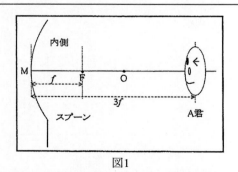

図1　　　　　　　　　　　　　　　図2

① 図3に示す凹面鏡による物体ABがつくる像A′B′を作図せよ。ただし，像の作図に必要な光線もかくものとする。また，図1の点O

は球面の中心，点Mは凹面鏡の中心，点Fは凹面鏡の焦点である。

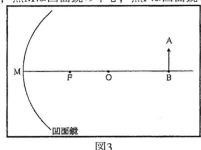

図3

② 手順3で，A君が見たスプーンに映った自分の顔を，図2を参考にして作図せよ。

③ 顔を焦点Fの手前まで近づけていくと，像の大きさと位置はどのように変化するか，説明せよ。

(☆☆☆◎◎◎)

【2】下の(1)〜(7)の各問いに答えよ。

図のように，半径Rの円の$\frac{1}{4}$をくり抜いた円筒面をもつ質量Mの斜面台を水平面上に置く。質量mの小球を斜面台に向けて大きさv_0の初速度を与えて水平面から斜面台に入射させ，斜面台の上端から飛び出させる。ただし，水平面と斜面台の円筒面はいずれもなめらかであり，重力加速度の大きさをgとする。

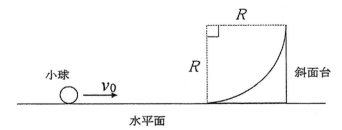

Ⅰ　はじめ，斜面台を水平面に固定しておく。

(1) 小球が斜面台の上端から飛び出す瞬間の小球の速さを求めよ。ただし，計算の過程も書け。

328

(2) 小球が斜面台の円筒面に入射し，上端から飛び出すまでに，小球が受ける力積の大きさはいくらか。授業中の板書を想定して，説明せよ。

(3) 小球が斜面台の上端から飛び出した後，小球が達する最高点の水平面からの高さを求めよ。ただし，計算の過程も書け。

Ⅱ 次に，斜面台の固定を外し，斜面台が水平面上を自由に動けるようにする。ただし，斜面台は傾くことなく，水平方向に運動するものとする。以下の問いでは，水平右向きを正とせよ。

(4) 小球が斜面台の上端から飛び出す瞬間の斜面台の速度を求めよ。ただし，計算の過程も書け。

(5) 小球が斜面台の上端から飛び出すために必要な初速度の大きさ v_0 の最小値を求めよ。ただし，計算の過程も書け。

(6) 小球が斜面台の上端から飛び出した直後から，小球が再び斜面台の上端に接するまでの間に斜面台が水平方向に移動した距離を求めよ。ただし，計算の過程も書け。

(7) (6)で小球が再び斜面台の上端に接した後，小球は斜面台の円筒面に沿って運動し，斜面台の下端で斜面台から離れた。離れた瞬間の小球および斜面台の速度をそれぞれ求めよ。ただし，計算の過程も書け。

(☆☆☆○○○)

【3】 あとの(1)〜(6)の各問いに答えよ。

図1のように，真空中に xyz 座標をとる。一辺の長さが a の抵抗の無視できる正方形コイルABCDがあり，CD上の2点E，F間を少しの隙間だけ切り取り，端子P，Qを取り付けた。ただし，CDの中点とEFの中点は一致するものとする。また，CDは x 軸上にあり，ADは常に y 軸に平行である。さらに y 軸上に直線状の十分長い導線を固定し，y 軸の正の向きに大きさ I の電流を流す。真空の透磁率を μ_0 とする。

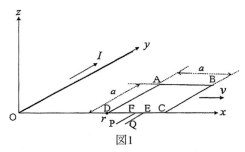

図1

Ⅰ　はじめに端子P，Q間に抵抗値Rの抵抗Rをつなぎ，正方形コイル
　ABCDに外力を加えてx軸の正の向きに一定の速さvで運動させた。
　ADのx座標がrになった瞬間を考える。

　(1)　y軸上の導線を流れる電流がADの位置につくる磁界の大きさと
　　向きをそれぞれ求めよ。ただし，向きは「x軸の正の向き」のよ
　　うに答えよ。

　(2)　AD間に生じた起電力の大きさを求めよ。ただし，計算の過程
　　も書け。

　(3)　端子P，Qの間の電位差の大きさを求めよ。ただし，計算の過
　　程も書け。

　(4)　このとき正方形コイルABCDに加えている外力の大きさを求め
　　よ。ただし，計算の過程も書け。

Ⅱ　次に図2のように，電流Iを取り去り，x軸の正の向きに磁束密度B
　の一様な磁界を加える。AB，CDのそれぞれの中点のx座標をrの位
　置に固定し，時刻$t＝0$から正方形コイルABCDをy軸に平行な直線
　$x＝r$を回転軸として，一定の角速度ωで矢印の向きに回転させ，交
　流発電を行った。ただし，時刻$t＝0$までは正方形コイルABCDは図2
　のように，CDがx軸上にある状態で静止していたものとする。

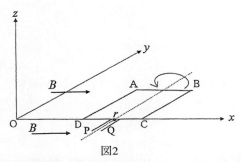

図2

(5) 端子Pに対する端子Qの電位をVとする。Vを時刻tの関数で表し、Vの時間変化をグラフにかけ。ただし、グラフには必要な軸の値を記すこと。

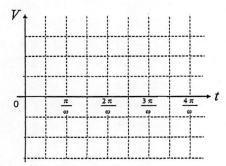

(6) 端子P、Q間に抵抗値Rの抵抗R、自己インダクタンスLのコイルL、電気容量CのコンデンサーCをそれぞれを別々につないだとき、AB間を流れる電流を時刻tの関数としてそれぞれ求めよ。ただし、電流の向きは辺ABをA→Bの向きに流れる場合を正とする。また、正方形コイルABCDの自己インダクタンスは無視してよい。

(☆☆☆◎◎◎)

【化学】

【1】次の(1)～(6)の問いに答えよ。

(1)　蒸発と沸騰の違いを説明せよ。

(2)　カリウムの電子配置において，M殻をすべて満たさずにN殻に先に電子が入る理由を，電子殻と軌道を用いて説明せよ。

(3)　塩化ナトリウムの方が臭化ナトリウムよりも融点が高くなる理由を説明せよ。

(4)　酸素の圧力が1.0×10^5Paのとき，1.0Lの水に溶解する酸素の物質量は20℃において1.4×10^{-3}molである。次の図に示すような，なめらかに動くピストン付きの容器に，温度を20℃として，水2.0Lと酸素を体積百分率で1.0%含む混合気体を入れた。その後，温度を20℃に保ちながら，混合気体の圧力が常に3.0×10^5Paになるようにピストンを調整した。このとき，水2.0Lに溶けている酸素の質量〔g〕を求めよ。ただし，酸素の分子量を32とし，計算過程も書け。また，「混合気体中の分子は相互に反応しない」，「混合気体中の各成分気体は，いずれも水に溶けにくい」，「溶解に際してはヘンリーの法則が成立する」，「水蒸気圧及び蒸発等による水の体積変化は無視できる」，「気体が水に溶解しても混合気体中の酸素の割合は変化しない」ものとする。

(5)　Al^{3+}，Ag^+，Cu^{2+}，Zn^{2+}の4種類の金属イオンを含む硝酸水溶液がある。生徒に対して，この水溶液から金属イオンを1種類ずつ沈殿させて分離する際の操作の手順を説明したい。操作の手順について，使用する試薬，操作方法，沈殿する物質の化学式及び沈殿の色

に触れて説明せよ。

(6)　分子式C_3H_8Oで表される物質には3種類の構造異性体がある。3種類の構造異性体の構造式と名称を，次の例にならって書け。また，3種類の構造異性体を，観察や実験によって区別する方法を説明せよ。

例　CH_3-C-OH
　　　　　∥
　　　　　O
　　　酢酸

(☆☆☆◎◎◎)

【2】次は，無機化合物に関しての問題である。

Ⅰ　硫黄の単体や化合物に関する次の文章を読み，下の(1)～(4)の問いに答えよ。

硫黄の単体には，斜方硫黄，単斜硫黄，ゴム状硫黄などがある。斜方硫黄，単斜硫黄，ゴム状硫黄のように，同じ元素からなる単体で性質の異なる物質を，互いに(ア)という。斜方硫黄，単斜硫黄，ゴム状硫黄のうち，常温で最も安定しているのは(イ)硫黄である。空気中で硫黄に点火すると，青白い炎をあげて燃焼し，二酸化硫黄を生じる。

硫酸の工業的製法を(ウ)という。(ウ)では，一般に(エ)の酸化物を触媒として，二酸化硫黄を酸化して三酸化硫黄をつくる。この三酸化硫黄を濃硫酸に吸収させて発煙硫酸とし，これを希硫酸で薄めて濃硫酸にする。

(1)　文中の(ア)～(エ)に適する語句を書け。

(2)　酸化剤と還元剤の半反応式を用いて，酸化還元反応の化学反応式をつくる手順を生徒に説明したい。二酸化硫黄と硫酸酸性の二クロム酸カリウムとの酸化還元反応について，授業での板書例を書け。

(3)　濃硫酸と塩化ナトリウムを混合して加熱すると，塩化水素が発生する。この反応の化学反応式を書け。また，この反応の特徴を，

濃硫酸の性質を示して1つ書け。

(4)　密度1.8g/cm³，質量パーセント濃度98％の濃硫酸を希釈して，1.0mol/Lの希硫酸を0.50Lつくりたい。このとき，必要な濃硫酸の体積〔mL〕を求めよ。ただし，硫酸の分子量を98とし，計算過程も書け。また，この操作を実際に行う場合に，どのようなことに注意して希釈するか，理由とともに書け。

Ⅱ　ナトリウムの単体や化合物について，次の(5)～(6)の問いに答えよ。

(5)　単体のナトリウム及び水酸化ナトリウム水溶液のそれぞれの保存方法を，理由とともに書け。

(6)　結晶を構成する粒子を完全に引き離して，気体にするために必要なエネルギーを格子エネルギーという。NaCl(固)の生成熱を411kJ/mol，Na(固)の昇華熱を92kJ/mol，Cl_2(気)の結合エネルギーを243kJ/mol，Na(気)のイオン化エネルギーを496kJ/mol，Cl(気)の電子親和力を349kJ/molとするとき，NaCl(固)の格子エネルギー〔kJ/mol〕を整数値で求め，NaCl(固)の格子エネルギーを表す熱化学方程式を書け。ただし，各変化の熱化学方程式と計算過程も書くこと。

(☆☆☆◎◎◎)

【3】有機化合物に関して，次のⅠ，Ⅱに答えよ。

Ⅰ　次図はベンゼンから種々の有機化合物を合成する経路を示している。あとの(1)～(4)の問いに答えよ。ただし，化学反応式の中では，芳香族化合物はあとの例にならって書け。

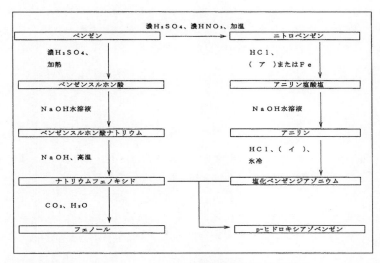

(1) 図中の(ア), (イ)には物質の化学式が入る。(ア), (イ)に当てはまる物質の化学式を書け。

(2) 次の文は，上の図について説明したものである。次の文中の(ウ), (エ)に当てはまる反応名を答えよ。ただし，次の文中の(ア)には，図中(ア)と同じ物質の化学式が入る。

ベンゼン環の不飽和結合は，アルケンの二重結合より安定しているので付加反応を起こしにくい。しかし，ベンゼン環の水素原子は，他の原子や原子団に(ウ)されやすく，ベンゼンと濃硫酸からベンゼンスルホン酸が生じる反応や，ベンゼンに濃硝酸と濃硫酸の混合物を作用させてニトロベンゼンが生じる反応は(ウ)反応である。

ニトロベンゼンに塩酸と(ア)を作用させると，(エ)反応が起こり，アニリン塩酸塩が生じる。アニリン塩酸塩に，アニリンより強い塩基である水酸化ナトリウムの水溶液を加えると，アニリンが遊離する。

(3) ニトロベンゼンをさらにニトロ化した際に主に起こる変化の化学反応式を書け。

(4)　アニリンをジアゾ化して塩化ベンゼンジアゾニウムにする実験は，氷冷しながら行う。この理由を，氷冷しなかった場合に起こる反応の化学反応式を示して説明せよ。

例

Ⅱ　アミノ酸に関する次の文を読み，下の(5)～(8)の問いに答えよ。

　アミノ酸は，タンパク質を構成する成分である。アミノ酸の中で，アミノ基と（　ア　）基が同一の炭素原子に結合しているアミノ酸を α－アミノ酸という。生体に必要な α－アミノ酸のうち，フェニルアラニンやリシンなどのように，人の体内で合成されない，もしくは合成されにくいものを（　イ　）という。

(5)　（　ア　），（　イ　）に当てはまる語句を書け。

(6)　ビウレット反応は，赤紫色に呈色することで2個以上のペプチド結合をもつ分子を検出する反応である。ビウレット反応の実験操作，及び2個以上のペプチド結合をもつ分子で赤紫色に呈色する理由を書け。

(7)　アラニンの陽イオンをA^+，双性イオンを$A^{\pm}$，陰イオンをA^-で表すと，アラニンは水溶液中で次のような電離平衡を保つことが知られている。

$$A^+ \underset{}{\overset{K_1}{\rightleftarrows}} H^+ + A^{\pm} \quad \cdots\cdots①$$　　（電離定数 $K_1 = 1.0 \times 10^{-2.3}$〔mol/L〕）

$$A^{\pm} \underset{}{\overset{K_2}{\rightleftarrows}} H^+ + A^- \quad \cdots\cdots②$$　　（電離定数 $K_2 = 1.0 \times 10^{-9.7}$〔mol/L〕）

　アラニンの等電点における水素イオン濃度〔mol/L〕を求めよ。ただし，計算過程も書け。

(8)　α－アミノ酸が縮合して生成するペプチドの構造異性体の数について，生徒に説明したい。グリシン，アラニン，フェニルアラニンの各1分子からなるトリペプチドについて，授業での板書例

を書け。

(☆☆☆○○○○)

【生物】

【1】次のⅠ，Ⅱの各問いに答えよ。

Ⅰ．次の文章は，高等学校学習指導要領解説　理科編　理数編(平成21年12月文部科学省)「第2章　第6節「生物基礎」　1　「生物基礎」の性格」の一部を示したものである。下の(1)〜(3)の問いに答えよ。

> 「生物基礎」の特徴は，生物や生物現象にかかわる基礎的な内容を扱い，身の回りの自然や(ア)や(イ)との関連性を意識しながら理解させ，基礎的な素養を身に付けさせるように意図していることである。また，生物や生物現象の理解を助けるため，a共通性と多様性という視点を導入しているのも特徴である。
>
> 「生物基礎」はこのような特徴をもった科目であるので，b生徒に身の回りの生物や生物現象に関心をもたせ，主体的，積極的にかかわらせる中で，問題を見いだす力や科学的な思考力や表現力を育成することが大切である。

(1) ア，イに適する語句を書け。

(2) 下線部aについて，生物は多様でありながら共通性をもっていることを生徒に説明したい。授業で取り扱う内容や教材について，高等学校学習指導要領解説　理科編　理数編(平成21年12月文部科学省)に示された内容を書け。

(3) 下線部bについて，生物や生物現象に対する興味・関心を高めさせるためには，どのような素材を選ぶ必要があるか。高等学校学習指導要領解説　理科編　理数編(平成21年12月文部科学省)に示された内容を書け。

Ⅱ．実験，観察に関する次の(1)〜(6)の問いに答えよ。

(1) ゾウリムシの個体群の成長は，理想的な環境では指数関数的な曲

線を描く。一方，ビーカー内で飼育すると，はじめは個体数が急速に増加していくが，ある一定の個数で安定し，成長曲線はS字状のロジスティック曲線を描く。この違いを観察，実験を通して生徒に理解させたい。どのような実験の計画，実験データの分析・解釈を行わせるとよいか，書け。

(2)　シロイヌナズナの生殖において，卵細胞を内部にもつ胚珠に対して，精細胞を運ぶ花粉管が通常1本しか侵入しないように調節する現象を「多花粉管拒否」という。この現象を検証するため，次のような仮説を立てることができる。

> 仮説　重複受精の完了が多花粉管拒否のシグナルになっている。

仮に，この仮説が正しいとしたとき，どのような突然変異体を用いた実験を行い，どのような結果が得られるとよいか。その実験方法と結果について書け。

(3)　ある植物に，乾燥時にしおれやすい変異体があることを知った生徒が，しおれやすさの原因を調べるため，次のような実験を行った。

　　【実験】はじめに，この植物の野生型と変異体を同じ環境の下で，十分な水を含む土壌で育てた。次に，土壌中の水分量を調整しながら，様々な土壌水分量における葉全体からの蒸散量を測定した。図1は，実験結果をグラフで表したものである。

実験結果から，この植物の変異体が野生型と比較して，しおれやすい原因として，最も適当と考えられるものを一つ挙げ，その理由を書け。

図1

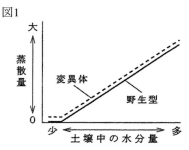

(4) 酵素に関する探究活動に取り組んでいる生徒に「基質濃度がある一定以上高くなると，基質濃度をそれ以上高くしても反応速度は上昇しないのは，なぜですか。」と質問された。その理由をどのように説明するか，書け。

(5) 発生に関する次の文章を読み，下の①，②の問いに答えよ。

　　図2は，ニワトリの肢芽の模式図である。ニワトリの肢芽の先端部の後方のZPA領域では，ソニックヘッジホッグ(Shh)という遺伝子が発現している。Shhタンパク質は，細胞の外に分泌され，肢芽の後方から前方に向かってShhタンパク質の濃度勾配が形成される。肢芽の先端にできる指は，前から第1指(親指)，第2指(人差し指)のように場所によって決まっている。これは，肢の前後に沿った場所ごとに，受け取るShhタンパク質の量が異なっているためだと考えられている。なお，鳥類の前肢の指は3本である。

図2

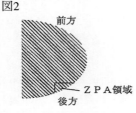

　　　　前方

　　　　　ＺＰＡ領域
　　　　後方

① Shh遺伝子を，肢芽の前方で人為的に発現させると，どのような指が形成されると考えられるか，書け。

② Shh遺伝子が肢芽の形成に関わっていることを確認する対照実験は，どのようなものが考えられるか，書け。

(6) 野外観察の際，生徒に「葉が落葉するのは植物の老化の一つであることが分かりましたが，落葉の直前に黄葉や紅葉になるのは，葉の細胞の中でそれぞれどのような変化が起きているのですか。」と質問された。その質問に対して，どのように説明するか，書け。

(☆☆☆☆◎◎)

【２】遺伝子組換えに関する次の文章を読み，下の(1)～(7)の問いに答えよ。

　　ごく微量のDNA試料から目的とする部分のみを大量に増幅する_aポリメラーゼ連鎖反応法(PCR法)を用いることで，遺伝子の解析を非常に容易に行うことができる。PCR法で目的の遺伝子Xを増幅した後，_b制限酵素とDNAリガーゼを用いて，以下の実験Ⅰ，Ⅱを行った。

【実験Ⅰ】テトラサイクリン耐性遺伝子とクロラムフェニコール耐性遺伝子をもつ4,245bpのある環状プラスミドがある。クロラムフェニコール耐性遺伝子のコード領域にある制限酵素Aの認識部位を，制限酵素Aで切断した。次に，目的の遺伝子Xを同じ制限酵素Aで切断し，両端に制限酵素Aの切断部をもつ1,705bpのDNA断片を分離した。2つのDNAを適当な条件の下で，DNAリガーゼを用いて連結して新しい遺伝子の組み合わせをもつ組換えDNAを作成した。この組換えDNAを大腸菌に導入し，テトラサイクリンを含む寒天培地で一晩培養しコロニーを形成させた。さらに，それぞれのコロニーを採取し，クロラムフェニコールを含む寒天培地で一晩培養し_cコロニーを形成させた。

【実験Ⅱ】大腸菌から，目的とする1,705bpのDNA断片をもつ環状プラスミドを制限酵素A，制限酵素Aと制限酵素B，制限酵素Aと制限酵素C，制限酵素Dでそれぞれ切断し，_dアガロース電気泳動法により解析した。次表は，その結果をまとめたものである。

表

切断に用いた制限酵素の種類	制限酵素A	制限酵素A + 制限酵素B	制限酵素A + 制限酵素C	制限酵素D
得られたDNA断片の長さ（bp）	4,245 1,705	2,722 1,705 1,523	4,245 1,095 610	2,975

(1)　下線部aの手順の原理について，生徒に説明する板書例を書け。また，下線部aの原理について，生徒に理解を深めさせるためには，どのような発問が考えられるか，書け。

(2)　下線部bについて，この酵素は多くの大腸菌で産生されるが，菌

体内における本来のはたらきを書け。

(3)　下線部cについて，このコロニーから目的とする1,705bpのDNA断片をもつプラスミドを選別するためには，どのような大腸菌を選ぶか，書け。

(4)　実験Ⅰに取り組んでいる生徒に「手順に従って行ったのですが，テトラサイクリンとクロラムフェコールの両方の耐性遺伝子をもつ大腸菌が生じました。なぜですか。」と質問された。その理由をどのように説明するか，書け。

(5)　下線部dの後に，微量の核酸を検出することを目的に，エチジウムブロマイド(EB)が広く用いられている。EBの性質，特徴と取り扱う上での留意点を書け。

(6)　この組換えDNAを制限酵素Bと制限酵素Cで切断した場合，どのような長さのDNA断片が得られると予想されるか，書け。

(7)　実験Ⅱの結果を基に，生徒にこの組換えDNAのA～Dの認識部位を示した制限酵素地図を作成させたい。推定される制限酵素地図を示し，作成上の留意点を書け。

(☆☆☆☆◎◎)

【3】動物の行動と刺激に関する次の文章を読み，あとの(1)～(6)の問いに答えよ。

　受容器と効果器の間は，神経系によって連絡されている。神経系には多くのニューロンが存在しており，電気信号や化学信号によって，両者の間を仲介している。動物は，環境からの刺激を受け神経系を介し，それらに対する反応として様々な行動をする。

　aアメフラシの水管に触れると，えらを引っ込めるb反射が起こる。しかし，これを繰り返し行うと，やがてえらを引っ込めなくなる。これは単純な学習の一つで慣れとよばれる行動である。さらに，水管への接触刺激と尾部や頭部への電気刺激を同時に与えると，やがて水管に弱い刺激を与えただけでも強くえらを引っ込めるようになる。これはc鋭敏化とよばれ，介在神経を介して水管からの感覚神経と運動神経

をつなぐシナプスの伝達効率を上昇させる。学習の多くは，神経伝達物質の受容体の数を増やすなどして，d個々のシナプスの伝達効率を変化させることによって実現している。

(1)　下線部aは，軟体動物であり分子系統学的解析に基づくと冠輪動物に属する。冠輪動物に属するそのほかの動物門の名称を3つ挙げ，共通する特徴を2つ書け。

(2)　下線部bについて，例を3つ挙げ，共通する特徴を書け。

(3)　下線部cについて，アメフラシの場合，記憶には分単位で持続する短期記憶と数週間も続く長期記憶がある。この2つの記憶の仕組みの違いについて，簡潔に説明せよ。

(4)　下線部dのような性質を何というか，書け。

(5)　中枢神経系は複雑な情報処理機能を果たしており，その基盤にあるのが興奮性シナプスと抑制性シナプスの組み合わせで構成された情報処理回路である。興奮性シナプスと抑制性シナプスにおけるニューロンの興奮の伝達の調整について説明せよ。また，それぞれの軸索末端から放出される神経伝達物質であるアミノ酸も書け。

(6)　外界から光刺激を受ける網膜の桿体細胞はどのような仕組みで興奮するか，板書例を示しながら説明せよ。

(☆☆☆☆◎◎)

解答・解説

中 学 理 科

【1】(1)　①　X　見通し　　Y　態度　　Z　総合的　　②　科学技術の発展が人間生活を豊かで便利にしていること。　　エネルギー問題や環境問題などの様々な問題を解決するために科学技術が重要である

こと。　③　観察，実験が比較的行いやすく，分析的な手法によっ
て規則性を見いだしやすい。　　(2)　ア，カ，サ，シ
〈解説〉(1)　①　中学校学習指導要領の該当箇所を読み込むこと。

②③　中学校学習指導要領解説理科編の，第1分野の目標(1)に対応す
る箇所には，"さらに，物質やエネルギーに関する事物・現象を調べ
る活動を行い，科学技術の発展が人間生活を豊かで便利にしているこ
とや，エネルギー問題や環境問題などの様々な問題を解決するために
科学技術が重要であることに気付かせ，科学技術の発展と人間生活と
が密接に関わりをもっていることの認識を深めさせる"とある。また，
第1分野の目標(2)に対応する箇所には，"第1分野の特徴は，観察，実
験が比較的行いやすく，分析的な手法によって規則性を見いだしやす
いことである"とある。　　(2)　中学校学習指導要領解説理科編の，第
1章　3「理科改訂の要点」に付された図2，3を参照のこと。

【2】(1)　①　三角架　　②　粉末を山盛りにした状態では，内部の銅
が酸素と接触せず未反応のまま残ってしまう。　　(2)　太陽投影板を，
今の位置よりも接眼レンズに近づける。　　(3)　(例)枝Bは葉の表側，
枝Cは葉の裏側，枝Dは葉の両面に，それぞれワセリンを塗る。

(4)　(例)コップを水で一杯にし，その上にはがきをあて，手で押さえ
ながら逆さにする。手を放してもはがきが離れず，水がこぼれない状
況の観察をする。

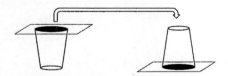

〈解説〉(1)　①　蒸発皿やるつぼなど，ガスバーナーの火を直接当てて
加熱する器具の場合，三脚に三角架を置き，その上に器具を置いて行
う。　　②　この実験では，測り取った銅粉が全て酸素と反応したとき
の質量変化を知る必要がある。酸素との接触効率を高めるために，銅
粉を皿に薄く広げ，さらに加熱中も時折かき混ぜるのが適切な方法で

ある。　　(2)　天体望遠鏡で太陽を観察する場合，対物レンズによって倒立実像を結ばせ，接眼レンズによってその倒立実像の像をスクリーン上に結ばせる。したがって，接眼レンズに近い所で結ばせる方が，像は小さくなる(図に描いてみるとよい)。　　(3)　水を入れたメスシリンダーなどに枝を差して吸水量を比較する。ワセリンを塗った部位は蒸散が起こらない。題意の仮説を検証するには，葉の表側，葉の裏側，枝の3か所からの蒸散量を求められるよう，条件制御を行う必要がある。　　(4)　実験方法と体感させたい現象を明確に説明すること。他の解答例としては，「空のペットボトルの口に少し膨らませた風船を取り付け，ペットボトルを温めると風船が膨らみ，冷やすと風船が縮む様子を観察する」などが考えられる。

【3】遠藤章氏　ガードナー国際賞受賞
　　遠藤氏は，青カビからコンパクチンという物質を発見したことをきっかけに，血中コレステロールを低下させる「スタチン」という薬の開発につなげることに成功した。彼の功績は，医学に対する大きな貢献に値するとして，ガードナー国際賞を受賞した。
〈解説〉解答参照。

【4】(1)　①　コイルを貫く磁束が変化すると，その変化を妨げる向きに誘導電流が流れるため。　　②　電流の流れているコイルは鉄心を磁化する働きがあること。　電磁石の強さは電流の大きさや導線の巻き数によって変わること。　　(2)　$6.0 \times 10^{-2} V$　　(3)　変圧器によって電圧を変えることが容易であり，また，高電圧で送電することで電流を小さくし，電力損失を抑えることができるから。　　(4)　(例)直流では一方向のみに電流が流れ，交流では電流の流れる向きが絶えず入れ替わるため，以下のような装置を作って素早く左右に振ると，直流と交流で光る様子が異なる。

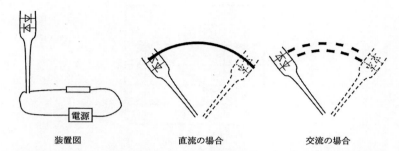

装置図　　　　　　　　　直流の場合　　　　　　　交流の場合

〈解説〉(1)　①　レンツの法則は，誘導電流の向きに関する法則である。
たとえば，棒磁石のN極を近づけているときは，下向きの磁束が増え
るため，コイルは上向きの磁束を作ろうとし，反時計回りに誘導電流
が流れる。棒磁石のN極を遠ざけているときは，下向きの磁束が減る
ため，コイルは下向きの磁束を作ろうとし，時計回りに誘導電流が流
れる。　　②　中学校学習指導要領解説理科編の，第2章第2節〔第1分
野〕2の(3)の(イ)の⑦に，“小学校では，第5学年で，電流の流れてい
るコイルは鉄心を磁化する働きがあること，電磁石の強さは電流の大
きさや導線の巻き数によって変わることについて学習している”とあ
る。　　(2)　磁束をΦ，時刻をt，コイルの巻き数をNとしたとき，誘導
起電力の大きさは$N\left|\dfrac{\Delta\Phi}{\Delta t}\right|=150\times\dfrac{4.0\times2.0\times10^{-4}}{2.0}=6.0\times10^{-2}$〔V〕
(3)　解答参照。　　(4)　現象の説明だけでなく，それを体感することで
分かる直流と交流の性質の違いについても説明すること。

【5】(1)　測定した値は，誤差を含んでいると考えられるので，グラフ
上の点も，ある程度の広がりを持っている。今回のグラフでは，点の
並び具合は直線と判断できるので，線の上下に点が同じぐらい散らば
るように線を引くとよい。

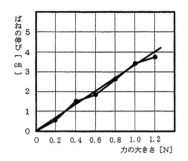

(2)　質量は，物体そのものが持つ量であり，重さは物体に働く重力の大きさのことをいう。たとえば，地上の重力と異なる場所(月など)では，質量は変わらないが，重さは変わる。　　(3)　①　1.7N　②　0.75N/m　　(4)　1.0m/s

〈解説〉(1)(2)　解答参照。　　(3)　①　物体Pにかかる重力は2N，ばねの引く力は$1.5 \times 0.20 = 0.30$〔N〕であるから，求める垂直抗力の大きさは，重さからばねの力を引いて，1.7〔N〕　　②　ばね定数をk，下のばねを引く力をFとすると，下のばねののびは$\dfrac{F}{k}$である。また，2つのばねの接点においても，お互いのばねがFで引き合うことになるので，上のばねの伸びも$\dfrac{F}{k}$である。よって，合計の伸びは$\dfrac{F}{k} + \dfrac{F}{k} = \dfrac{2F}{k} = \dfrac{F}{\frac{k}{2}}$　　求めるばね定数は，$\dfrac{k}{2} = \dfrac{1.5}{2} = 0.75$〔N/m〕　　(4)　求める速さを$v$とすると，力学的エネルギー保存則より，$\dfrac{1}{2} \times 20 \times 0.50^2 = \dfrac{1}{2} \times 5.0 \times v^2$　これを解いて，$v = 1.0$〔m/s〕

【6】(1)　物質には密度や加熱したときの変化など固有の性質と共通の性質があること。　　(2)　試験管に入れる水の量の違いや白い粉末の量の違いが原因として考えられるので，物質ごとの溶解の違いについて助言する。　　(3)　名称…水和　　理由…水分子は極性分子で，分子中のH原子はわずかに＋，O原子はわずかに－の電荷を帯びている

ため，食塩中のNa^+は水分子のO原子と，Cl^-は水分子のH原子と静電気的な引力で結びつくから。　　(4)　理由…デンプンやグラニュー糖を強火で熱すると，空気中の酸素と結合して水や二酸化炭素になるため。　　方法…空気を断った状態で熱して熱分解させると，水蒸気やガスが抜け炭素だけが残る。

〈解説〉(1)　中学校学習指導要領の第2章第4節第2〔第1分野〕2の(2)のアの(ア)の⑦に，"身の回りの物質の性質を様々な方法で調べる実験を行い，物質には密度や加熱したときの変化など固有の性質と共通の性質があることを見いだして理解するとともに，…(略)"とある。

(2)　実験においてはそろえるべき条件と変える条件を実験の目的に応じて制御することが必要である。　　(3)　水のような極性分子の溶媒には，イオンでできた物質や極性分子がよく溶ける傾向にある。

(4)　解答参照。

【7】(1)　物が水に溶ける量には限度があること。　　物が水に溶ける量は水の温度や量，溶ける物によって違うこと。　　(2)　15.0g

〈解説〉(1)　中学校学習指導要領解説理科編の，第2章第2節〔第1分野〕2の(2)の(イ)の⑦に，"小学校では，第5学年で，物が水に溶けても，水と物とを合わせた重さは変わらないことを学習している。また，物が水に溶ける量には限度があること，物が水に溶ける量は水の温度や量，溶ける物によって違うこと，この性質を利用して溶けている物を取り出すことができることについて学習している"とある。「物が水に溶ける量」についての学習内容を選ぶ問いであることに注意。

(2)　最初の水の量をx〔g〕とすると，54.6gの硝酸カリウムが60℃で全て溶けたことから，109.2：100＝54.6：xよりx＝50.0〔g〕となる。また，蒸発後の水の量をy〔g〕とすると，硝酸カリウムが10℃の水に54.6－46.9＝7.7〔g〕まで溶けることから，22.0：100＝7.7：yよりy＝35.0〔g〕となる。よって，蒸発した水の量は$x-y$＝50.0－35.0＝15.0〔g〕

【8】(1)　化学エネルギーが電気エネルギーに変換されている

(2)　正極活物質…H$^+$　　負極活物質…Zn　　(3)　正極は濃い硫酸銅（Ⅱ）水溶液に浸した銅板，負極は薄い硫酸亜鉛水溶液に浸した亜鉛板とし，素焼き板で仕切る。負極ではZn→Zn^{2+}＋2e$^-$，正極ではCu^{2+}＋2e$^-$→Cuの反応となる。素焼き板によって，銅（Ⅱ）イオンと亜鉛イオンを混ざりにくくしつつ，イオンを通過させることで水溶液中にも電流が流れるようにしている。

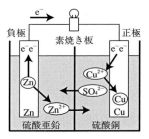

(4)　正極…12.8g増加する。　　負極…19.2g増加する。

〈解説〉(1)　中学校学習指導要領の第2章第4節第2〔第1分野〕2の(6)のアの(イ)の①に該当の記述がある。　　(2)　正極活物質，負極活物質とはそれぞれ正極，負極で実際に反応している物質やイオンを指す。ボルタ電池の正極，負極で起こる反応はそれぞれ2H$^+$＋2e$^-$→H$_2$，Zn→Zn^{2+}＋2e$^-$である。　　(3)　ダニエル電池は，ボルタ電池を改良して分極が起こりにくくしたものである。　　(4)　2時間40分50秒＝9650秒である。流れた電気量は4×9650＝38600〔C〕なので，流れた電子の物質量は38600÷(9.65×10^4)＝0.4〔mol〕となる。鉛蓄電池の反応は正極がPbO$_2$＋4H$^+$＋SO$_4$$^{2-}$＋2e$^-$→PbSO$_4$＋2H$_2$O，負極がPb＋SO$_4$$^{2-}$→PbSO$_4$＋2e$^-$で，Pb，PbO$_2$，PbSO$_4$の式量はそれぞれ207，239，303なので，電子が2mol移動すると正極は303－239＝64〔g〕，負極は303－207＝96〔g〕質量が増加する。よって，求める質量変化は正極が64×$\dfrac{0.4}{2}$＝12.8〔g〕，負極が96×$\dfrac{0.4}{2}$＝19.2〔g〕である。

【9】(1) ① リボース　②　高エネルギーリン酸結合

(2) ①　ピルビン酸　②　マトリックス　③　ウ　(3) 40.4％

(4) (例)ペットボトルと風船で図のような模型を作る。横隔膜モデルが下がると，肺モデルが膨らみ，元に戻ると肺モデルが縮むことを示し，横隔膜が肺呼吸に必要な筋肉であることを説明する。

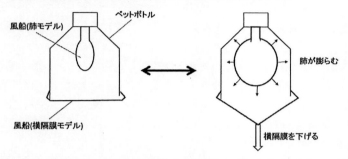

〈解説〉(1)　ATPは，アデニン(塩基)とリボース(糖)からなるアデノシンに3つのリン酸が結合した構造である。負に帯電したリン酸基が至近距離で接していて，非常に不安定な結合となっているため，結合が切れた際に放出されるエネルギーが比較的大きい(30.5kJ/mol)。　(2)　解糖系は，1分子のグルコースが分解されて2分子のピルビン酸を生じる反応であり，細胞質基質で行われる。クエン酸回路は，ピルビン酸が，回路状の反応経路を経て酸化されていく反応であり，ミトコンドリアのマトリックスで行われる。電子伝達系は，NADHやFADH$_2$によって運ばれた電子が，還元力の強い物質から弱い物質に伝達される酸化還元反応であり，ミトコンドリア内膜で行われる。　(3)　$\dfrac{2870-1711}{2870}$ $\times100＝40.38\cdots≒40.4$〔％〕　(4)　解答参照。

【10】(1)　ア　(2)　ドメイン←界←門←綱←目←科←属←種

(3)　ブタとイノシシを交配して生まれたイノブタには生殖能力があり，子孫を残すことができるため。　(4)　相同器官とは，外観は異なるが発生の起源が同じ器官のことをいう。たとえば，ヒトの腕とコウモリの翼はともに前肢が変化している相同器官である。これに対し，

相似器官とは，形や働きが似ていても発生の起源が異なる器官のことである。たとえば，昆虫類の翅は表皮が起源で，鳥の翼は前肢が起源である。　　(5)　始祖鳥は鳥類の特徴である羽毛や翼を持ち，ハチュウ類の特徴である両顎の歯や尾骨，前肢のかぎ爪を持つ。このように，鳥類とハチュウ類の中間的な形態を持っていることが進化の証拠として考えられている。

〈解説〉(1)　代表的な示準化石については，それぞれが指し示す地質時代とともに整理しておくとよい。　　(2)　魚類，哺乳類などの「類」は正式な分類階級ではなく，便宜上使われる名称である。　　(3)　自然状態で互いに交配し，子孫を残すことができる生物集団は，同一の種と見なす。このことを生物学的種の概念という。逆の例として，雌のウマと雄のロバを交配したラバには生殖能力がなく，子を作ることができないため，ウマとロバは同種でない。　　(4)(5)　解答参照。

【11】(1)　イ，エ　　(2)　日食…エ　　月食…イ　　誤り…a　　正しい語句…地球　　(3)　(例)光源を太陽，ボールを月，自分を地球に見立てる。回転椅子に座り，部屋を暗くして，一方からボールに光を当てる。椅子を回転させながら，ボールが明るく見えるところの形を調べて，月(ボール)の輝いている側に，常に太陽(光源)があることを確認する。

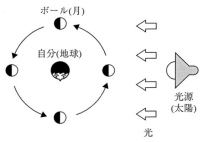

〈解説〉(1)　第4学年では，月は日によって形が変わって見え，1日のうちでも時刻によって位置が変わることを学習する。第6学年では，月の形の見え方が，太陽と月との位置関係によって変わることを学習す

る。小学校の学習指導要領も参照のこと。　(2)　地球が月の影に入ると日食，月が地球の影に入ると月食である。この定義に従って，月の位置を考える。　(3)　光源にはOHP投影機またはプロジェクターなど，明るく広い面積を照らせるものを用意するとよい。

【12】(1)　ア，エ，オ　　(2)　i　大気の気温減率が乾燥断熱減率よりも大きい。　　ii　大気の気温減率が湿潤断熱減率より小さい。
(3)　①　雨，雪などの降水現象　　②　太陽のエネルギー　　(4)　大気の流れが山で強制的に持ち上げられたり，前線などで気流が集まっていたりすると，空気塊が上昇する。このとき，初めは空気塊が飽和していなくても，上昇とともに膨張して乾燥断熱減率に従って温度が下がり，ある高さで飽和して水蒸気が凝結して雲をつくる。したがって，雲の底の高度はほぼ一定になる。

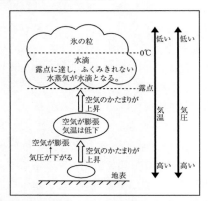

〈解説〉(1)　十種雲形の名称は，5つの文字を組み合わせてつけられている。各文字は次のような性質を表す。層…水平方向に広がる層状の雲。積…鉛直方向に発達する塊状の雲。高…中層の雲。巻…上層の雲。乱…雨を降らせる雲。したがって，中層雲に属するのは，「高」を含む高積雲，高層雲，および下層から上層まで厚みをもつことが多い乱層雲である。　　(2)　iの条件では，空気塊を鉛直上方に断熱的に持ち上げると，必ず空気塊は温度が周囲より高く密度が小さくなるため，さ

らに上昇を続ける。ⅱの条件では逆の関係により元の高度に戻る。一方，大気の気温減率が乾燥断熱減率と湿潤断熱減率の間にあるとき，空気塊が飽和していれば不安定，不飽和ならば安定になる。このような大気の状態を条件付き不安定という。　(3)　中学校学習指導要領解説理科編の，第2章第2節〔第2分野〕2の(4)の(イ)の⑦に，"ここでは雨，雪などの降水現象に関連させて，水の循環については，太陽のエネルギーによって引き起こされることにも触れる"とある。　(4)　解答参照。

【13】(1)　観察場所の安全性の確認や観察場所に至るルートの確認。
(2)　走向…N40°E　　傾斜…30°SE　　(3)　3.75×10⁹年前
(4)　花こう岩の加熱(バーナーで熱する)・急冷(水の中に入れる)を繰り返し，破壊させる実験を行う。

〈解説〉(1)　中学校学習指導要領解説理科編の，第3章3の(1)のクに，"事前の実地踏査は，観察場所の安全性の確認や観察場所に至るルートの確認という点で重要である"とある。　(2)　長い線分が走向を表し，北からの角度と方位(EまたはW)で表す。短い線分が傾斜を表し，地層の層理面が水平面から傾いている角度と方位(8方位)で表す。　(3)　もとの⁴⁰Kの87.5％が放射性崩壊して⁴⁰Arに変わったということは，残っている⁴⁰Kはもとの12.5％すなわち $\frac{1}{8} = \left(\frac{1}{2}\right)^3$ である。したがって，半減期1.25×10⁹年の3倍の時間が経過したことがわかる。　(4)　鉱物による膨張率や収縮率の差が原因で破壊が起こること，岩石の構造と温度差による物理的風化の関係を学ぶ。また，水の浸透による玉ねぎ状風化も物理的風化の例である。これは，乾燥させた泥玉を水に入れ，吸水膨張させてひび割れを生成する実験で演示できる。

高 校 理 科

【共通問題】

【1】(1)　生物が長い時間の中での進化を経て多様化し現在に至っていることや自然環境が生物との相互関係によって成立し維持されていることを理解させる。また，自然環境が人間の活動の影響を受けており，その影響を少なくするような努力がされているが，地球規模で解決しなければならない課題もあることを認識させる。　(2)　①　中和してから多量の水で薄めながら流す。　②　金属イオンごとに分別して容器に回収して保管し，最終処分は廃棄物処理業者に委託する。③　回収・保管し，最終処分は廃棄物処理業者に委託する。

(3)　それぞれの情報手段の操作に習熟するだけでなく，それぞれの情報手段の特性を理解し，指導の効果を高める方法について絶えず研究すること。校内のICT環境の整備に努め，生徒も教師もいつでも使えるようにしておくこと。情報機器にフィルタリング機能の措置を講じたり，情報セキュリティの確保などに十分配慮したりすること。

〈解説〉(1), (2)　高等学校学習指導要領解説　理科編の，第1部第3章第2節「内容の取扱いに当たって配慮すべき事項」に，本問枠内で抜粋されている箇所に対応した解説が記されている。その内容に基づいて解答すればよい。　(3)　高等学校学習指導要領解説　総則編の，第3章第5節5の(10)「コンピュータ等の教材・教具の活用」に，本問問題文内で抜粋されている箇所に対応した解説が記されている。その内容に基づいて解答すればよい。

【2】(1)　①　μmg　②　最も正しいことを答えているのは，生徒Cである。質量を2倍にすると，重力が2倍になり，垂直抗力も2倍になるので，動摩擦力の大きさも2倍になる。なお，速度が変わっても，動摩擦力の大きさは変化しない。物体と水平面の接触面積を変えると，動摩擦係数に変化が出てしまうことが考えられる。　③　$\sqrt{2\mu gl}$

④　$\dfrac{v_0^2}{2g}-\mu l$　　⑤　変わらない　　(2)　①　B　　②　A, C, E

③　D

〈解説〉(1)　①　小物体Pにはたらく垂直抗力はmgであるから，求める動摩擦力はμmg　②　解答参照。　③　動摩擦力がした仕事により，小物体Pの運動エネルギーが0になったと考える。$\dfrac{1}{2}mv_0{}^2-$$\mu mgl=0$　$\therefore v_0=\sqrt{2\mu gl}$　④　同様に力学的エネルギーの収支を考えると，$\dfrac{1}{2}mv_0{}^2-\mu mgl=mgh$　$\therefore h=\dfrac{v_0^2}{2g}-\mu l$　⑤　ab間，bc間ともに，加速度は質量によらない値となるので，質量を増しても，点aから点cまで移動する時間は変わらない。　(2)　①　変位0の前後で，左側が正に変位し，右側が負に変位する位置が最も密な位置である。　②　最大変位の箇所で，媒質の速さが0となる。　③　変位0であって，図の瞬間の後，負方向に変位する点が求める位置である。

【3】(1)　ア　小さい　　イ　大きい　　(2)　化学反応式…$NH_3+H_2O\rightarrow$ $NH_4{}^++OH^-$　　説明…アンモニアは水から水素イオンH^+を受け取ってアンモニウムイオンとなっているので塩基である。

(3)　①　6.30g　　②　器具の内側に水が付いていると，中に入れた溶液の濃度が変化してしまうから。　　③　水酸化ナトリウム水溶液の濃度をx〔mol/L〕とする。シュウ酸は2価の酸，水酸化ナトリウムは1価の塩基なので，$0.100\times\dfrac{10.0}{1000}\times2=x\times\dfrac{18.0}{1000}\times1$が成り立ち，$x=$ $0.1111\cdots\fallingdotseq0.111$〔mol/L〕となる。

〈解説〉(1)　水素イオン濃度$[H^+]$に対して，$pH=-\log_{10}[H^+]$と定義される。$[H^+]$の大小関係は　酸性＞中性＞塩基性　であるから，pHの大小関係は　酸性＜中性＜塩基性　となる。　(2)　ブレンステッド・ローリーの定義では，水素イオンを相手に与える物質やイオンが酸，水素イオンを受け取る物質やイオンが塩基である。　(3)　①　$126\times0.100\times$ $\dfrac{500}{1000}=6.30$〔g〕となる。　②　ホールピペットやビュレットのように体積をはかる器具では，濃度が変化するとその体積中に含まれる溶質の量が変化してしまい誤差の原因となるので，濃度が変化しないよ

うに共洗いをする。　③　解答参照。

【4】(1)　①　名称…森林　　特徴…年平均気温が−5℃以上であり，年降水量が多い地域。　　②　名称…草原　　特徴…年平均気温が極端に低くなく，年降水量が1000mm以下の地域。　　③　名称…荒原　特徴…年平均気温が植物の生存に不利なほど低いか，降水量が極端に低い地域。　　(2)　0.5〜0.6℃　　(3)　ア　夏緑　　イ　森林限界

〈解説〉(1)　年降水量と年平均気温によって，森林は熱帯多雨林・亜熱帯多雨林・雨緑樹林・照葉樹林・夏緑樹林・硬葉樹林・針葉樹林に分けられ，草原はサバンナ・ステップに分けられ，荒原は砂漠とツンドラに分けられる。　(2)　垂直分布では，標高が100m上昇すると0.5〜0.6℃ほど気温が低下する。この範囲で解答すればよい。　(3)　ブナなどの樹種が見られるバイオームは夏緑樹林である。また，高木が生育して森林を形成できる地域あるいは高度の限界線を森林限界という。

【5】(1)　ア　10000　　イ　十和田　　ウ　秋田駒ヶ岳　　(2)　震源から80km離れた地点に，S波は地震発生時から$\frac{80}{4.0}=20$〔秒〕後に到達する。震源から14km離れた地点でP波初動を観測するのは，地震発生から$\frac{14}{7.0}=2.0$〔秒〕後である。この5.0秒後に緊急地震速報が発令されるので，緊急地震速報を受け取ってから20−2.0−5.0＝13〔秒〕後にS波による主要動がくると予想される。　　(3)　名称…ハザードマップ　留意点…地域にどのような災害の可能性があるかを読み取るとともに，避難場所や避難方法について日頃から確認しておく。

〈解説〉(1)　十和田(十和田火山)は915年に大噴火を起こした。火山灰が東北地方一帯を広く覆い，その後の雨で大規模な泥流が発生したと推定されている。秋田駒ヶ岳では1970年9月から翌年1月にかけて，溶岩流を伴う噴火が起こった。また，山頂一帯に咲く高山植物群は，国の天然記念物に指定されている。　(2)　解答参照。　(3)　ハザードマップは過去の事例に基づいた「想定される現象」をもとに作成されるが，実際には想定外の現象も起こりうるので，ハザードマップを過信せず，

自助，公助の判断材料として利用する。

【物理】

【1】(1)　①　$\dfrac{mg\sin\theta}{k}$　　②　$2\pi\sqrt{\dfrac{m}{k}}$　　③　$l\sqrt{\dfrac{k}{m}}$　　④　$x=l$で静

かに離したことから，時刻tにおける変位は$l\cos\omega t=l\cos2\pi\left(\dfrac{t}{T}\right)$と表

される。$-\dfrac{l}{2}=l\cos\left(\dfrac{2\pi}{3}\right)$であるから，$t=\dfrac{T}{3}=\dfrac{2}{3}\pi\sqrt{\dfrac{m}{k}}$

⑤　$\dfrac{l}{\sqrt{2}}=l\cos\left(\dfrac{\pi}{4}\right)$なので，$l\cos2\pi\left(\dfrac{t}{T}\right)$と比較して，時刻は$t=\dfrac{T}{8}$であ

る。一方，変位が$l\cos\omega t$のとき，速さは$\left|\dfrac{dx}{dt}\right|=l\omega\sin\omega t=$

$l\sqrt{\dfrac{k}{m}}\sin\left(\dfrac{\pi}{4}\right)=l\sqrt{\dfrac{k}{2m}}$　　(2)　①　気体の体積を2倍にしたときの圧

力と温度をP'，T'とする。ポアソンの式　$PV^\gamma=$一定　を用いると，

$\dfrac{nRT}{V}\times V^\gamma=P'\times(2V)^\gamma$　$\therefore P'=\dfrac{nRT}{2^\gamma V}$　　$T'=P'\times\dfrac{2V}{nR}=\dfrac{T}{2^{\gamma-1}}$

②　温度はTのままである。断熱容器内なので，熱の出入りはない。
また，右の部屋が真空であるから，気体は仕事をしない。よって，熱
力学第一法則より，内部エネルギーの変化は0である。　　(3)　①　音
源から音波の山が出た瞬間を時刻0とすると，その山は時刻$T=\dfrac{1}{f_0}$の

間に(音源が静止しているときの)波長$\lambda=\dfrac{V}{f_0}$だけ進む。一方，音源は

その間に$v_s\times\dfrac{1}{f_0}$だけ進む。時刻$\dfrac{1}{f_0}$で，次の音波の山が音源から出るの

で，音波の山と山の間の距離は，$\dfrac{V}{f_0}-v_s\times\dfrac{1}{f_0}=\dfrac{V-v_s}{f_0}$　これが観測者

の聞く音の波長になるから，$V=f_1\times\dfrac{V-v_s}{f_0}$　$\therefore f_1=\dfrac{V}{V-v_s}f_0$

②　音源と観測者の位置関係ではなく，音と観測者の位置関係に留意
すべきである。音を一旦空気中に送り出すと，音源は音の速さを変え
ることができない。一方，空気が観測者に対して速さを持っているわ
けではないので，音は音源から離れれば，音源の動きとは関係なく空
気中の音速Vで進む。　　③　音源が発する音波は，f_0t_0個である。観

測者はこれを1秒あたりf_1個の割合で聞くから，$t_1 = \dfrac{f_0 t_0}{f_1} = \dfrac{V-v_s}{V} t_0$

④ 列車の速度のうち，列車からSに向かう方向成分は，$\dfrac{1}{2} \times \dfrac{V}{10} = \dfrac{V}{20}$

である。よって，$f_2 = \dfrac{V}{V - \dfrac{V}{20}} f_0 = \dfrac{20}{19} f_0$ (4) ① $m\dfrac{v^2}{r} = k_0 \dfrac{e^2}{r^2}$

② $-k_0 \dfrac{e^2}{2r}$〔J〕 ③ $n\dfrac{h}{mv} = 2\pi r$ ④ $r_n = \dfrac{h^2}{4\pi^2 k_0 m e^2} n^2$〔m〕

⑤ $E_n = -\dfrac{2\pi^2 k_0^2 m e^4}{h^2} \cdot \dfrac{1}{n^2}$〔J〕

(5) ①

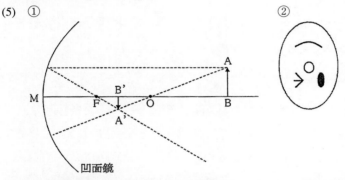

凹面鏡

③ 焦点距離が一定なので，顔を近づけていっても，直線OMに平行に進んで凹面鏡で反射する光の進路は変化しない。一方，顔を近づけていくと，Oを通る光の向きは変化するので，Aの像A′ができる位置は，直線OMから離れていく。それゆえ，像の大きさは大きくなり，像の位置はOに近づいてくる。なお，物体と凹面鏡の距離a，像と凹面鏡の距離b，凹面鏡の焦点距離fの間には$\dfrac{1}{a} + \dfrac{1}{b} = \dfrac{1}{f}$が成り立ち，焦点距離は凹面鏡の曲率半径$R$の半分である。これを用いると，$\dfrac{1}{b} = \dfrac{1}{f} - \dfrac{1}{a}$なので，$f$が一定で$a$が小さくなると，$\dfrac{1}{b}$は小さくなり，$b$は大きくなることがわかる。また，倍率は$\dfrac{b}{a} = \dfrac{f}{a-f}$となるので，$a$が小さくなると，倍率は大きくなることがわかる。

〈解説〉(1) ① 斜面方向の力のつり合いより，$kd = mg\sin\theta$

$\therefore d = \dfrac{mg\sin\theta}{k}$ 　　② 　つり合いの位置を基準とした運動方程式は，

$ma = -kx$ 　ここで$a = -\omega^2 x$の関係から， 　$\omega = \sqrt{\dfrac{k}{m}}$ 　$\therefore$周期$T = \dfrac{2\pi}{\omega}$

$= 2\pi\sqrt{\dfrac{m}{k}}$ 　　③ 　この単振動の振幅はlであるので，最大の速さは$l\omega$

$= l\sqrt{\dfrac{k}{m}}$ 　　④⑤ 　解答参照。 　(2)(3) 　解答参照。 　(4) 　① 　電子は原子核から静電気力を受けている。 　② 　①より，運動エネルギーは

$\dfrac{1}{2}mv^2 = k_0\dfrac{e^2}{2r}$ 　一方，位置エネルギーは$-k_0\dfrac{e^2}{r}$ 　よって，$E = k_0\dfrac{e^2}{2r} +$

$\left(-k_0\dfrac{e^2}{r}\right) = -k_0\dfrac{e^2}{2r}$ 　　③ 　量子条件とは，円周が電子波の波長の整数

倍になるという条件である。 　④ 　①の式より，$v^2 = \dfrac{k_0 e^2}{m r_n}$ 　一方，

③の式より，$v^2 = \dfrac{n^2 h^2}{4\pi^2 m^2 r_n^2}$ 　したがって，$\dfrac{k_0 e^2}{m r_n} = \dfrac{n^2 h^2}{4\pi^2 m^2 r_n^2}$ 　これをr_n

について整理すると，$r_n = \dfrac{h^2}{4\pi^2 k_0 m e^2} n^2$ 　　⑤ 　$E_n = -k_0\dfrac{e^2}{2r_n} =$

$-\dfrac{2\pi^2 k_0{}^2 m e^4}{h^2} \cdot \dfrac{1}{n^2}$ 　　(5) 　① 　凹面鏡の光軸に平行に入射した光は，

反射して焦点を通る。球面の中心を通って入射した光は，反射して再び中心を通る。 　② 　上下左右が逆になる。 　③ 　解答参照。

【2】(1) 　求める速さをv_1とすると，$\dfrac{1}{2}mv_0^2 = \dfrac{1}{2}mv_1^2 + mgR$

$\therefore v_1 = \sqrt{v_0^2 - 2gR}$ 　　(2) 　入射する直前と，飛び出した直後の運動量を比較すると，下図のようになる。この運動量変化が力積であるから，求める力積の大きさは，$m\sqrt{v_0^2 + v_1^2} = m\sqrt{2(v_0^2 - gR)}$

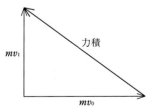

(3) 　求める高さをhとすると，力学的エネルギーは保存しているか

ら，$\dfrac{1}{2}mv_0{}^2=mgh$　∴$h=\dfrac{v_0{}^2}{2g}$　　(4)　求める速度をVとすると，水平

方向の運動量は保存しているので，$mv_0=(M+m)V$　∴$V=\dfrac{m}{M+m}v_0$

(5)　小球が斜面台を飛び出す際の鉛直方向の速度をv_2とすると，力学

的エネルギー保存則より，$\dfrac{1}{2}mv_0{}^2=\dfrac{1}{2}(M+m)V^2+\dfrac{1}{2}mv_2{}^2+mgR$

$v_2\geqq0$が条件であるから，$\dfrac{1}{2}mv_0{}^2-\dfrac{1}{2}(M+m)V^2-mgR\geqq0$　整理し

て，$\dfrac{Mm}{2(M+m)}v_0{}^2\geqq mgR$　∴$v_0\geqq\sqrt{\dfrac{2(M+m)gR}{M}}$　　(6)　(5)より，

$\dfrac{1}{2}mv_2{}^2=\dfrac{Mm}{2(M+m)}v_0{}^2-mgR$　∴$v_2=\sqrt{\dfrac{m}{M+m}v_0{}^2-2gR}$　小球が斜面

台の上端から飛び出した直後から，再び斜面台の上端に接するまでの

時間tは，$v_2t-\dfrac{1}{2}gt^2=0$より，$t=\dfrac{2v_2}{g}$　したがって，求める距離は，

$Vt=\dfrac{m}{M+m}v_0\times\dfrac{2v_2}{g}=\dfrac{2mv_0}{(M+m)g}\sqrt{\dfrac{M}{M+m}v_0{}^2-2gR}$

(7)　求める小球，斜面台の速度をそれぞれv'，V'とする。運動量保存

則より，$mv'+MV'=mv_0$　…(a)　一方，力学的エネルギーが保存して

いることから，反発係数の式より，$1=-\dfrac{v'-V'}{v_0-0}$　∴$V'=v_0+v'$　…(b)

これを(a)へ代入して，$mv'+M(v_0+v')=mv_0$　したがって，

$v'=\dfrac{m-M}{M+m}v_0$　これを(b)へ代入して，$V'=\dfrac{2m}{M+m}v_0$

〈解説〉解答参照。

【3】(1)　大きさ…$\dfrac{I}{2\pi r}$　　向き…z軸の負の向き　　(2)　ADの位置に

おける磁束密度は$B=\mu_0\dfrac{I}{2\pi r}$であり，誘導起電力はvBaで表されるか

ら，求める起電力は，$\mu_0\dfrac{vaI}{2\pi r}$　　(3)　正方形コイルにおいては，BC

間にも起電力が生じ，その大きさは，$\mu_0\dfrac{vaI}{2\pi(r+a)}$となる。これより，

AからみたC，Dの電位は，それぞれ，$-\mu_0\dfrac{vaI}{2\pi r}$，$-\mu_0\dfrac{vaI}{2\pi(r+a)}$とな

る。したがって，P，Qの電位差の大きさは，

$$\left|-\mu_0\frac{vaI}{2\pi r}-\left\{-\mu_0\frac{vaI}{2\pi(r+a)}\right\}\right|=\frac{\mu_0 va^2I}{2\pi r(r+a)}$$

(4)　抵抗Rであるから，流れる電流は$\frac{\mu_0 va^2I}{2\pi Rr(r+a)}$で，向きはA→B→C→Dの向きである。よって，コイルABCDにかかる外力は，AD間にかかる力とBC間にかかる力との合力となり，

$$\frac{\mu_0 va^2I}{2\pi Rr(r+a)}\times\frac{\mu_0 I}{2\pi r}\times a-\frac{\mu_0 va^2I}{2\pi Rr(r+a)}\times\frac{\mu_0 I}{2\pi(r+a)}\times a=$$
$$\frac{\mu_0^2 va^3I^2}{4\pi^2 Rr(r+a)}\times\frac{a}{r(r+a)}=\frac{\mu_0^2 va^4I^2}{4\pi^2 Rr^2(r+a)^2}=\left\{\frac{\mu_0 Ia^2}{2\pi r(r+a)}\right\}^2\cdot\frac{v}{R}$$

(5)　$-Ba^2\omega\cos\omega t$

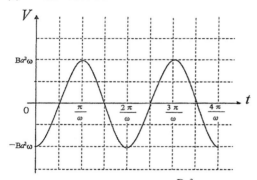

(6)　抵抗Rをつないだとき　$-\frac{Ba^2\omega}{R}\cos\omega t$

コイルLをつないだとき　$-\frac{Ba^2}{L}\sin\omega t$

コンデンサーCをつないだとき　$CBa^2\omega^2\sin\omega t$

〈解説〉(1)　電流からの距離はrであるから，求める磁界の大きさは$\frac{I}{2\pi r}$であり，右ねじの法則より，磁界の向きはz軸の負の向きである。

(2)〜(4)　解答参照。　(5)　コイルのyz平面に平行な部分の面積は$a^2\sin\omega t$である。$t=0$の直後ではPが高電位になることに注意すると，レンツの法則より，$V=-\dfrac{d\Phi}{dt}=-Ba^2\omega\cos\omega t$となる。　(6)　抵抗に流れる電流は電圧の位相と同じなので，$-\dfrac{Ba^2\omega}{R}\cos\omega t$となる。コイルに流れる電流は電圧に比べて$\dfrac{\pi}{2}$遅れるので，$-\dfrac{Ba^2\omega}{\omega L}\cos\left(\omega t-\dfrac{\pi}{2}\right)$

$=-\dfrac{Ba^2}{L}\sin\omega t$ となる。コンデンサーに流れる電流は電圧に比べて $\dfrac{\pi}{2}$

進むので，$-\dfrac{Ba^2\omega}{\dfrac{1}{\omega C}}\cos\left(\omega t+\dfrac{\pi}{2}\right)=CBa^2\omega^2\sin\omega t$ となる。

【化学】

【1】(1)　液体表面から気化することを蒸発といい，液体内部からも気化することを沸騰という。　　(2)　M殻にある3d軌道よりもN殻にある4s軌道の方がエネルギー準位が低いため，カリウムの19個目の電子はM殻に入らず，N殻の4s軌道の方に入るから。　　(3)　塩化物イオンの方が臭化物イオンよりイオン半径が小さいため，塩化ナトリウムの方がイオン間距離が小さい。したがって，イオン間の静電気力が大きくなり結合が強くなるため，融点が高くなる。　　(4)　混合気体中の酸素の分圧は$3.0\times10^5\times0.010=3.0\times10^3$〔Pa〕である。よって，ヘンリーの法則より，水2.0Lに溶けている酸素の物質量は$1.4\times10^{-3}\times\dfrac{3.0\times10^3}{1.0\times10^5}$ $\times2.0=8.4\times10^{-5}$〔mol〕であり，質量は$32\times8.4\times10^{-5}=2.688\times10^{-3}\fallingdotseq$ 2.7×10^{-3}〔g〕となる。　　(5)　混合水溶液に塩酸を加えると白色のAgClが沈殿する。これをろ過して得られるろ液に硫化水素を吹き込むと黒色のCuSが沈殿する。これをろ過して得られるろ液にアンモニアを過剰に加えると白色のAl(OH)$_3$が沈殿する。これをろ過して得られるろ液に硫化水素を吹き込むと白色のZnSが得られ，すべてのイオンが沈殿により分離できる。

(6)

CH$_3$−CH$_2$−CH$_2$−OH　　　　CH$_3$−CH−CH$_3$　　　　　CH$_3$−O−CH$_2$−CH$_3$
　　　　　　　　　　　　　　　　　　|
　　　　　　　　　　　　　　　　　OH
1−プロパノール　　　　　　2−プロパノール　　　　エチルメチルエーテル

方法…3種類の物質に金属Naを加えて，反応しないものはエチルメチルエーテルである。また，3種類の物質にヨウ素と水酸化ナトリウム水溶液を加えて温め，ヨードホルムの黄色沈殿ができるものは2−プロパノールである。どちらでもない残りの1つが1−プロパノールである。

〈解説〉(1)　蒸気圧が外圧と等しくなった時，液体内部で生じた気体も外圧によってつぶされなくなり，沸騰が起こる。　　(2)　M殻には3s，3p，3d軌道があり，N殻には4s，4p，4d，4f軌道がある。エネルギー準位は低い順に3s→3p→4s→3d→4p…であり，電子はこの順に入っていく。　　(3)　静電気力はイオンの価数の積に比例し，イオン間距離の2乗に反比例する。　　(4)　ヘンリーの法則：一定量の溶媒に溶ける気体の物質量は気体の圧力(混合気体の場合は分圧)に比例する。

(5)　CuSは水溶液の液性に関係なく沈殿するが，ZnSは酸性水溶液では沈殿せず，塩基性水溶液の時に沈殿する。　　(6)　アルコールは金属ナトリウムと反応するが，エーテルは反応しない。ヨードホルム反応は，$CH_3CH(OH)-$やCH_3CO-の構造を持つ物質で起こる。

【2】(1)　ア　同素体　　イ　斜方　　ウ　接触法　　エ　バナジウム
(2)　それぞれの物質の半反応式は以下のとおり。
$Cr_2O_7^{2-}+14H^++6e^-→2Cr^{3+}+7H_2O$　…①
$SO_2+2H_2O→SO_4^{2-}+4H^++2e^-$　…②
電子e^-の数をそろえるように各式を定数倍したあと辺々足す。
①+②×3より，$Cr_2O_7^{2-}+2H^++3SO_2→2Cr^{3+}+H_2O+3SO_4^{2-}$
右辺の$2Cr^{3+}$と$3SO_4^{2-}$は合わせて$Cr_2(SO_4)_3$となる。さらに両辺にK^+とSO_4^{2-}を補って，$K_2Cr_2O_7+H_2SO_4+3SO_2→Cr_2(SO_4)_3+H_2O+K_2SO_4$
(3)　化学反応式…$NaCl+H_2SO_4→NaHSO_4+HCl$　　特徴…濃硫酸は不揮発性である。揮発性の酸である塩化水素の塩に不揮発性の濃硫酸を加えて加熱すると揮発性の酸が遊離する。　　(4)　濃硫酸の体積…必要な濃硫酸の体積をx〔mL〕として，希釈前後のH_2SO_4の物質量を比較すると，$x×1.8×\dfrac{98}{100}×\dfrac{1}{98}=0.50×1.0$となり，$x=27.77…≒28$〔mL〕を得る。　　注意…硫酸は溶解熱が非常に大きいため，薄めるときは水に濃硫酸を少しずつ攪拌しながら加えていく。　　(5)　単体のナトリウム…空気中の酸素や水蒸気とすぐに反応するので，空気に触れないよう石油に入れて保存する。　　水酸化ナトリウム水溶液…ガラスの主成分である二酸化ケイ素と反応するので，ポリエチレン容器に入

れて保存する。　　(6)　問題に与えられた反応熱より，$Na(固)+\frac{1}{2}Cl_2=NaCl(固)+411kJ$…①，$Na(固)=Na(気)-92kJ$…②，$Cl_2=2Cl-243kJ$…③，$Na(気)=Na^++e^--496kJ$…④，$Cl+e^-=Cl^-+349kJ$…⑤と書ける。②$+\frac{1}{2}×$③$+$④$+$⑤$-$①より$NaCl(固)=Na^+(気)+Cl^-$(気)$-771.5kJ$となるので，格子エネルギーを整数値で求めると772kJ/mol，熱化学方程式は$NaCl(固)=Na^+(気)+Cl^-(気)-772kJ$となる。

〈解説〉(1)　工業的製法については，生成物と名称の対応だけでなく触媒や反応温度も重要事項である。　　(2)　2つの半反応式から電子を消去するとイオン反応式ができる。そこに，半反応式には含まれないが実際に存在するイオンを加えることで酸化還元反応式ができる。

(3)〜(6)　解答参照。

【3】(1)　ア　Sn　　イ　$NaNO_2$　　(2)　ウ　置換　　エ　還元

(3)

(4)　塩化ベンゼンジアゾニウムは非常に不安定な物質で，5℃以上になると下記の反応のように分解してしまうから。

(5)　ア　カルボキシ　　イ　必須アミノ酸　　(6)　実験操作…試料の水溶液に水酸化ナトリウム水溶液を加えたのち，硫酸銅(Ⅱ)水溶液を加える。　　呈色する理由…2つのペプチド結合が銅(Ⅱ)イオンに配位結合して錯イオンを作るため。　　(7)　各電離平衡の式より，$K_1=1.0×10^{-2.3}=\dfrac{[H^+][A^±]}{[A^+]}$，$K_2=1.0×10^{-9.7}=\dfrac{[H^+][A^-]}{[A^±]}$が成り立つ。等電点とは$[A^+]=[A^-]$となるような状態であるから，そのとき，$K_1K_2=1.0×10^{-12}=\dfrac{[H^+]^2[A^-]}{[A^+]}=[H^+]^2$となる。よって，$[H^+]=1.0×10^{-6}$〔mol/L〕

(8)　グリシンをGly，アラニンをAla，フェニルアラニンをPheと表し，N末端を左側に書くとすると，Gly－Ala－Phe，Gly－Phe－Ala，Ala－Gly－Phe，Ala－Phe－Gly，Phe－Gly－Ala，Phe－Ala－Glyの6種類の構造異性体が存在する。3つのアミノ酸の結合順の違いで構造異性体が生じるので，${}_3P_3＝3×2×1＝6$〔種類〕と考えてもよい。

〈解説〉(1)　ニトロベンゼンをスズ(または鉄)と濃塩酸を用いて還元することによりアニリン塩酸塩が生じる。また，アニリンを塩酸に溶かし，氷冷しながら亜硝酸ナトリウムを加えるとジアゾ化が起こり塩化ベンゼンジアゾニウムが生じる。　(2)　ベンゼン環は不飽和度が高いが付加反応よりも置換反応が起こりやすい。付加反応は高温高圧など厳しい条件の下でのみ起こる。　(3)　ニトロ基はメタ配向性なのでニトロベンゼンをさらにニトロ化するとm－ジニトロベンゼンができる。(4)～(7)　解答参照。　(8)　ポリペプチド鎖について述べるときは通常，アミノ基の余っている側(N末端)を左側，カルボキシ基の余っている側(C末端)を右側に置く。

【生物】

【１】Ⅰ　(1)　ア　日常生活　イ　社会　(2)　原核生物と真核生物の観察を行い，その姿は多様であっても，どちらも細胞が基本単位であることを取り上げる。　(3)　季節や地域の実態などに応じて生物の素材を選ぶ。　Ⅱ　(1)　ビーカーに，溶液にした栄養源と，均一撹拌したゾウリムシの細胞懸濁液を加えて培養する。一定時間毎にゾウリムシの個体数と栄養源の濃度を測定し，グラフに記入する。個体数が片対数グラフ上でS字曲線を描くこと，および，栄養源の濃度が減少曲線を描くことを確認する。個体数の上昇により食料が減少し，増加率が抑えられたことを解釈させる。　(2)　1つの花粉において精細胞が1つしか作られず，重複受精ができないシロイヌナズナの変異体を用いて，受粉の実験を行う。複数の花粉管の誘引が行われることを確認する。　(3)　変異体は野生型に比べ，クチクラ層が未発達であり，クチクラを通した蒸散が行われることがしおれやすさの原因と

考えられる。乾燥条件での蒸散量に着目すると，野生型では蒸散量が0に対し，変異体はわずかに蒸散していることがわかる。このわずかな蒸散量は，土壌中の水分量が変化しても一定であり，気孔以外からの蒸散と考えることができる。　(4)　酵素と基質は結合して酵素－基質複合体を形成する。反応速度はこの複合体の濃度によって決まる。すべての酵素が基質と結合するような基質濃度では，それ以上基質濃度を増やしても酵素－基質複合体の量が増えることがないから，反応速度も上昇しない。　(5)　①　肢芽の先端後方にできる指の鏡像対称が前方へ形成される。　②　Shh遺伝子以外の遺伝子を発現させた場合に，肢芽が形成されないことを確認する。　(6)　黄葉や紅葉はどちらもクロロフィルの分解が起こっている。黄葉はクロロフィルが分解されたことで，葉の中に残存しているカロテノイドの色が葉の色となるのに対し，紅葉はさらに葉の細胞内でアントシアンが蓄積されていき，これが葉の色として表れている。

〈解説〉Ⅰ　(1)　高等学校学習指導要領解説の該当箇所を読み込むこと。(2)　第1部第2章第6節3の(ア)「生物の共通性と多様性について」に記載の内容をもとに解答する。　(3)　抜粋されている部分の直後に書かれている内容をもとに解答する。　Ⅱ　(1)　ゾウリムシの個体数を数えるには，細胞計算盤を用いた方法などがある。　(2)　重複受精が成立しない条件で，多花粉管拒否が行われないことを確認する実験を行えばよい。　(3)　土壌中の水分量が極めて多い場合，植物体のすべての気孔が開き，蒸散が行われる。一方，土壌中の水分が極めて少なく乾燥状態にある場合は，すべての気孔が閉じ蒸散が抑えられるが，変異体は野生型に比べわずかに蒸散していることがグラフより読み取れる。　(4)　基質と酵素の関係を確認した後，酵素－基質複合体と反応速度の関係を簡潔に説明するとよい。　(5)　①　前肢の指は，Shhタンパク質濃度によって決まり，高濃度であれば，第1指が形成されると考えられる。　②　Shh遺伝子の発現を停止した系で肢芽が形成されないことを確認してもよい。　(6)　クロロフィルの分解は光エネルギーによるものと考えられている。本問では細胞内の変化の内容を述

べればよいので，分解が起こるメカニズムの説明は不要と思われる。

【2】(1)　板書例…増幅させたいDNA，プライマー，DNAポリメラーゼ，dNTPを加えた反応溶液を，高温(95℃)→低温(50℃)→中温(72℃)と温度変化させることで，目的DNAを増幅させる。　　発問…DNAを増幅させる温度サイクルが，なぜ高温→低温→中温の順番なのか。

(2)　外来ウイルスや細菌などのDNAを切断する自己防衛としてのはたらき　　(3)　テトラサイクリン耐性があり，かつクロラムフェコール感受性を持つ大腸菌　　(4)　形質転換によって，両方の耐性遺伝子を獲得した個体が生じたため。　　(5)　EBはDNAと結合すると，ブラックライト照射で発光する。EBは発がん性物質であるため，手袋着用で実験をし，万一皮膚に付着した場合は，石鹸と大量の流水で洗い流すなどの初期対応が必要となる。　　(6)　3332bpと2618bp　あるいは3817bpと2133bp

(7)　制限酵素地図…　（例）

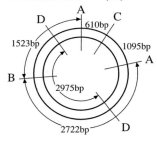

作成上の留意点…得られたDNA断片の長さを記入し，制限酵素切断部の相対的な位置関係を示す。

〈解説〉(1)　理由を問うことで，PCR法の各温度条件での意味を理解させるのが狙いである。高温で失活しない耐熱性DNAポリメラーゼの特徴に触れるのも良い。　　(2)　本来は外来遺伝子を分解するために使われていたと考えられている。　　(3)　目的遺伝子Xはクロラムフェコール耐性遺伝子のコード領域内に連結したため，遺伝子組換えがうまくいった大腸菌では，クロラムフェコール耐性遺伝子が発現しないと考

えられる。　(4)　わずかな確率で形質転換が起こる可能性がある。
(5)　その他にも，EBが結合したDNAは欠失などによりフレームシフ
ト変異を起こす可能性がある。　(6)　制限酵素Aの切断によって得ら
れた2つの断片のうち，制限酵素Bは4245bpの断片を2722bpと1523bpに，
制限酵素Cは1705bpの断片を1095bpと610bpに切断したと判断できる。
このことから，B，Cで切断した場合の断片は，「2722＋610＝3332〔bp〕
と1523＋1095＝2618〔bp〕」および「2722＋1095＝3817〔bp〕と
1523＋610＝2133〔bp〕」の2通りが考えられる。　(7)　4245＋1705＝
2975×2より，制限酵素Dは環状プラスミドを2か所切断し，2975bpの
DNA断片を2つ得られることになるが，Dを用いた試行はA，B，Cと
は独立に行われているため，A，B，Cの認識部位に対するDの認識部
位の相対位置は特定できない。おそらく本問は，正確な制限酵素地図
を作図することではなく，実験結果をもとに生徒がどのように地図を
作成するのかを予測し，指導方法を解答することが求められているも
のと思われる。したがって，A〜Dの認識部位の相対位置関係につい
て，実験Ⅱの結果と矛盾しない範囲で，有り得るものを自由に1つ例
示すれば正答となるであろう。

【3】(1)　名称…扁形動物，輪形動物，環形動物　　共通する特徴…脱
皮をしないこと，触手冠を持つこと　　(2)　例…屈筋反射，膝蓋腱反
射，瞳孔反射　　共通する特徴…無意識の素早い反応であること
(3)　刺激により介在ニューロンからセロトニンが分泌され，これを受
容した水管の感覚ニューロンは内部でcAMPを合成する。cAMPによっ
て活動電位の持続時間が長くなり，シナプス間での興奮の伝達が起こ
りやすくなる。これが短期記憶である。さらにcAMP濃度が上がると，
水管の感覚ニューロンが分岐し，シナプスが新しく形成される。これ
が長期記憶である。　　(4)　シナプス可塑性　　(5)　興奮性シナプス
において，グルタミン酸がシナプス後細胞の細胞膜に存在する伝達物
質依存性Na^+チャネルに結合することで，チャネルが開く。するとシ
ナプス後細胞内へNa^+が流入し脱分極が起こる。一方，抑制性シナプ

スにおいて，グリシンがシナプス後細胞の細胞膜に存在する伝達物質依存性Cl⁻チャネルに結合することで，チャネルが開く。するとシナプス後細胞内へCl⁻が流入し過分極が起こる。　(6)　桿体細胞の視物質はロドプシンである。ロドプシンは，オプシンというタンパク質と，その中心部分に結合するレチナールからなる。レチナールが光を吸収すると，構造が変化し，オプシンから離れる。更にオプシンの構造が変化するが，この時に興奮が生じる。

〈解説〉(1)　冠輪動物は旧口動物の中でも脱皮をしないという特徴がある。一方で，脱皮をする動物は脱皮動物に分類され，節足動物や線形動物が属する。　(2)　反射中枢は，屈筋反射と膝蓋腱反射では脊髄，瞳孔反射では中脳である。他にも，くしゃみなどの延髄反射もある。

(3)　アメフラシの鋭敏化を短期記憶，長期の鋭敏化を長期記憶と考える。　(4)　シナプスの伝達効率を変化させた結果，学習や記憶の機能が変化する。このような性質をシナプス可塑性という。　(5)　神経伝達物質は，興奮性であれば，アセチルコリン，ノルアドレナリン，セロトニン，グルタミン酸などがあり，抑制性であれば，GABAやグリシンなどがある。これらのうち，アミノ酸を書かなければならないため，興奮性はグルタミン酸，抑制性はグリシンを選ぶことになる。

(6)　下のような図を描いて説明するのも良いだろう。

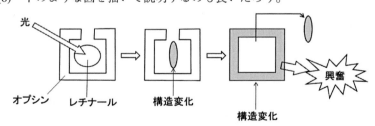

●書籍内容の訂正等について

　弊社では教員採用試験対策シリーズ（参考書，過去問，全国まるごと過去問題集），公務員試験対策シリーズ，公立幼稚園・保育士試験対策シリーズ，会社別就職試験対策シリーズについて，正誤表をホームページ（https://www.kyodo-s.jp）に掲載いたします。内容に訂正等，疑問点がございましたら，まずホームページをご確認ください。もし，正誤表に掲載されていない訂正等，疑問点がございましたら，下記項目をご記入の上，以下の送付先までお送りいただくようお願いいたします。

> ① **書籍名，都道府県（学校）名，年度**
> 　（例：教員採用試験過去問シリーズ　小学校教諭 過去問　2025年度版）
> ② **ページ数**（書籍に記載されているページ数をご記入ください。）
> ③ **訂正等，疑問点**（内容は具体的にご記入ください。）
> 　（例：問題文では"ア〜オの中から選べ"とあるが，選択肢はエまでしかない）

〔ご注意〕

○ 電話での質問や相談等につきましては，受付けておりません。ご注意ください。

○ 正誤表の更新は適宜行います。

○ いただいた疑問点につきましては，当社編集制作部で検討の上，正誤表への反映を決定させていただきます（個別回答は，原則行いませんのであしからずご了承ください）。

●情報提供のお願い

　協同教育研究会では，これから教員採用試験を受験される方々に，より正確な問題を，より多くご提供できるよう情報の収集を行っております。つきましては，教員採用試験に関する次の項目の情報を，以下の送付先までお送りいただけますと幸いでございます。お送りいただきました方には謝礼を差し上げます。

（情報量があまりに少ない場合は，謝礼をご用意できかねる場合があります）。

◆あなたの受験された面接試験，論作文試験の実施方法や質問内容

◆教員採用試験の受験体験記

送付先	○電子メール：edit@kyodo-s.jp
	○FAX：03-3233-1233（協同出版株式会社　編集制作部 行）
	○郵送：〒101-0054　東京都千代田区神田錦町2-5
	協同出版株式会社　編集制作部 行
	○HP：https://kyodo-s.jp/provision（右記のQRコードからもアクセスできます）

　※謝礼をお送りする関係から，いずれの方法でお送りいただく際にも，「お名前」「ご住所」は，必ず明記いただきますよう，よろしくお願い申し上げます。

教員採用試験「過去問」シリーズ

秋田県の
理科 過去問

編　集	©協同教育研究会
発　行	令和6年4月10日
発行者	小貫　輝雄
発行所	協同出版株式会社
	〒101-0054　東京都千代田区神田錦町2‐5
	電話　03‐3295‐1341
	振替　東京00190‐4‐94061
印刷所	協同出版・POD工場

落丁・乱丁はお取り替えいたします。

2024年夏に向けて
―教員を目指すあなたを全力サポート！―

●通信講座
志望自治体別の教材とプロによる
丁寧な添削指導で合格をサポート

詳細はこちら

●公開講座 (＊1)
48のオンデマンド講座のなかから、
不得意分野のみピンポイントで学習できる！
受講料は6000円～　　＊一部対面講義もあり

詳細はこちら

●全国模試 (＊1)
業界最多の **年5回** 実施！
定期的に学習到達度を測って
レベルアップを目指そう！

詳細はこちら

●自治体別対策模試 (＊1)
的中問題がよく出る！
本試験の出題傾向・形式に合わせた
試験で実力を試そう！

詳細はこちら

上記の講座及び試験は，すべて右記のQRコードか
らお申し込みできます。また，講座及び試験の情報は，
随時，更新していきます。

＊1・・・ 2024年対策の公開講座、全国模試、自治体別対策模試の
情報は、2023年9月頃に公開予定です。

協同出版・協同教育研究会
https://kyodo-s.jp

お問い合わせは
通話料無料の
フリーダイヤル

0120 (13) 7300
いいみ　なさんおうえん
受付時間：平日（月～金）9時～18時　まで